# Inhalt

# Vorwort

Wissen Sie, wie groß eine Milliarde ist? Wenn Sie pro Zahl eine Sekunde benötigen, brauchen Sie immerhin gute drei Jahre, um auf eine Milliarde zu zählen – sofern Sie dabei auf jegliche Pause verzichten. Gewinnen Sie eine Milliarde im Lotto, dann können Sie bei einer jährlichen Verzinsung von 5 Prozent jeden Monat gute zwei Millionen verprassen, ohne dass ihr Geld weniger wird. Selbst wenn Sie auf Zinsen verzichten und am Tag 30.000 Euro ausgeben, dann können Sie dies voraussichtlich bis zum Ende Ihres Lebens tun, bevor die Milliarde schließlich verbraucht ist. Andererseits müssen Sie bei einem Monatsgehalt von 5.000 Euro nicht weniger als 16.000 Jahre arbeiten, um schließlich auf ein Milliardenvermögen zu kommen – vorausgesetzt, Sie geben in dieser Zeit kein Geld aus.

Angesichts solcher Größenordnungen ist es kein Wunder, dass uns Milliardenbeträge seit jeher faszinieren. Wer ist nicht mit dem Multi-Milliardär Dagobert Duck aufgewachsen, der täglich in seinem Geld badet? Und wer blickt nicht ab und zu – natürlich ohne jeden Neid – auf real existierende Superreiche wie Bill Gates, Rupert Murdoch oder Larry Ellison? Und wer hat nicht schon einmal heimlich überlegt, was er oder sie mit einer Milliarde auf dem Konto so alles anstellen würde?

## Die Milliarden-Vernichter

Natürlich ist dies kein Buch über Milliardäre, obwohl auch ein solches sicherlich interessant zu lesen wäre.

Stattdessen war es mein Ziel, die Faszination der Milliarden mit einem anderen Thema zu verbinden, das kaum weniger auf Interesse stößt: die Faszination des Misserfolgs. Dass Schadenfreude die schönste Freude ist, ist nun einmal eine alte, aber ebenso wahre Binsenweisheit. Nicht ohne Grund gehören Streiche mit versteckter Kamera und Missgeschick-Videos zu den Dauerbrennern im Fernsehen. Und wer hat sich nicht schon einmal über eine vernichtende Filmkritik in der Fernsehzeit-schrift amüsiert, vor allem, wenn diese mit der entsprechenden Polemik gewürzt ist.

So gesehen gibt es wohl nur ein Thema, das noch interessanter ist als die Geldvermehrung in Milliardenhöhe: die Geldvernichtung in Milliar-denhöhe. Dieses Buch handelt daher von all denjenigen, die es durch Pech, Missmanagement, Selbstüberschätzung oder kriminelle Machen-schaften geschafft haben, Milliarden – oder zumindest sehr hohe Geld-beträge – zu vernichten. Auf ein gewisses Augenzwinkern in der Bericht-erstattung wollte ich dabei natürlich nicht verzichten, schließlich soll ja bei aller Seriosität der Lesespaß nicht zu kurz kommen.

Einige der in diesem Buch aufgeführten Geschichten werden Sie si-cherlich kennen. Wer in Deutschland erinnert sich nicht an die Beinahe-Pleite des Baukonzerns Philipp Holzmann oder die desaströse Rover-Übernahme durch BMW? Genauso bekannt sind etwa in Österreich die Konsum-Pleite oder in der Schweiz das Ende der Vera/Pevos-Pensions-kassen. Deutlich weniger präsent sind da schon Geschichten wie der Niedergang der einst so stolzen Fluggesellschaft Pan Am oder der spek-takuläre Zusammenbruch des Anlage-Imperiums IOS in den 70er Jah-ren. Und wer erinnert sich heute noch an die einst so verhängnisvollen Pleiten der Creditanstalt und der Danat-Bank im Jahre 1931 oder gar an den grotesk billigen Verkauf Alaskas durch das russische Zarenreich?

Dass bei so vielen vernichteten Milliarden Langeweile aufkommt, ist schon alleine durch die Tragweite der einzelnen Fälle kaum zu befürch-ten.

Für das Salz in der Suppe sorgen jedoch erst jene Unglaublich-, Un-möglich- und Ungeheuerlichkeiten, die immer dann auftreten, wenn Menschen am Werk sind.

Da es auch und gerade in der Wirtschaft menschelt, ist die Kulturge-schichte des wirtschaftlichen Flops mit grotesken Vorfällen gespickt, die sich kein Schriftsteller hätte besser ausdenken können. Für Spannung ist also gesorgt, ohne dass ich in den einzelnen Kapiteln auch nur einen Deut von der Realität abweichen musste. Ich hoffe, dass es mir zudem gelungen ist, die zahlreichen interessanten Geschichten zu einem lesenswerten Buch zu verarbeiten, das selbst kein wirtschaftlicher Flop wird.

## Was sonst noch wichtig ist

Es ist vermutlich unnötig zu erwähnen, dass das vorliegende Buch nicht vollständig ist und auch nicht sein kann. Zwar werde ich die Kriterien, die bei der Auswahl der Fälle zu Grunde lagen, im Kapitel „Im Visier: Geschichten ohne Happyend" beschreiben. Doch trotz allem ist die Entscheidung für oder gegen einen bestimmten wirtschaftlichen Flop immer subjektiv. Falls Sie dennoch ein wichtiges Beispiel für die Vernichtung größerer Geldmengen in diesem Buch vermissen, dann schreiben Sie mir doch einfach eine E-Mail. Ich bin unter der Adresse schmeh@wirtschaftsflops.de zu erreichen.

Davon abgesehen bin ich natürlich auch für jede andere Reaktion auf dieses Buch dankbar. Da sich zwangsläufig Fehler eingeschlichen haben, hoffe ich auf zahlreiche aufmerksame Leser, die mich darauf hinweisen. Auch wenn Ihnen irgend etwas nicht oder besonders gut gefällt, ist eine E-Mail dazu stets willkommen. Für eine eventuelle Neuauflage oder eine Fortsetzung ist derartige konstruktive Kritik sehr hilfreich.

Wie zu meinen bisherigen Büchern, so gibt es auch zu diesem eine Web-Seite, die von meinem Bruder Steffen Schmeh gepflegt wird. Die Adresse lautet www.wirtschaftsflops.de. Falls Sie an ergänzenden Informationen zum Buch oder an einer Errata-Liste interessiert sind, sollten Sie der Seite ab und zu einen Besuch abstatten. Natürlich ist die Seite auch und gerade für all diejenigen gedacht, die sich vor einem eventuellen Kauf über das Buch informieren wollen.

Es ist ebenfalls unnötig zu erwähnen, dass ich das vorliegende Buch nicht im Alleingang geschrieben habe. Ich möchte mich daher an dieser Stelle bei folgenden Personen bedanken, die mich bei meiner Arbeit unterstützt haben:

- Ursula Artmann vom Ueberreuter Wirtschaftsverlag für die Betreuung und das Lektorat

- Ulrich Bönecke für Informationen zur Pan Am
- Marco Breitenstein für zahlreiche inhaltliche Anregungen
- Dr. Christoph Degen für Informationen über den Fall Vera/Pevos
- Jürgen Diessl vom Ueberreuter Wirtschaftsverlag für die Unterstützung des Buchprojekts
- Eva Strohmeier vom Ueberreuter Wirtschaftsverlag für die Klärung einiger österreichischer Fachbegriffe
- Karl-Ulrich Herrmann für zahlreiche interessante Hinweise
- Frank Neuhaus für Informationen über den FC Gütersloh
- Matthias Niesing für zahlreiche inhaltliche Anregungen
- Jana Psenicka vom Ueberreuter Wirtschaftsverlag für die Unterstützung bei der Recherche einiger Kapitel
- Steffen Schmeh für die Erstellung und Pflege der Web-Seite zum Buch
- Volker Schmeh für zahlreiche inhaltliche Anregungen

Ansonsten bleibt mir nur noch, Ihnen viel Spaß bei vielen vernichteten Milliarden zu wünschen.

Wellendingen im November 2001
Klaus Schmeh

# Im Visier: Geschichten ohne Happyend

Um eines vorweg zu nehmen: Dies ist kein Buch, das den gesamten Berufsstand der Wirtschaftsmanager in ein schlechtes Licht stellen soll. Es geht auch nicht darum, das Prinzip einer relativ freien Marktwirtschaft in den Schmutz zu ziehen oder gar für eine neue Wirtschaftsordnung zu plädieren. Stattdessen soll dieses Buch einfach nur diejenigen Kapitel der Wirtschaftsgeschichte beleuchten, in denen es kein Happyend, dafür aber Verluste in Millionen- oder gar Milliardenhöhe gab. Spannend sind solche Geschichten allemal, denn schließlich erweist sich das Schicksal als ausgesprochen einfallsreich, wenn es darum geht, ambitionierte Projekte scheitern zu lassen. So gesehen lesen sich die in diesem Buch beschriebenen wahren Geschichten spannender als jeder Krimi und sind zudem ausgesprochen lehrreich.

Nebenbei eignet sich dieses Buch natürlich auch hervorragend als Trostspender: Egal, welche Flops Ihr Berufsleben auch immer mit sich bringen sollte, im Vergleich zu den spektakulären Milliardenpleiten, von denen Sie hier lesen können, ist der angerichtete Schaden mit Sicherheit lächerlich klein.

## Worum es in diesem Buch geht

Bücher über wirtschaftliche Erfolge gibt es viele. So finden wir in den Regalen der Buchhandlungen dutzendweise Werke über erfolgreiche Manager, Gewinn bringende Unternehmensstrategien und Wege zum schnellen Reichtum. Doch die Wirklichkeit sieht meist weniger glamourös aus. Verschiedene Studien belegen, dass mindestens 80 Prozent aller Unternehmensgründungen und Produkteinführungen scheitern. So manches ambitionierte Vorhaben endet nach Investitionen in Milliardenhöhe gar wie das Hornberger Schießen. Obwohl derartige Flops oft auf ein großes Medienecho stoßen, sind sie in der Wirtschaftsliteratur gegenüber den Erfolgsgeschichten oft sträflich vernachlässigt worden. Höchste Zeit also, auch einmal die Schattenseiten der Wirtschaft ins Visier zu nehmen. Es ist jedoch nicht das Ziel dieses Buchs, mahnend den Zeigefinger zu heben oder gar tief greifende Analysen anzufertigen. Stattdessen sollen in den folgenden Kapiteln über 50 der bedeutendsten Flops der Wirtschaftsgeschichte beschrieben werden, in der Hoffnung, dass diese für sich sprechen. Bei aller Präzision und Faktensicherheit kommt dabei der Lesespaß nicht zu kurz, denn Schadenfreude ist bekanntlich nicht nur in der Wirtschaft die schönste Freude.

## Die Gründe für einen wirtschaftlichen Flop

Jeder wirtschaftliche Flop ist anders. Wäre das nicht so, dann könnte man in einem Buch einige Flop-Prototypen beschreiben und die Arbeit wäre erledigt. In der Realität zeigt jedoch jeder Fall seine eigenen Facetten, die jeden Flop zu einem Unikum machen. Trotzdem sind interessante Parallelen zwischen den unterschiedlichen wirtschaftlichen Desastern kaum zu übersehen, wobei insbesondere die Ursachen dafür immer wieder die gleichen sind. Erfahrungsgemäß gibt es genau fünf Gründe, die einen wirtschaftlichen Flop auslösen können: Pech, falsche Einschätzung der Lage, Selbstüberschätzung, Missmanagement und kriminelle Machenschaften.

## Pech

Besonders tragisch sind natürlich diejenigen wirtschaftlichen Flops, bei denen man den beteiligten Akteuren keinen großen Vorwurf machen kann. Selbst der beste Manager kann nun einmal nicht alle Unwägbarkeiten eines Vorhabens im Voraus erkennen. So hielt sich beispielsweise die öffentliche Schadenfreude in Grenzen, als 1996 die Rakete Ariane 5 mit einer 800 Millionen Mark teuren Ladung an Bord explodierte. Wer wollte den Ariane-Konstrukteuren schon vorwerfen, dass sie einen minimalen Softwarefehler übersehen hatten, der das Desaster auslöste. Auch die ostfriesische Firma Enercon hatte Pech: Ihre erstklassigen Windkraft-Technologie gelangte durch einen dreisten Fall von Wirtschaftsspionage in die Hände der Konkurrenz, wodurch ein erheblicher Schaden entstand. In der Wirtschaft gelten eben offensichtlich die gleichen Gesetze wie in der griechischen Sagenwelt: Wenn die Götter nicht wohl wollen, dann ist selbst der großartigste Held zum Scheitern verurteilt.

## Falsche Einschätzung der Lage

Auch wenn viele gescheiterte Manager für ihren Misserfolg Pech als alleinigen Grund vorgeben, kommen in der Realität meist noch andere Ursachen dazu. Eine falsche Einschätzung der Lage ist beispielsweise für den finanziellen Erfolg einer Unternehmung nicht gerade förderlich. So mussten etwa die Anbieter des Satelliten-Kommunikationssystems Iridium feststellen, dass sie mit ihren weltweit funktionsfähigen Handys nicht gegen die billigere GSM-Konkurrenz ankamen. Nicht ganz so folgenreich, aber umso öffentlichkeitswirksamer, erwies sich die Einschätzung der Firma Coca Cola, mit einer leichten Änderung der Rezeptur ließe sich der Absatz der braunen Brause steigern – genau das Gegenteil war der Fall.

## Selbstüberschätzung

Selbstüberschätzung ist zwar genau genommen ein Spezialfall einer falschen Einschätzung der Lage. Als Grund für einen wirtschaftlichen Flop ist sie jedoch so häufig, dass man sie als eigenständige Ursache betrachten muss. Die Fälle, in denen Selbstüberschätzung zu horrenden Verlusten geführt hat, sind zahlreich: So mussten in der New Economy Unternehmen gleich reihenweise erkennen, dass ihre fantastischen Ziele zu hoch gesteckt waren. Firmen wie Webvan, Gigabell und EM.TV zahlten besonders teuer dafür. Ähnlich ging es der Firma United Artists, die mit ihrem ultrateuren Monumentalfilm „Heaven's Gate" kaum Besucher in die Kinos lockte. Dabei hätte man gerade in dieser Branche wissen müssen: Nicht jede Geschichte hat ein Happyend.

## Missmanagement

Das Leiten eines Unternehmens oder eines Projekts mit großen Umsätzen ist zweifellos eine schwierige Aufgabe, bei der sich so mancher Manager als überfordert erweist. Kein Wunder also, dass Missmanagement unter den Gründen für wirtschaftliche Flops eine wichtige Rolle spielt. Die nur knapp an der Pleite vorbeigeschrammte Fluggesellschaft Swissair und der Schweizer Sportrechte-Vermarkter ISL sind nur zwei von vielen Beispielen.

## Kriminelle Machenschaften

Am wenigsten Mitleid müssen wir zweifellos mit jenen gescheiterten Geschäftsleuten empfinden, die aufgrund krimineller Machenschaften in die Miesen geschlittert sind. Schließlich wäre es ja eine Ohrfeige für alle rechtschaffenen Manager, wenn sich Wirtschaftsverbrechen lohnen würden. Doch die Sache ist nicht ganz so einfach. Bei genauer Betrachtung gibt es nämlich drei Stufen der kriminellen Energie als Grund für einen wirtschaftlichen Flop, zwischen denen man unterscheiden sollte:

- Am verwerflichsten sind zweifellos diejenigen Fälle, in denen die Verantwortlichen in die eigene Tasche gewirtschaftet haben. Für Highlights in diesem Bereich sorgten pikanterweise vor allem leitende Mitarbeiter aus gewerkschaftsnahen Unternehmen wie der Neuen Heimat und der Co op.

- Weniger krass, aber dennoch verurteilenswert sind solche Flops, bei denen die Manager zwar nicht direkt ihre eigenen Taschen füllten, dafür jedoch dem Glück eines Unternehmens mit illegalen Praktiken nachhalfen. Beim Sportbodenhersteller Balsam und anderen kam diese Variante kriminellen Vorgehens zum Einsatz.

- Fast schon bedauernswert sind im Vergleich dazu all diejenigen Manager, die mit illegalen Methoden versucht haben, sich vor einem drohenden Desaster zu retten. Der Brite Nick Leeson, der mit Finanzspekulationen die Barings-Bank ruinierte, gehört dazu. Beim Versuch, missglückte Transaktionen zu kaschieren, stürzte Leeson immer tiefer in die roten Zahlen, was schließlich zu Milliardenverlusten führte.

Doch egal, was die diversen Manager zu ihren illegalen Taten trieb, zwei Dinge haben fast alle Fälle gemein: Zum einen wurde es den Verantwortlichen fast immer allzu leicht gemacht. So konnte die mittelständische Firma Balsam Milliardenverluste anhäufen, ohne dass dies irgendjemandem aufgefallen wäre. Zum anderen kamen beim gerichtlichen Nachspiel fast alle Täter glimpflich davon. Unterstützt von Staranwälten und begünstigt durch eine oftmals überforderte Justiz standen am Ende jahrelanger Prozesse nicht selten vergleichsweise milde Bewährungs- oder Geldstrafen. Banker Nick Leeson, der mehrere Jahre in einem Singapurer Gefängnis verbringen musste, bildet hierbei zwar eine Ausnahme. Ein typisches Beispiel ist jedoch der ehemalige Co op-Manager Bernd Otto, dem vorgeworfen wurde, einen ganzen Konzern auf illegale Weise ausgeplündert zu haben. Die Beweisführung erwies sich jedoch als so kompliziert, dass sich der Staatsanwalt schließlich auf einen Deal einlassen musste: Otto zeigte sich in einigen nebensächlichen Anklagepunkten geständig und erhielt dafür eine milde Strafe. Im Gegenzug wurde der Rest der Anklage fallen gelassen. Wem käme da nicht das Sprichwort von den kleinen Dieben, die man hängt, und den großen, die man laufen lässt, in den Sinn?

## Die Flop-Auswahl

Natürlich gibt es weit mehr wirtschaftliche Flops, als auch nur annähernd in dieses Buch passen. Deshalb war eine Beschränkung auf die erwähnenswertesten Fälle notwendig. Der Autor gibt gerne zu, dass er dabei auf einen objektiven Auswahlprozess (etwa durch eine Umfrage unter Experten oder durch ein Bewertungssystem) verzichtet hat. Stattdessen sind in diesem Buch genau diejenigen wirtschaftlichen Flops aufgeführt, die der Autor für die interessantesten hält. Folgende Kriterien kamen dabei zur Anwendung:

- **Größe des Verlusts:** Ein wirtschaftlicher Flop ist nur dann wirklich ein wirtschaftlicher Flop, wenn dabei eine größere Geldsumme vernichtet worden ist. Deshalb kommen in diesem Buch vor allem solche Fälle vor, bei denen die Verluste in die Milliarden gehen. In einigen Fällen waren auch Millionenbeträge oder sogar noch weniger genug, wenn dafür andere Kriterien erfüllt waren.

- **Aktualität:** Natürlich kommen in diesem Bauch auch historische Fälle wie die Südsee-Spekulation oder gar das Märchen von Hans im Glück zur Sprache. Der Schwerpunkt liegt jedoch eindeutig auf wirtschaftlichen Flops, die sich in den letzten zwei Jahrzehnten abgespielt haben. Der Redaktionsschluss lag im November 2001.

- **Bezug zum deutschsprachigen Raum:** Dieses Buch ist keine Übersetzung eines ausländischen Werks und zudem speziell für den deutschsprachigen Markt geschrieben. Dementsprechend finden sich darin ausschließlich solche Fälle, die für Leserinnen und Leser in Deutschland, Österreich und der Schweiz von Interesse sind. Größtenteils handelt es dabei sich um wirtschaftliche Flops, die sich in diesen drei Ländern zugetragen haben. Alle anderen haben hierzulande zumindest für ein gewisses Aufsehen gesorgt. Wichtig war dem Autor dabei, die Länder Österreich und Schweiz nicht zu vernachlässigen, was bei deutschen Autoren leider keine Seltenheit ist. Aus diesem Grund finden sich auch die Pleiten von Maculan, Konsum, Swissair, ISL und Vera/Pevos unter den behandelten Fällen.

- **Kuriosität:** Natürlich wurden solche wirtschaftlichen Flops bevorzugt, die in irgendeiner Form eine Besonderheit darstellen. So fand der Autor das Ende des Fußballvereins FC Gütersloh und den Absturz der Ariane 5 interessanter als die eine oder andere Unternehmenspleite, bei der zwar mehr Kapital vernichtet wurde, die aber ansonsten weniger spektakulär ablief.

Natürlich hätten noch zahlreiche weitere wirtschaftliche Flops zu diesen Kriterien gepasst. Neben vielen anderen gehören dazu die Fälle AEG,

Fokker und Borgward. Auch die Krisen der am Neuen Markt notierten Unternehmen Teldafax, Metabox und Refugium fanden keine Berücksichtigung, genauso wenig wie die Pleite von Boo.com und das Milliardengrab Premiere World. Irgendwo musste jedoch der Schlussstrich gezogen werden.

# 1.

# Flops aus Medien, Werbung, Sport und Freizeit

# Der Flop aus dem Unterbewusstsein

## George Harrison und das Chiffons-Plagiat

| Ort: | New York |
|------|----------|
| Zeit: | 1976 |
| Vernichtete Summe: | über 10 Millionen Mark |
| Geschädigter: | George Harrison |
| Grund: | Pech |

GEORGE HARRISON
MY SWEET LORD

**Die Melodie von „My Sweet Lord"
war nicht neu. Das kam den Ex-Beatle
George Harrison teuer zu stehen.**

Ein Plagiat ist „die unrechtmäßige Benutzung eines urheberrechtlich geschützten geistigen Eigentums, z. B. einer Melodie, eines Songtitels oder eines Liedtextes", so heißt es im Sachlexikon Rockmusik von Tibor Kneif. Der Ex-Beatle George Harrison weiß spätestens seit Anfang der 70er Jahre genau, was ein Plagiat ist. Sein Nummer-1-Hit „My Sweet Lord" war nämlich ein solches, und das sollte Harrison einen zweistelligen Millionenbetrag kosten.

Dabei hatte alles so schön begonnen. Im April 1970 hatten sich die Beatles – die bis heute größte Rockband aller Zeiten – getrennt.

George Harrison, der als Songschreiber immer im Schatten von John Lennon und Paul McCartney gestanden hatte, brachte noch im gleichen Jahr eine Langspielplatte mit dem Namen „All Things Must Pass" heraus. Tatsächlich stellte George Harrison mit diesem Solowerk seine Fähigkeiten als Songschreiber unter Beweis: Die Langspielplatte kletterte bis auf Platz 1 der US-Hitparade. Auch die ausgekoppelte Single „My Sweet Lord" wurde ein Nummer-1-Hit in den Vereinigten Staaten und verkaufte sich insgesamt über 8 Millionen mal.

Doch leider hatte die Sache einen Haken: „My Sweet Lord" ähnelte dem Lied „He's So Fine" von den Chiffons auf verblüffende Weise. Die Chiffons, eine vierköpfige Mädchen-Gruppe aus New York, hatten „He's So Fine" 1963 auf den ersten Platz der US-Charts gebracht. Geschrieben wurde das Lied von einem jungen Pop-Komponisten namens Ronald Mack, der kurz darauf starb. Obwohl Harrison glaubhaft versicherte, „He's So Fine" nicht bewusst als Vorlage für seinen Nummer-1-Hit verwendet zu haben, klagte die US-Firma Bright Tunes Music, die die Rechte am Chiffons-Song hielt, gegen seine Firma Harrisongs Music. Der Prozess vor einem New Yorker Gericht zog sich bis 1976 hin und endete schließlich mit einem Urteil gegen Harrison. „Es ist klar, dass ‚My Sweet Lord' der gleiche Song nur mit anderem Text wie ‚He's So Fine' ist", urteilte das Gericht und verfügte, dass Harrison zwei Drittel seiner Tantiemen an den Kläger abgeben musste. Der Schaden dürfte dabei in zweistelliger Millionenhöhe gelegen haben. Dabei machte auch das Gericht Harrison nicht den Vorwurf, dass er bewusst abgekupfert habe. Vielmehr habe sich die Melodie von „He's So Fine" unbewusst in Harrisons Gedächtnis festgesetzt und sei von diesem später in seine eigene Komposition übernommen worden. Die Voraussetzungen für ein Plagiat sah das Gericht dennoch erfüllt. So verdankt einer der größten wirtschaftlichen Flops der Rockmusik-Geschichte seine Entstehung dem Unterbewusstsein.

# Stern-Stunde der Mediengeschichte

## Die falschen Hitler-Tagebücher

| | |
|---|---|
| **Ort:** | Deutschland |
| **Zeit:** | 1983 |
| **Vernichtete Summe:** | 10 Millionen Mark |
| **Geschädigter:** | Verlag Gruner + Jahr |
| **Grund:** | Kriminelle Machenschaften, falsche Einschätzung der Lage |

Konrad Kujau ging als einziger Sieger aus Deutschlands größtem Medienskandal hervor, auch wenn er für seine dreiste Fälschung ins Gefängnis musste.

Gäbe es einen Preis für die größte Ente der Pressegeschichte, dann könnte es nur einen Gewinner geben: den Bericht über die angeblichen Hitler-Tagebücher in der Zeitschrift Stern aus dem Jahr 1983. Zu grotesk erscheint die Geschichte, bei der das Verschwinden von zehn Millionen Mark angesichts der scheinbaren Sensation fast zur Nebensache geriet. Als Helmut Dietl die Tagebuchaffäre einige Jahre später verfilmte („Schtonk" mit Götz George in der Hauptrolle), musste er nicht viel dazu erfinden. Die Wahrheit war komisch genug.

Der tragische Held im Drama um die angeblichen Hitler-Tagebücher hieß Gerd Heidemann und war von Beruf Redakteur beim Nachrichtenmagazin *Stern*. Heidemann, der in Dietls Film von Götz George als übereifriger Spinner mit Nazi-Tick dargestellt wird, galt im realen Leben als hervorragender Journalist. Sein tatsächlich vorhandenes Interesse für Nazi-Themen brachte ihn in Kontakt mit dem Stuttgarter Militaria-Händler Konrad Kujau, der sich mit dem Verkauf von Nazi-Reliquien über Wasser hielt. Die Affäre kam ins Rollen, als Kujau Heidemann ein mehr als sensationelles Angebot machte: Gegen entsprechende Bezahlung würde er die Tagebücher Hitlers liefern. Kein Historiker hatte bis dahin gewusst, dass es diese Tagebücher überhaupt gab, und nun wurden sie Heidemann gleichsam auf dem silbernen Tablett serviert. Der Stern-Redakteur biss an. Bei 85.000 Mark pro Buch wurde er mit Kujau handelseinig, 27 davon wollte dieser liefern.

Dass Konrad Kujau bereits seit Jahren Nazi-Gegenstände im großen Stil gefälscht hatte, wusste Heidemann nicht. Immerhin lieferte Schlitzohr Kujau eine halbwegs glaubwürdige Erklärung: Er verwies auf ein Flugzeug, das in den letzten Tagen des Zweiten Weltkriegs bei Börnersdorf in Sachsen abgestürzt war. Das Flugzeug, so lautete die Geschichte, habe persönliche Unterlagen Hitlers an Bord gehabt, um diese vor den Alliierten zu retten – unter anderem die Tagebücher des Diktators. Kujau gab vor, über Kontaktpersonen in der DDR an die Tagebücher herankommen zu können. Natürlich nicht an alle auf einmal, aber nach und nach würden die Bücher schon eintrudeln.

In Wirklichkeit bezog Kujau seine Bücher natürlich nicht aus irgendwelchen dunklen DDR-Kanälen, sondern aus seiner eigenen Fälscherwerkstatt. Kujau fälschte ein Buch nach dem anderen und lieferte insgesamt nicht weniger als 63 Schriftstücke. In der Zwischenzeit hatte Heidemann seine Vorgesetzten beim *Stern* eingeweiht. Diese gaben – zunächst

einmal sehr misstrauisch – mehrere Gutachten bei international aner-
kannten Experten in Auftrag. Nachdem alle davon positiv ausgefallen
waren, gab es kein Halten mehr: Im April 1983 ließ der *Stern* die Bombe
platzen. „Hitlers Tagebücher entdeckt", hieß es auf dem Titelblatt von
Ausgabe 18/1983, die sofort reißenden Absatz fand. Im Innenteil waren
die inzwischen schon legendären Worte zu lesen: „Die Geschichte des
Dritten Reiches muss teilweise umgeschrieben werden."

Aus der Weltsensation wurde jedoch nichts. Nachdem viele Historiker die Echtheit der Tagebücher von Anfang an bezweifelt hatten, sollte
im Mai 1983 eine Untersuchung des Materialprüfungsamts in Berlin
endgültige Klarheit bringen. Das scheinbar schwierige Unterfangen erwies sich als grotesk einfach: Bereits eine Betrachtung des verwendeten
Materials unter ultraviolettem Licht machte klar, dass es sich unmöglich
um Papier aus der fraglichen Zeit handeln konnte. Weitere Tests ergaben,
dass auch der Einband eindeutig neueren Datums war. Die angeblichen
Tagebücher Hitlers waren nicht nur eine Fälschung, sondern eine äußerst plumpe dazu.

Was folgte, hinterließ einen Flurschaden, nicht nur in den Finanzen
des *Stern*. Fast zehn Millionen Mark waren nach dem Deal in den Sand
gesetzt. Auflagenrückgang und verlorene Glaubwürdigkeit sorgten für
weitere Millionen-Verluste. Es dauerte Jahre, bis sich das bis dahin äußerst erfolgreiche Nachrichtenmagazin vom Tagebuch-Schock erholt
hatte. Als Folge der Affäre nahm Henri Nannen, Herausgeber des Stern,
seinen Hut, mehrere Redakteure folgten ihm in diesem Schritt. Deutlich
härter traf es Gerd Heidemann: Er wurde wegen Betrugs zu vier Jahren
und acht Monaten Gefängnis verurteilt. Seinen unbestrittenen Qualitä-
ten zum Trotz fand er anschließend keine Beschäftigung als Journalist
mehr und lebt heute als Sozialhilfe-Empfänger. Neben den Journalisten
hatten sich bei der ganzen Sache natürlich auch die involvierten Gutach-
ter bis auf die Knochen blamiert, da sie die Echtheit der Tagebücher bestätigt hatten. Ihre Entschuldigung: Ihnen standen nur Kopien zur Verfügung und die Vergleichsschriftproben waren ebenfalls falsch.

Der einzige Beteiligte, der aus der Affäre Kapital schlagen konnte, war

Konrad Kujau. Den dreisten Meisterfälscher machte der Tagebuch-Skandal über Nacht zum Schlitzohr der Nation. „Er hatte den Medien wie ein Hofnarr seiner Majestät einen bizarren Vexier-Spiegel vorgehalten", schrieb Claudia Cornelsen in ihrem Buch *Lila Kühe leben länger*, in dem es um geschichtsträchtige PR-Gags geht. Kujau genoss seine neugewonnene Popularität sichtlich und nahm die vier Jahre und sechs Monate Gefängnis, zu denen er verurteilt wurde, gelassen hin. Nach Verbüßung der Strafe ließ er keine Gelegenheit aus, sich in der Öffentlichkeit zu präsentieren. Er trat in Talkshows auf, gründete eine Partei und betätigte sich als Pop-Sänger („Ich war der Fälscher der Bücher"). Im September 2000 starb Kujau an Magenkrebs.

# Ein langer Witz ohne Pointe

## Heaven's Gate

| Ort: | USA |
|---|---|
| Zeit: | 1980 |
| Vernichtete Summe: | 34 Millionen US-Dollar |
| Geschädigte: | United Artists |
| Grund: | Selbstüberschätzung |

er Name war Programm. Mit ihrem Film *Heaven's Gate* wollte die US-Firma United Artists 1980 hoch hinaus und investierte ein Vermögen in das Monumentalepos. Das Ergebnis war jedoch die Beinahe-Pleite des Unternehmens und einer der größten Flops der Filmgeschichte. Hollywood hatte sein Waterloo erlebt.

Dabei schienen die Vorzeichen gut zu sein. Nicht zuletzt dank der immer perfekter werdenden Technik hatten Regisseure wie George Lucas und Francis Ford Coppola in den 70er Jahren neue Maßstäbe in der Filmbranche gesetzt. Mit dem Western *Heaven's Gate* versuchte United Artists, an teure aber erfolgreiche Streifen wie „Apocalypse Now" und „Star Wars" anzuknüpfen. Dabei zeigte sich das US-Unternehmen nicht kleinlich: Nachdem zunächst nur ein Budget von 7,5 Millionen Dollar vorgesehen war, investierte United Artists die für damalige Verhältnisse enorme Summe von 44 Millionen Dollar in das Projekt. Garant für den Erfolg sollte neben den Top-Schauspielern Kris Kristofferson und Christopher Walken vor allem die Regie-Hoffnung Michael Cimino sein. Dieser hatte mit dem Vietnam-Film „The Deer Hunter" zwei Jahre zuvor zwei Oscars abgeräumt und bekam von United Artists weitgehend freie Hand bei der Realisierung von *Heaven's Gate*. Die Geschichte des Films spielt in Wyoming Ende des 19. Jahrhunderts und basiert auf authentischen Ereignissen. Kristofferson spielt einen Juristen, der in einen Kampf zwischen reichen Vieh-Besitzern und armen Einwanderern gerät.

Doch Cimino schaffte es nicht, den an sich interessanten Stoff in einen packenden Film umzuwandeln. Er verpulverte Teile seines Budgets für sinnlose Kulissen-Umbauten und verzettelte sich in Nebenhandlungen. Am Ende stand schließlich ein vier Stunden langes Monumentalwerk, in dem die Zuschauer fast eine Stunde auf den Beginn der eigentlichen Handlung warten mussten. Ein banaler Schluss veranlasste einen Kritiker später zu der Bemerkung „Heaven's Gate ist wie ein langer Witz ohne Pointe". Als der Film in dieser Form 1980 in die Kinos kam, hagelte es Verrisse. Bereits drei Tage nach dem Filmstart zog United Artists den Film zurück und brachte eine auf zweieinhalb Stunden gekürzte Version heraus. Doch es nützte nichts. Kaum jemand wollte den vermeintlichen Edel-Western noch sehen. Am Ende musste sich United Artists mit US-Einnahmen von kümmerlichen 1,5 Millionen Dollar zufrieden geben. Nachdem im Ausland noch einige Millionen zusätzlich eingespielt wurden, wird der Verlust von *Heaven's Gate* heute auf etwa 34 Millionen US-Dollar geschätzt.

Der Verlust brachte United Artists an den Rand des finanziellen Abgrunds. Die Konzernmutter Transamerica trennte sich nach der Filmpleite von der kriselnden Tochter und verkaufte sie an MGM. Auch Michael Cimino hatte zu leiden: *Heaven's Gate* ramponierte nachhaltig seinen Ruf. Ihm gelang nie wieder ein kommerziell erfolgreicher Film.

# Als ob Gott das Gras lila gefärbt hätte

## Coca Cola und das New-Coke-Fiasko

| Ort: | USA |
| --- | --- |
| Zeit: | 1985 |
| Vernichtete Summe: | 100 Millionen Dollar |
| Geschädigter: | Coca Cola |
| Grund: | Falsche Einschätzung der Lage |

Am 23. April 1985 erschütterte ein Meldung ungeheuerlicher Tragweite die US-amerikanische Öffentlichkeit. War die Freiheitsstatue eingestürzt? Hatte der Präsident die Verfassung außer Kraft gesetzt? Schloss Disney-Land seine Türen? Nein, es war schlimmer: Roberto C. Goizueta, Chef der Firma Coca Cola, hatte bekannt gegeben, dass die Zusammensetzung des erfolgreichsten Erfrischungsgetränks der Welt geändert werden sollte. Coke sollte durch New Coke ersetzt werden. Von Boston bis San Diego ging eine Schockwelle durch das Land, die die Nation in ihren Grundfesten erschütterte. In den Augen der Amerikaner grenzte eine Veränderung der fast 100 Jahre alten Coca-Cola-Rezeptur an Heiligenschändung.

Obwohl die Änderung der Coke-Zutaten auf den ersten Blick wie ein unüberlegter Schnellschuss aussah, steckte dahinter ein genau kalkuliertes Konzept, das über Jahre gereift war. Den Anlass dafür gab Coca-Cola-Konkurrent Pepsi. Die Pepsi-Manager hatten herausgefunden, dass die Mehrzahl der Verbraucher in Blindtests ihre Cola dem etwas weniger süßen Coke vorzogen. Diese Tatsache nutzten die Coca-Cola-Rivalen zu einer geschickten Werbekampagne: Unterstützt durch begleitende

Werbespots forderten die Pepsi-Werbestrategen Colatrinker in aller Welt zum „Pepsi-Test" auf. In den USA und in zahlreichen anderen Ländern wurden zu diesem Zweck in Fußgängerzonen und Einkaufszentren Stände aufgestellt, die Passanten zum Vergleich von Pepsi und Coke im Blindtest einluden. Wer mitmachte, erhielt einen Becher Coke und einen Becher Pepsi, erfuhr jedoch nicht, in welchem Becher sich welche Cola befand. Anschließend musste jeder Testtrinker sein Votum abgeben. Eine am Stand angebrachte Tafel zeigte, wie viele der Teilnehmer bis dahin Coca Cola und wie viele Pepsi bevorzugt hatten. Wie zu erwarten war, zeigten die Tafeln stets ein Übergewicht für Pepsi an, ohne dass die Pepsi-Werber in irgendeiner Form mogeln mussten. Die Werbekampagne verfehlte ihre Wirkung nicht: Pepsi, dessen Marktanteil bereits im Lauf der 80er Jahre ständig gewachsen war, überholte Coca Cola 1984 auf dem 25-Milliarden-Dollar-Markt für Softdrinks in den USA.

Im Hause Coca Cola herrschte natürlich längst Alarmstimmung. Vor allem beunruhigte die Manager in Atlanta, dass die dort intern durchgeführten Tests die Geschmacksvorteile von Pepsi bestätigten. Coca-Cola-Chef Goizueta sah sich nun gezwungen, über ein scheinbares Tabu nachzudenken – eine Änderung des Coca-Cola-Rezepts musste zumindest in Erwägung gezogen werden. Goizueta ließ seine Mitarbeiter mit einer etwas süßeren Cola-Variante experimentieren. Mit Erfolg: Tatsächlich gelang es, eine Mischung zu finden, die von Testpersonen mehrheitlich gegenüber dem bisherigen Coke und sogar gegenüber Pepsi bevorzugt wurde. Auch Akzeptanz-Untersuchungen, die die psychologische Seite einer neuen Coke-Zusammensetzung einbezogen, verliefen positiv. So entschloss man sich in Atlanta zum Tabubruch: Die neue Cola sollte unter der Bezeichnung „New Coke" auf den Markt gebracht werden. Nun war allerdings noch zu klären, ob die neue Brause die alte ersetzen oder als Alternative angeboten werden sollte. Goizueta entschied sich für ersteres: New Coke ließ sich nicht als bester Softdrink der Welt vermarkten, ohne die bisherige Cola-Variante als zweitklassig zu degradieren. Eine zweitklassige Cola im Sortiment wollten die Coke-Manager jedoch verhindern.

Am 23. April verkündete Goizueta vor 700 Journalisten im New Yorker Lincoln Center die Sensation: Coca Cola erhielt nach 99 erfolgreichen Jahren eine neues Rezept. Damit nahm ein wirtschaftlicher Flop seinen Lauf, den Stuart Crainer in seinem Buch *Die 75 besten Management-Entscheidungen aller Zeiten* wie folgt kommentierte: „Hier lediglich vom Marketingfehltritt des Jahrhunderts zu sprechen, heißt, die Folgen der Maßnahme noch ein wenig zu untertreiben." Das Desaster begann schon während der Pressekonferenz: Auf den Vorwurf, New Coke sei nichts anderes als ein geklontes Pepsi, hatte Goizueta keine überzeugenden Gegenargumente parat. Der Coca-Cola-Chef wollte auch nicht verraten, mit welchen Ergebnissen New Coke gegenüber Pepsi getestet worden war. Die Berichterstattung der Presse, die New Coke als eine Jahrhundertsensation präsentierten, fiel entsprechend vernichtend aus. Die Reaktion der Öffentlichkeit war kaum besser: „Als ob Gott das Gras lila gefärbt hätte", lautete der Kommentar eines eingefleischten Coke-Trinkers. Bis zu 8.000 Beschwerde-Anrufe musste Coca Cola pro Tag hinnehmen, während insgesamt mindestens 40.000 Protestbriefe in Atlanta eingingen. Verzweifelte Coke-Fans begannen, Dosen und Flaschen der alten Coca-Cola-Variante palettenweise zu bunkern, teilweise wurden Schwarzmarktpreise bezahlt.

Mit einer derart massiven Ablehnung hatte das Coca-Cola-Management nicht gerechnet. Immerhin reagierte man in Atlanta richtig: Anstatt das Projekt New Coke retten zu wollen, gab man sich bereits im Juli 1985 geschlagen und spielte den reuigen Sünder. Coca Cola verkündete öffentlich, dass die Einführung von New Coke ein Fehler gewesen sei und entschuldigte sich bei seinen zahlreichen Kunden dafür. Anschließend wurde die alte Coca Cola unter dem Namen „Classic Coke" wieder eingeführt. New Coke wurde zwar zunächst weiter verkauft, doch der Marktanteil fiel ins Bodenlose, was ein knappes Jahr später zur Einstellung der Produktion führte. Den Sinneswandel des Coca-Cola-Managements im Juli 1985, also gerade einmal drei Monate nach der glamourösen Einführung von New Coke, nahm Stuart Crainer 15 Jahre später in sein Buch über die 75 besten Managemententscheidungen aller Zeiten auf. Zu Recht, denn die Coca Cola alter Rezeptur feierte nach dem New-Coke-Debakel ein furioses Comeback. Als hätten sie einen verloren geglaubten Freund wiedergefunden, tranken die Amerikaner ihre Coca Cola auf einmal wieder mit besonderer Begeisterung. Schnell überholte die Brause aus Atlanta den Konkurrenten Pepsi auf ihrem Heimatmarkt und behauptete bis heute die Spitze. So konnte Coca-Cola Manager Don Keough das New-Coke-Fiasko schließlich auch gelassen kommentieren: „Einige Kritiker werden sagen, dass Coca Cola einen Marketing-Fehler gemacht hat. Einige Kritiker werden sagen, dass wir das alles von vornherein so geplant haben. Die Wahrheit ist, dass wir weder so dumm noch so klug sind."

# Eine Werbekampagne geht meilenweit daneben

## Camel und die Kamel-Marionetten

| Ort: | Deutschland |
|------|-------------|
| Zeit: | 1991 |
| Vernichtete Summe: | Mehrere hundert Millionen Mark |
| Geschädigter: | Reynolds Tobacco |
| Grund: | Falsche Einschätzung der Lage |

In kaum einer Branche spielt die Werbung eine so wichtige Rolle wie in der Tabak-Industrie. Schließlich beschränkt sich die Gegenleistung, die der Käufer einer Packung Zigaretten für teures Geld erhält, weitgehend auf ein erhöhtes Krebs- und Herzinfarktrisiko.

Der wesentliche Nutzen, den das Rauchen bietet, müsste dagegen erst noch entdeckt werden. Die schwierige Aufgabe der Werbeagenturen ist es daher, dem Verbraucher klar zu machen, dass die Zigarette einer bestimmten Marke den nicht existierenden Zweck besser erfüllt als die der Konkurrenz. Erschwert wird diese Aufgabe durch die Austauschbarkeit der Produkte: Selbst Experten können die Glimmstängel verschiedener Anbieter im Blindtest kaum auseinanderhalten, vom Verbraucher ganz zu schweigen. Weil Zigaretten unterschiedlicher Marken also auf gleiche Weise nichts bieten, hängt fast der gesamte Erfolg einer Marke von der Werbung ab. Die Tabak-Konzerne wissen das natürlich und werfen allen bestehenden und geplanten Verboten zum Trotz mit den Werbe-Millionen nur so um sich.

Da aus besagten Gründen kein konkreter Nutzen des Rauchens in der Werbung dramatisiert werden kann, setzen die meisten Kampagnen auf eine Gefühls- oder Identitätsstrategie. Mit coolen, sympathischen oder ausgeflippten Typen wird dem Raucher dabei vorgegaukelt, dass er mit dem Kauf einer Packung Zigaretten ein Stück Freiheit und Abenteuer erwirbt.

Mit einer auf Exotik und Abenteuer basierenden Werbestrategie schaffte es auch die Firma Reynolds Tobacco, die Zigarettenmarke „Camel" zu einer der bekanntesten der Welt zu machen. „Ich geh meilenweit für Camel" wurde zu einem der bekanntesten Werbesprüche überhaupt, was nicht zuletzt auch zahlreiche Parodien wie „nur ein Kamel geht meilenweit für eine Zigarette" belegen.

Dass mit Gefühlen, die von der Werbung vermittelt werden, nicht zu spaßen ist, zeigt sich in einem der größten Flops der deutschen Werbegeschichte, in den Camel-Hersteller Reynolds Tobacco Anfang der 90er schlitterte.

Nach Jahren der „Meilenweit"-Werbung versuchte es Reynolds 1991 mit einer neuen Camel-Kampagne. Dieses Mal standen keine Typen im Vordergrund, die Freiheit und Abenteuer vermitteln sollten. Vielmehr spielten niedliche Kamel-Marionetten die Hauptrolle, die sich an diversen Show-Einlagen versuchten. Die Resonanz war zunächst einmal überwältigend. Alle Welt mochte die putzigen Tierchen, und bei so manchem Kino-Abend blieb der Camel-Werbespot länger im Gedächtnis als der Film danach. Die Werbeagentur McCann Erickson, die sich die Kampagne ausgedacht hatte, heimste einige begehrte Werbepreise ein. Doch hinter den Kulissen machte sich schnell Entsetzen breit, denn während die Kampagne hervorragend ankam, ging der Marktanteil von Camel zurück.

„Camel-Raucher verdufteten haufenweise zu anderen Marken, weil sie sich mit einem Kamel nicht identifizieren mochten", beschrieb der *Focus* das Desaster. Die Operation war offenbar gelungen, der Patient aber tot.

Im Geschäftsjahr 1991/92 musste Reynolds einen Rückgang des Camel-Marktanteils von 6,3 auf 5,3 Prozent verbuchen, was auf dem milliardenschweren Zigarettenmarkt einen Umsatzausfall von mehreren hundert Millionen Mark bedeutet. In den Folgejahren war ein weiterer Rückgang zu verzeichnen. Werbefachmann Andreas Buchholz zog gegenüber dem *Focus* ein passendes Fazit: „Humor muss das Vehikel der Werbebotschaft sein und darf nicht zum Selbstzweck verkommen."

# Serie von Pannen und Peinlichkeiten

## Berlins gescheiterte Olympia-Bewerbung

| Ort: | Berlin |
|---|---|
| Zeit: | 1993 |
| Vernichtete Summe: | 250 Millionen Mark |
| Geschädigte: | Stadt Berlin |
| Grund: | Missmanagement, Falsche Einschätzung der Lage |

Olympische Spiele haben schon in so mancher öffentlichen Kasse tiefe Löcher hinterlassen. Das krasseste Beispiel bietet zweifellos die kanadische Stadt Montreal, deren Sommerspiele von 1976 zum Milliardengrab mutierten, nachdem vor allem die Baukosten in Schwindel erregende Höhen geklettert waren. Auch Berlin erlebte im Zusammenhang mit Olympischen Spielen ein wirtschaftliches Waterloo inklusive der Vernichtung einer dreistelligen Millionensumme. Doch während man in Montreal für das viele Geld wenigstens die Spiele des Jahres 1976 bekam, musste Berlin auf Olympia 2000 verzichten, nach-

dem die immensen Kosten bereits in der Bewerbungsphase angefallen waren. Als statt Berlin Sydney den Zuschlag für die Sommerspiele 2000 erhielt, war das Fiasko gleich doppelt komplett: Neben viel Geld, das man nun als Fehlinvestition verbuchen musste, hatte die Stadt an der Spree dank eines unübersehbaren Missmanagements auch an Ansehen verloren. Wäre das Aneinanderreihen von Pannen und Skandalen eine olympische Disziplin, dann hätten sich die Berliner die Goldmedaille redlich verdient gehabt.

Auf die Idee mit der Olympia-Kandidatur hatte die Berliner kein Geringerer als US-Präsident Ronald Reagan gebracht, als dieser die geteilte Stadt 1987 besuchte. Nachdem Berlin bereits 1936 die Olympischen Spiele ausgetragen hatte, strebte man für das zweite Mal das Jahr 2000 an. Dabei dachte man an Spiele, die sowohl im Osten als auch im Westen stattfinden sollten, was angesichts der weltpolitischen Lage einen durchaus kühnen Plan darstellte. Doch diese Pläne waren nach der Wiedervereinigung 1990 nur noch Makulatur. Jetzt stand das wiedervereinigte Berlin im Blickpunkt der Weltöffentlichkeit, galt als Symbol für das Ende des Kalten Kriegs und drängte sich damit als Ausrichter der ebenfalls symbolträchtigen Milleniumsspiele geradezu auf – scheinbar viel mehr als die Mitbewerber aus Peking, Sydney, Istanbul und Manchester.

Angesichts der historischen Chance machte die Berliner Regierung um Eberhard Diepgen nun Ernst. 1991 wurde die Olympia GmbH gegründet, die sich um eine generalstabsmäßig geplante Bewerbung kümmern sollte. Einen Etat von 55 Millionen Mark bewilligte der Berliner Senat für diese Aufgabe. Der mit öffentlichen Geldern finanzierten Olympia GmbH wurde dann noch die Olympia Marketing GmbH zur Seite gestellt, die ihre Finanzierung aus Sponsorengeldern und aus Aufträgen der Olympia GmbH bezog. Mit vereinten Kräften wollte man so die Funktionäre des Internationalen Olympischen Komitees (IOC) dazu bewegen, ihre Stimme für Berlin abzugeben. Das Firmenkonstrukt mit zwei voneinander unabhängigen Gesellschaften war geschickt gewählt: Während die Olympia GmbH unter der Aufsicht des Senats agierte, entzog sich die scheinbar unabhängige Olympia Marketing GmbH einer parlamentarischen Kontrolle und blieb so von lästigen Einblicken verschont.

An Geld, einem historischen Anlass und gutem Willen mangelte es also nicht bei Berlins Olympia-Bewerbung. Dafür fehlten andere Dinge. So etwa der Rückhalt in der Bevölkerung: Angesichts der Wiedervereinigungs- und Hauptstadthektik konnten sich viele Berliner offensichtlich nicht so recht für die Olympischen Spiele erwärmen. Statt Begeisterung herrschte an der Spree vor allem Gleichgültigkeit, zumal auch das internationale Interesse an der wiedervereinigten Stadt immer mehr nachließ.

Befürworter der Bewerbung machten gerade einmal etwa 50 Prozent der Bevölkerung aus, was nicht gerade auf eine grassierende Olympia-Euphorie schließen ließ. „Das Internationale Olympische Komitee ist viel leichter zu überzeugen als die Leute hier in der Stadt", beklagte sich Olympia-GmbH-Chef Axel Nawrocki.

Noch schlimmer als das allgemeine Desinteresse traf die Organisatoren jedoch die Opposition, die sich gegen die Bewerbung organisierte. Unterstützt von den Grünen und dem Bündnis 90 heizten die „Nolympier" die Stimmung gegen das geplante Großereignis kräftig an. Ihre Aktionen, die nicht immer im Rahmen des Erlaubten blieben, machten den Organisatoren mächtig zu schaffen. Die Nolympier begleiteten die offizielle Übergabe der Berliner Bewerbung in Lausanne mit Sprechchören und Transparenten, wobei sie ebenfalls ein Schreiben und einen Videofilm an die hohen Herren übergaben. Bis zu 10.000 Menschen nahmen an Demonstrationen gegen die Olympia-Pläne teil. Zudem wurde der Besuch einer IOC-Delegation in Berlin von einer Bombendrohung begleitet.

Währenddessen übte sich auch die Bundesregierung in Zurückhaltung. Erst im November 1992 versprach der damalige Bundeskanzler Helmut Kohl den Olympia-Planern endlich seine Unterstützung, zunächst jedoch ohne finanzielle Zugeständnisse zu machen. Diese kamen erst im Januar 1993, als Kohl die Absicherung aller bedeutenden Olympia-Investitionen zusagte. Entscheidender Kritikpunkt aller Olympia-Skeptiker waren dabei immer wieder die Kosten. Tatsächlich hatten die Olympia-Planer allzu offensichtlich in die Trickkiste der Haushaltsrechnung gegriffen: In einer Studie des Volkswirtschaftlers Wolfgang Männig wurden die olympiabedingten Kosten auf 3,3 Milliarden Mark taxiert und ein Gewinn von 200 Millionen prognostiziert. Der Schönheitsfehler: Zahlreiche weitere Kosten hatten die Olympia-Planer kurzerhand als „nicht olympiabedingt" wegdefiniert. „Zu geschönt, um wahr zu sein", urteilte *Der Spiegel* und hatte nahezu alle unabhängigen Experten auf seiner Seite. Vor allem die Baukosten dürften in der Studie deutlich unterschätzt worden sein.

Vernichtende Kritik musste auch der Chef der Olympia GmbH Axel Nawrocki einstecken. Der über CDU-Parteiämter in dieses Amt aufgestiegene Nawrocki wurde von Wirtschaftsexperten abfällig als „drittklassiger Manager" bezeichnet. Gemäß der *Berliner Morgenpost* war der mit 370.000 Mark Jahresgehalt entlohnte Firmenchef mit seinem Amt „völlig überfordert". Unter seiner Führung musste sich die Olympia GmbH nicht nur ein „chronisches Konzeptionsdefizit" (*Süddeutsche Zeitung*) vorwerfen lassen, sondern leistete sich auch eine „Serie von Pannen und Peinlichkeiten" (*Frankfurter Rundschau*). Viel kritisiert wurde etwa, dass sich die Olympia-Planer 1992 einen Besuch der Olympischen Spiele in Barcelona 1,2 Millionen Mark aus Geldern der Olympia GmbH kosten ließen. Welche Personen genau die Gelegenheit zu einem billigen Luxus-Abstecher nach Spanien nutzten, ließ sich im Nachhinein nicht mehr feststellen. Es sollen jedoch auch mehrere Ehefrauen dabei gewesen sein, die an der Olympia-Bewerbung nicht beteiligt waren. Auch gegenüber den IOC-Funktionären, die als Abstimmungsteilnehmer von allen Bewerbern umgarnt wurden, ließ sich die Olympia GmbH nicht lumpen. Entgegen den Vorschriften konnten die hohen Herren Geschenke vom Hörgerät über Luxus-Kleidung bis zum Freiflug um die halbe Welt einstecken.

Den Aufsehen erregendsten Lapsus erlaubten sich die Olympia-Planer jedoch beim Anlegen von Dossiers über die einzelnen IOC-Funktionäre. Wie das Fernsehmagazin Monitor herausfand, sammelten Nawrockis Mitarbeiter selbst intimste Informationen über die Herren der Ringe. So musste die erstaunte deutsche Öffentlichkeit zur Kenntnis nehmen, dass man sich in Berlin für sexuelle Neigungen, Käuflichkeit und die Einstellung zur deutschen Geschichte der Funktionäre genauso interessierte wie für deren Alkohol- und Drogenkonsum. Nach dieser peinlichen Affäre musste Nikolaus Fuchs, Chef der Olympia Marketing GmbH, seinen Hut nehmen.

Angesichts der in jeglicher Hinsicht miserablen Ausgangsposition glaubten schließlich nur noch unverbesserliche Optimisten an einen Bewerbungserfolg Berlins. „Die Olympia-Bewerbung dürfte scheitern", schrieb die *Wirtschaftswoche* kurz vor der Entscheidung. Diese fiel am 23. September 1993 und machte das Fiasko perfekt. Nur der krasse Außenseiter Istanbul lag mit sieben Stimmen noch hinter Berlin, das es auf neun brachte. Manchester kam immerhin auf 13, während Sydney mit 44 Stimmen das Rennen vor Peking (43) machte. Während die Nolympier jubelten und die Olympia-Planer ihre Enttäuschung wegstecken mussten, war auch das finanzielle Desaster nun komplett. Mit offiziell 60 Millionen Mark für die Bewerbungskampagne hatte man das Budget zwar nur um moderate 5 Millionen überschritten. Olympia-Gegner fanden jedoch zahlreiche versteckte Ausgaben, die nicht im offiziellen Haushalt enthalten waren und schätzten die tatsächlichen Kosten auf 250 Millionen Mark. Angesichts des in jeglicher Hinsicht zweifelhaften Resultats wurde die Olympia-Berwerbung damit zu einem erstklassigen wirtschaftlichen Flop.

Auch nach der Auflösung der Olympia GmbH Ende 1993 war die Serie der Skandale allerdings noch nicht zu Ende. Für den letzten Höhepunkt sorgte wiederum Axel Nawrocki, als er 200 laufende Meter Akten aus der Bewerbungsphase vernichten ließ, obwohl mit dem Berliner Senat eine Übergabe vereinbart war. Juristisch wurde Nawrocki dafür ebenso wenig belangt wie für seinen großzügigen Umgang mit den Millionenbeträgen der Olympia GmbH. Seiner Karriere hat die Olympia-Bewerbung ohnehin nicht geschadet: Nach einer Tätigkeit als Berliner S-Bahn-Chef stieg er sogar in den Vorstand der Deutschen Bahn auf. Da Selbstkritik offenbar nicht seine Sache war, wunderte sich auch niemand über sein Fazit: „Wir haben eine erfolgreiche Arbeit gemacht, abgesehen vom schrecklichen Endergebnis."

# Freibier aus der Konkursmasse

## Die Auflösung des FC Gütersloh

| | |
|---|---|
| **Ort:** | Gütersloh |
| **Zeit:** | 2000 |
| **Vernichtete Summe:** | Mehrere Millionen Euro |
| **Geschädigte:** | Gläubiger |
| **Grund:** | Pech, Selbstüberschätzung |

**S**pätestens seitdem 1963 die Fußball-Bundesliga gegründet wurde, gehören Vereine in Finanznöten zum Fußball wie Schiedsrichter, Fans und Tore. Für so manchen Club beginnt daher Jahr für Jahr bereits vor der Saison ein Hoffen und Bangen, denn nur wenn das wirtschaftliche Überleben gesichert ist, erteilt der DFB die Lizenz zur Teilnahme an der Meisterschaft. Einige Vereine – etwa 1860 München und Dynamo Dresden – mussten bereits Zwangsabstiege hinnehmen, nachdem ihnen aus Geldmangel die Lizenz für die jeweilige Spielklasse verwehrt wurde. Andere – etwa Union Berlin und wiederum Dy-namo Dresden – wurden ebenfalls mit dem Abstieg oder mit Punktabzug bestraft, nachdem sie ihre Vermögensverhältnisse gegenüber dem DFB durch gefälschte Unterlagen beschönigt hatten. Besonders schlimm traf es jedoch den FC Gütersloh. Der ehemalige Zweitliga-Club wurde im Februar 2000 wegen Bankrotts aufgelöst. Die *Süddeutsche Zeitung* sprach von einer „Beerdigung dritter Klasse".

Der FCG, der später durch sein unrühmliches Ende Sportgeschichte schreiben sollte, entstand 1978 durch die Fusion der Vereine DJK Gütersloh und SVA Gütersloh. Von Anfang an war der ortsansässige Weltkonzern Miele als

Trikot-Sponsor mit dabei, auch als der Verein Mitte der 90er Jahre in die Zweite Bundesliga aufstieg. Größere Unterstützung vom Bertelsmann-Konzern, der seine Zentrale ebenfalls in Gütersloh hat und damit als Sponsor prädestiniert gewesen wäre, erhielt der FCG dagegen nicht – Bertelsmann-Patriarch Reinhard Mohn setzte mehr auf Kultur-Sponsoring. Dabei hätten die Gütersloher Kicker eine Finanzspritze vom benachbarten Medienkonzern besonders in der Saison 96/97 gut gebrauchen können. Der FC Gütersloh stand nämlich nach mäßigen Leistungen kurz vor dem Sturz zurück in die Drittklassigkeit. Für eine schlechte Ausgangsposition hatte zusätzlich die Vereinsführung durch die Einreichung falscher Unterlagen für die Lizenzerteilung gesorgt, was der DFB prompt mit dem Abzug von drei Punkten bestrafte. Erst am letzten Spieltag sicherte sich der FCG den Klassenerhalt.

Dafür lief die Saison 97/98 umso erfreulicher. Den Jahreswechsel konnte der FC Gütersloh auf Platz drei der Tabelle und damit auf einem Aufstiegsplatz feiern. Als nun auch noch Bertelsmann seine Zurückhaltung aufgab und Sponsorengelder in Millionenhöhe zusicherte, träumte die ganze Gütersloher Fußballwelt von der Bundesliga. Schon redete man in Ostwestfalen vom Ausbau des Stadions und von der Verpflichtung von Starspielern. Doch es kam anders. Am Ende der Saison belegte der FC nur Rang fünf und verpasste damit den Aufstieg ins Fußball-Oberhaus. In der darauf folgenden Saison folgte dann die Ernüchterung: Das Gütersloher Team, dem vermutlich immer noch die Bundesliga-Träume in den Köpfen steckten, enttäuschte auf der ganzen Linie und fand sich am Ende auf einem Abstiegsplatz wieder.

Während die Fans über den sportlichen Misserfolg jammerten, hatte das Management ernsthafte finanzielle Sorgen. Der FC Gütersloh hatte sich nämlich im Kampf um den Klassenerhalt hoch verschuldet, um die Verpflichtung zusätzlicher Spieler und einen Trainerwechsel zu finanzieren. Nun aber musste der Verein seine Verbindlichkeiten in der wenig lukrativen Regionalliga abtragen. Kein Wunder, dass die FCG-Funktionäre – allen voran Manager Volker Graul – nun ordentlich Prügel einstecken mussten. Graul hatte den FC Gütersloh groß gemacht und dabei auch bundesligaerfahrene Spieler wie Rob Reekers und Heiko Bonan verpflichtet. In Zeiten des Erfolgs hatte niemand nach der Finanzierung der hochbezahlten Kicker gefragt, doch nun wunderten sich alle über die riskanten Geschäftspraktiken des FCG. Diese hatten auch Präsident Jürgen Krämer und Aufsichtsratschef Manfred Niewiarra getragen. „Bemerkenswert ist, dass es sich bei den Herren nicht etwa um örtliche Handwerksmeister, sondern um ehemalige Spitzenkräfte des Bertelsmann-Konzerns handelt", wunderte sich die *Süddeutsche Zeitung* über Krämer und Niewiarra.

Durch die Schuldenlast, die am Ende 4,5 Millionen Euro betrug, ging dem FC Gütersloh nun so langsam die Luft aus. Der FCG blieb Spielergehälter schuldig und konnte Steuerzahlungen nicht nachkommen, was im Juli 1999 das Finanzamt zur Pfändung einer halben Million Euro veranlasste. Im November 1999 musste der FC Gütersloh schließlich ein Insolvenzverfahren beantragen. Damit war das Ende des FCG zwar noch längst nicht besiegelt, denn mehrere andere Vereine hatten eine solche Situation bereits überstanden. Doch um zu überleben, brauchte der Verein jetzt kurzfristig Geld. Mindestens eine Million Euro und bis Saison-Ende eine weitere Million waren notwendig, um das Ende des FCG zu verhindern. Diese Summen konnten natürlich nur zahlungskräftige Sponsoren aufbringen, doch die 70 bereits existierenden Geldgeber des Clubs sahen sich dazu nicht in der Lage. Insbesondere war auch der Bertelsmann-Konzern nicht bereit, die vielkritisierte Finanzpolitik des FCG-Managements zu unterstützen. „Wir halten einen sportlichen und wirtschaftlichen Neuanfang für angebracht", begründete der Medienkonzern seine Weigerung, den Retter in letzter Not zu spielen.

Anfang Januar kam dann doch noch einmal Hoffnung auf. Die Vereinsführung meldete, ein Pharma-Unternehmen und eine Spedition als Sponsoren gefunden zu haben, was ein Schließen der Finanzlücken zur Folge gehabt hätte. Doch die Rettung in letzter Sekunde zerschlug sich, denn nachdem das Finanzamt zusätzliche Steuerschulden entdeckt hatte, sprangen beide Sponsoren wieder ab. Die allerletzten Hoffnungen der FCG-Fans ruhten nun auf einer Gläubigerversammlung, die im Februar abgehalten wurde. Doch das Wunder, das sich bei einem ausreichend großen Entgegenkommen der Gläubiger ergeben hätte, fand nicht statt. Am Ende fehlten zwar nur noch 40.000 Euro zur vorläufigen Rettung, doch diese brachen dem Verein das Genick. Noch am gleichen Abend erklärte Konkursverwalterin Cornelia Mönert den FC Gütersloh für erloschen. Am 14.2.2000 hörte der Verein auf zu existieren. Die Regionalliga-Mannschaft des FC Gütersloh, die ihr letztes Spiel gegen die Amateure des VfL Bochum verloren hatte, trug danach keine Partie mehr aus, die Spieler konnten sich einen neuen Verein suchen. Die Spiele, die das Team in der laufenden Saison bereits gespielt hatte, wurden aus der Wertung genommen.

Bereits einige Tage nach der Auflösung des FC wurde in Gütersloh ein neuer Fußballverein gegründet: der FC Gütersloh 2000. Die Fußballfans in Ostwestfalen hatten dabei doppeltes Glück im Unglück: Zum einen erhielten sie Freibier aus der Konkursmasse. Zum anderen durfte der FC Gütersloh 2000 in der Oberliga an den Start gehen und musste seinen Neustart nicht in die unterste Liga verlegen. Voraussetzung für dieses Entgegenkommen war, dass der neue Verein sämtliche Forderungen des DFB an den FC Gütersloh übernahm. Spätestens seitdem Mitte 2001 diese Schulden abgetragen sind, können die Gütersloher Fußballfans wieder optimistisch in die Zukunft blicken. Dem FC Gütersloh 2000 blieb damit das Schicksal des KSV Hessen Kassel erspart, der in der Saison 1997/98 ebenfalls in die Pleite gerutscht war. Die Kicker aus Nordhessen mussten anschließend in der Kreisliga neu anfangen.

# Stadtfest mit internationaler Beteiligung

## Die defizitäre Expo 2000

| | |
|---|---|
| **Ort:** | Hannover |
| **Zeit:** | 2000 |
| **Vernichtete Summe:** | 1,2 Milliarden Euro |
| **Geschädigter:** | Der Steuerzahler |
| **Grund:** | Selbstüberschätzung |

**Die Expo 2000 in Hannover wäre ein großartiges Ereignis gewesen, hätte man im Vorfeld die Besucherzahl nicht komplett falsch kalkuliert.**

Als am 31. Oktober 2000 die Weltausstellung (Expo) in Hannover die Tore schloss, konnten die Veranstalter um Expo-Chefin Birgit Breuel auf eine auf den ersten Blick erfolgreiche Veranstaltung zurückblicken. 18 Millionen Besucher hatte das Jahrhundert-Ereignis innerhalb von fünf Monaten in die niedersächsische Landeshauptstadt gelockt. Obwohl die Wartezeiten vor den Hauptattraktionen teilweise mehrere Stunden betragen hatten, zeigten sich die meisten Besucher hoch zufrieden.

Doch trotz der scheinbar gelungenen Veranstaltung erntet Birgit Breuel nur Gelächter, als sie nach Ende des Spektakels ein positives Fazit zog. Der Grund: Unter der Führung von Breuel mutierte die Expo 2000 zu einem wirtschaftlichen Fiasko gigantischen Ausmaßes. Ein Defizit von nicht weniger als 1,2 Milliarden Euro stand am Ende zu Buche – auf Kosten des Landes Niedersachsen und des Bundes. Zwar hatte man das Ziel eines ausgeglichenen Ergebnisses bereits zwei Jahre zuvor aufgegeben, doch der öffentliche Zuschuss war dabei auf 200 Millionen Euro taxiert worden. Nach der Ursache für diese milliardenschweren Planungsfehler musste man nicht lange suchen: Die Pläne der Expo-Manager gingen von einer Besucherzahl von 40 Millionen aus. In Wirklichkeit konnten nicht einmal halb so viele Eintrittskarten verkauft werden. Der *Focus* nannte die Weltausstellung daher hämisch ein „Stadtfest mit internationaler Beteiligung".

Ob die Expo-Verantwortlichen überhaupt jemals ernsthaft mit 40 Millionen Besuchern rechneten, ist mehr als fraglich. Die utopische Zahl wurde bereits 1991 geboren, als eine Expo-Planungsgruppe des Landes Niedersachsen eine erste Prognose erstellte. Statt Fakten war dabei jedoch eher der Wunsch der Vater der Gedanken. Um überhaupt eine Realisierungschance zu erhalten, musste das zu erwartende Defizit möglichst klein gehalten werden. Insbesondere war der damalige Bundeskanzler Helmut Kohl nicht bereit, öffentliche Gelder in eine Weltausstellung zu pumpen. Kurzerhand schraubten die Expo-Macher daher die anvisierte Besucherzahl auf einen Wert, der genügend Einnahmen durch den Kartenverkauf versprach. Dieser Wert lag bei 40 Millionen. Dass dies nicht besonders realistisch war, zeigte sich spätestens 1998, als die Unternehmensberatung Roland Berger genauer nachrechnete. Das Beratungsunternehmen kam dabei auf eine Besucherzahl von nur etwa 26 Millionen bei einem Defizit von 400 Millionen Euro. Doch die Expo-Führung reagierte nicht auf dieses Alarmsignal – was nicht sein durfte, das konnte nicht sein. Erst zwei Jahre später, nach 50 enttäuschenden Expo-Tagen, gab Birgit Breuel schließlich zu, was längst alle wussten: „Wir werden das Ziel, 40 Millionen Besucher auf die Weltausstellung zu holen, nicht erreichen."

Trotz aller Kritik an der verfehlten Finanzplanung wäre es falsch, die Schuld am Expo-Desaster alleine auf die utopische 40-Millionen-Grenze zu schieben. Vielmehr ließen die Expo-Organisatoren auch sonst kaum eine Gelegenheit aus, der gesamten Veranstaltung zu einem Ehrenplatz in diesem Buch zu verhelfen. Die Serie von Pleiten, Pech und Pannen erreichte einen ersten Höhepunkt, als der überforderte Expo-Geschäftsführer Konrad Heede 1994 das Handtuch warf. Nachfolger Theodor Diener trat 1997 zurück, nachdem er vor allem durch unvorteilhafte Verträge mit Partnerunternehmen aufgefallen war. Im Mai 1997 übernahm schließlich die ehemalige Treuhand-Chefin und frühere niedersächsische Finanzministerin Birgit Breuel das Ruder. Diese musste – nachdem immer neue Finanzlöcher zu Tage getreten waren – 1998 schließlich eingestehen, dass die Expo eine Verlustveranstaltung werden würde. Ein Minus von 200 Millionen Euro war nun eingeplant. Das Tüpfelchen auf dem i bildete schließlich eine teure aber wenig mitreißende Werbe-Kampagne, die einen Expo-Besuch als Weltreise im Schnelldurchlauf zu vermarkten versuchte. Obwohl (oder gerade weil) das Expo-Management mit Werbe-Experten gespickt war, geriet das Marketing zu einem der Haupt-Kritikpunkte im Zusammenhang mit der Expo.

Bei all diesen Querelen ist es kein Wunder, dass sich die Suche nach Sponsoren reichlich schwierig gestaltete. Dabei gehörten Sponsorengelder zu den wichtigsten Säulen der Expo-Finanzierung – 15 Millionen Euro brachte etwa eine so genannte Weltpartnerschaft ein. Auch die Pavillons der teilnehmenden Staaten sorgten für Ärger. Im August 1998 stieg Architekt Florian Nagler, der sich mit seinem Entwurf für das deutsche Pavillon immerhin gegen 317 Konkurrenten durchgesetzt hatte, aus. Nagler sah sich mit widersprüchlichen Änderungswünschen konfrontiert, einen Vertrag hatte er nie gesehen. Mit dem Expo-Auftritt der USA gab es dagegen ganz andere Probleme: Die Vereinigten Staaten zogen ihren Pavillon ganz zurück und nahmen der Expo damit eine mögliche Attraktion.

Verhaltener Optimismus machte sich im Zusammenhang mit der Expo nur in den Monaten vor dem Start breit. Birgit Breuel war es trotz aller Querelen doch noch gelungen, eine attraktive Weltausstellung auf die Beine zu stellen. Doch die Ruhe, die zwischenzeitlich eingekehrt war, verflog, nachdem die Besucherzahlen der ersten Tage bekannt wurden. Nun verging auf einmal kein Tag, an dem nicht über neue Hiobsbotschaften berichtet wurde. Die Besucher, die sich trotz der negativen Berichterstattung auf die Expo wagten, zeigten sich größtenteils zufrieden. Wer dann beispielsweise vor der Cycle-Bowl – einer der Hauptattraktionen – eine Stunde lang Schlange stand, vermisste die ausbleibenden Besuchermillionen auch nicht unbedingt. Diejenigen Besucher, die Hannover ansonsten nur zur Cebit oder Hannover-Messe besuchten, freuten sich über günstige Hotels und Parkplätze in Eingangsnähe. Für eine halbwegs positive Presse zum Abschluss sorgte neben der Mundpropaganda dann auch noch eine neue Werbekampagne („Das gibt's nur einmal, das kommt nie wieder") mit Verona Feldbusch und Peter Ustinov. So wurde der letzte Expo-Monat gleichzeitig auch der beste. Die Folge: Durch den guten Besuch im Oktober verringerte sich das Expo-Defizit um immerhin 50 Millionen Euro.

# Öffentlich-rechtliche Zocker

## Der MDR und die Ecuador-Anleihen

| Ort: | Leipzig |
|---|---|
| Zeit: | 2000 |
| Vernichtete Summe: | 1,3 Millionen Euro |
| Geschädigter: | Der Mitteldeutsche Rundfunk (MDR) |
| Grund: | Selbstüberschätzung |

Verglichen mit anderen Finanz-Desastern war der Schaden gering: Gerade einmal 1,3 Millionen Euro waren vernichtet worden. Für die in Finanzskandalen erprobte Boulevard-Presse wäre eine solche Geschichte normalerweise kaum eine Schlagzeile wert gewesen. Dass der scheinbare Mini-Skandal trotzdem hohe Wogen schlug, lag an der seltsamen Konstellation des Geschädigten und der Ursache des Geldverlusts. Der Geschädigte war der Mitteldeutsche Rundfunk (MDR). Die Rundfunkanstalt mit Sitz in Leipzig versuchte zu dieser Zeit zwar mit zunehmendem Erfolg, sich ein Image als modernes Medien-

unternehmen zu schaffen. Finanzielle Experimente konnte der öffentlich-rechtliche Sender seinen Gebührenzahlern jedoch kaum zumuten, denn wer will schon seine Gebühren als Spekulationsobjekt für Zocker sehen?

So gesehen ist es doch einigermaßen erstaunlich, dass der MDR im Frühjahr 1999 1,8 Millionen Euro in eine hochspekulative und außerdem recht komplizierte Geldanlage investierte, in so genannte synthetische Ecuador-Anleihen. Dahinter verbarg sich eine Anlageform, die auf der ecuadorischen Währung Sucre basierte. Sie bot zwar hohe Zinsen, wurde jedoch durch ein erhebliches Wechselkursrisiko zu einer riskanten Angelegenheit, zumal es um die wirtschaftliche Stabilität des südamerikanischen Staats nicht gerade gut bestellt war. Für den MDR waren die Ecuador-Anleihen in jedem Fall die falsche Anlage zur falschen Zeit. Im Verlauf des Jahres 1999 verlor der Sucre nämlich 90 Prozent seines Werts und dann erklärte Ecuador auch noch seine Zahlungsunfähigkeit. Für den MDR hieß daher das Ergebnis im Herbst 1999 Totalverlust.

Vom Misserfolg des MDR bei der Geldanlage bekam die Öffentlichkeit erst einmal nichts mit. Ein Jahr später kam die Sache jedoch ans Licht. Die *Sächsische Zeitung* hatte vom MDR-Missgriff Wind bekommen und machte den Skandal am 14. Oktober 2000 öffentlich. Damit begann eine äußerst pressewirksame Schlammschlacht, in der sich mehrere Beteiligte gegenseitig die Schuld in die Schuhe schoben. Sachsen-Anhalts Regierungssprecher Franz Stänner sprach vielen Fernsehzuschauern aus der Seele, als er erklärte: „Die Fernsehzuschauer zahlen ihre Gebühren nicht, damit die Sender an der Börse zocken." Peinlicherweise hatte der MDR kurz zuvor ein Gebührenerhöhung angekündigt. MDR-Intendant Udo Reiter konterte jedoch: Bei dem investierten Geld handle es sich nicht um Gebühren, sondern um Mittel aus der Anschubfinanzierung. Außerdem ständen den Verlusten mit der Ecuador-Anleihe Gewinne von etwa 38 Millionen Euro aus anderen Finanzgeschäften gegenüber. Tatsächlich attestierten Experten dem MDR bis dahin eine glückliche Hand bei der Geldanlage, keine andere öffentlich-rechtliche Anstalt hatte ihr Vermögen so gewinnbringend angelegt. Doch das wollte nun angesichts der Verluste niemand mehr wissen. Reiter schob die Schuld dafür auf Verwaltungsdirektor Rolf Markner, der ohne Wissen der MDR-Leitung gezockt haben soll. Markner wollte jedoch nicht den Sündenbock spielen und erklärte, Reiter habe von allem gewusst und außerdem die Vertuschung des Vorgangs befohlen. Obwohl Wirtschaftsprüfer der Firma Pricewaterhouse Coopers (PwC) Markners Version unterstützten, stritt Reiter alles ab: „Ich weise die Darstellung von Rolf Markner in allen Punkten zurück." Zusätzlich schob der MDR dann noch der Dresdner Bank den Schwarzen Peter zu, weil diese angeblich nicht ausreichend auf die Risiken der Ecuador-Anleihen hingewiesen hatte. Die Dresdner Bank konnte dieser Version natürlich nichts abgewinnen, überwies dem MDR jedoch auf Kulanz-Basis eine halbe Million Euro. Dadurch verringerte sich der Verlust des MDR auf 1,3 Millionen Euro, was angesichts des bisherigen Glücks des Senders in Geldanlagefragen kaum noch ins Gewicht fiel. Um die Posse schließlich aus den Schlagzeilen zu bringen, ging der MDR auf Büßerkurs. Die Anleihe hätte nicht getätigt werden dürfen, verkündete eine Sprecherin und fügt hinzu: „Asche auf unser Haupt."

# Materialschlacht bis dato unbekannten Ausmaßes

## Die Mannesmann-Übernahme durch Vodafone

| Ort: | Deutschland |
|---|---|
| Zeit: | 2000 |
| Vernichtete Summe: | 200 Millionen Euro |
| Geschädigter: | Mannesmann |
| Grund: | Pech |

Die Werbeschlacht um die Mannesmann-Übernahme vernichtete dreistellige Millionen-Beträge. Für Mannesmann waren diese Ausgaben vergeblich.

Werbe-Kampagnen haben die Eigenschaft, dass man ihren Erfolg meist nur indirekt einschätzen kann. Wenn eine Serie von Werbe-Spots nicht unmittelbar einen Kaufrausch verursacht, lässt sich über Image-Transfer, Verjüngung der Kundschaft und Marken-Bildung trefflich streiten. So gesehen ist es ein echtes Kuriosum, dass ausgerechnet die teuerste deutsche Werbe-Kampagne aller Zeiten ganz eindeutig ihren Erfolg verfehlt hat. Die 200 Millionen Euro, die sie verschlang, stehen daher für die größte Geldvernichtung der deutschen Werbe-Geschichte.

Das Drama nahm seinen Anfang, als Klaus Esser, Vorstandsvorsitzender des Mannesmann-Konzerns, im Oktober 1999 die Übernahme des britischen Mobilfunk-Anbieters Orange verkündete. Mannesmann hatte eine lange Geschichte als solider aber langweiliger Maschinenbau-Konzern hinter sich, konnte jedoch in den Jahren zuvor auf beeindruckende Erfolge im Telekommunikations-geschäft zurückblicken. Mit der Übernahme von Orange wollte Esser die Erfolgsgeschichte in Großbritannien fortsetzen.

Doch nun trat Chris Gent, Chef des britischen Orange-Konkurrenten Vodafone, auf den Plan. Gent empfand es offensichtlich als persönliche Niederlage, dass ihm Mannesmann vor der eigenen Haustür Konkurrenz machen wollte. Seine Rache folgte auf dem Fuß. Ohne Rücksicht auf Verluste kannte Gent von da an nur noch ein Ziel: die Übernahme des Mannesmann-Konzerns. Die finanzielle Seite einer solchen Transaktion schien den Vodafone-Chef dabei nur am Rande zu interessieren. Zunächst bot er dem Mannesmann-Vorstand 43,7 Vodafone-Aktien pro Mannesmann-Aktie, danach erhöhte er auf 53,7. „Dieses Angebot ist in keiner Weise feindlich", betonte Gent, „weder gegenüber den Mannes-mann-Aktionären noch den Angestellten noch gegenüber dem Manage-ment." Doch Esser und seine Kollegen lehnten ab. Nun versuchte es Vo-dafone mit einer feindlichen Übernahme: Durch den Aufkauf einer Ak-tienmehrheit wollte Gent die Macht im Düsseldorfer Telekommunika-tionskonzern an sich bringen. Doch dazu musste er ausreichend viele Mannesmann-Aktionäre zum Tausch ihrer Anteile gegen Vodafone-Ak-tien bewegen. Zu diesem Zweck startete Gent eine Werbe-Kampagne und setzte damit eine noch nie da gewesene Medienschlacht in Gang.

Wie in einem Boxkampf teilten Mannesmann und Vodafone fortan ihre Schläge aus. Vodafone als Herausforderer startete mit einer Offensi-ve und versuchte, durch ganzseitige Anzeigen in Tageszeitungen die Mannesmann-Aktionäre zum Tausch ihrer Anteile zu bewegen. Mannes-mann parierte mit einer geschickten Verteidigung und schickte „Baby Victor" ins Rennen. Unter dem Motto „Eine feindliche Mutter wäre das Schlimmste" sollte der hilflose Säugling die Gefahren einer Übernahme verdeutlichen. Vodafone konterte mit einem weiteren Baby-Motiv: „Wer stark werden will, braucht eine große Mutter." Mannesmann versuchte es nun mit einem eigenen Angriff und zeigte Verkehrsschilder, die vor einem Absturz warnen. Dieses Mal parierte Vodafone und zeigte Menschen, die nach dem Tausch ihrer Mannesmann- in Vodafone-Aktien vor Freude strahlten. Doch nun kam Mannesmann ins Wanken, denn nachdem Großaktionär Vivendi einknickte, befand sich Klaus Esser auf der Verliererstraße. Um den technischen K.o. in Form einer feindlichen Übernahme zu verhindern, lenkte Mannesmann nun doch ein. Für sage und schreibe 190 Milliarden Euro wechselte der Konzern damit den Besitzer.

Über den Erfolg der beiden Werbe-Kampagnen herrscht im Nachhinein Klarheit: Vodafone hat 400 Millionen Euro investiert und damit sein Ziel erreicht. Die Kampagne von Mannesmann war mit 200 Millionen Euro zwar etwas günstiger, verfehlte ihren Zweck jedoch eindeutig. Damit hatte Mannesmann die Hälfte des Jahresgewinns in eine nutzlose Werbekampagne investiert – ein absolutes Novum in der deutschen Wirtschaftsgeschichte. Die Werbeausgaben von Mannesmann während der Übernahmeschlacht überstiegen beispielsweise deutlich das Werbe-Budget der Deutschen Telekom im Jahr des Börsengangs.

Ob sich Vodafone mit der Mannesmann-Übernahme einen Gefallen getan hat, ist indes noch längst nicht sicher. Die superteure Werbekampagne wird das britische Unternehmen sicherlich verkraften. Ob Vodafone jedoch jemals den astronomischen Kaufpreis von 190 Milliarden Euro verdauen wird, muss sich erst noch zeigen. Vodafone ist jedenfalls derzeit das am höchsten verschuldete Unternehmen der Welt, die Reaktion der Vodafone-Aktionäre ließ ebenfalls keine Euphorie aufkommen. Bleibt zu hoffen, dass der Mannesmann-Aufkauf durch Vodafone in der nächsten Ausgabe dieses Buchs keinen Ehrenplatz einnehmen wird.

# Zwei Kilometer hinter dem Wahnsinn

## Der Konkurs des Sportrechte-Vermarkters ISL

| Ort: | Schweiz |
|---|---|
| Zeit: | 2000 |
| Vernichtete Summe: | über 100 Millionen Franken |
| Geschädigter: | International Sports Leisure (ISL) |
| Grund: | Selbstüberschätzung |

Geschäftssinn und gute Beziehungen – mit diesen beiden Erfolgsfaktoren gelang es Adidas-Juniorchef Horst Dassler in den 80er Jahren, mit der International Sports Leisure (ISL) ein ausgesprochen profitables Unternehmen aufzubauen. Das lukrative Geschäftsfeld: der Handel mit Vermarktungsrechten für Sportveranstaltungen. Dassler hatte bereits frühzeitig erkannt, dass sich sportliche Großereignisse immer mehr zu weltweit beachteten Medienspektakeln wandelten, mit deren Vermarktung die zuständigen Sportfunktionäre nicht selten überfordert waren. Um seine Geschäfte anzukurbeln, nutzte der Adidas-Mann seine erstklassigen Beziehungen zum Welt-Fußballverband FIFA und zum Internationalen Olympischen Komitee (IOC). Mit Erfolg: Die ISL erhielt sowohl Rechte für die Vermarktung der Olympischen Spiele als auch für die Fußball-Weltmeisterschaft. Ihr Meisterstück lieferte die Dassler-Agentur bei der Fußball-WM 1996 in Mexiko ab. Die ISL kaufte die Rechte für knapp 50 Millionen Franken und erzielte damit Einnahmen in Höhe von über 200 Millionen. Besonders engen Kontakt pflegte Dassler auch zu IOC-Präsident Juan Antonio Samaranch, wodurch die ISL zur Hausagentur des IOC wurde.

Der Abstieg der ISL begann 1987 mit dem Tod Horst Dasslers. Die sechsköpfige Erbengemeinschaft schaffte es nicht annähernd, den charismatischen Firmengründer zu ersetzen. In den Folgejahren verließen mehrere erstklassige Manager nach einem Streit mit den Erben das ISL-Schiff. 1996 verlor die ISL dann den wichtigsten Kunden: Das IOC trennte sich vom langjährigen Hoflieferanten und vermarktete seine Olympiarechte fortan selbst. Die Dassler-Erben versuchten es nach dieser Schlappe mit einer Flucht nach vorn. Sie strebten einen Börsengang an und versuchten, mit einem Wachstum um jeden Preis für eine interessante Story zu sorgen. Die ISL kaufte nun ein, was der Markt hergab: Für über 2 Milliarden Franken erstand das Unternehmen weit reichende Vermarktungsrechte an den Fußball-Weltmeisterschaften 2002 und 2006 sowie für zunächst 100 Millionen US-Dollar im Jahr die Exklusivrechte an zwei brasilianischen Fußballclubs. Für 20 Millionen US-Dollar jährlich erwarb das Unternehmen außerdem die Rechte an der amerikanischen Cart-Rennserie.

Höhepunkt der ISL-Einkaufstour war 1999 der Kauf der Vermarktungsrechte für zehn Herren-Tennisturniere (neun ATP-Turniere und die Tennis-Weltmeisterschaft) von der Welt-Tennisorganisation ATP. 1,2 Milliarden Dollar blätterte ISL-Chef Heinz Schurtenberger für einen zehnjährigen Vertrag auf den Tisch. Die Grand-Slam-Turniere in Wimbledon, Paris, New York und Melbourne – bei Tennisfans besonders hoch im Kurs – gehörten nicht zum Paket. Über die Höhe des Kaufpreises wunderten sich nicht nur Tennisexperten, denn der letzte Mitbieter war bereits bei 600 Millionen Dollar ausgestiegen. Selbst dem ATP-Vertreter Ion Tiriac, der in Deutschland als Manager von Boris Becker bekannt wurde, war der Deal peinlich. „Was soll ich machen, etwa nein sagen?", soll der Rumäne anschließend im vertrauten Kreis gesagt haben. ISL-intern soll der Kaufpreis ähnlich beurteilt worden sein: „Zwei Kilometer hinter dem Wahnsinn".

Die Einkaufstour im Supermarkt der Sportrechte brachte der ISL, die Mitte 2000 in sechs Teilgesellschaften unter dem Dach einer Holding (ISMM) aufgeteilt wurde, den erhofften Umsatzzuwachs. Die alte Kaufmannsregel, wonach Umsatz durch Gewinn erst schön wird, schienen die ISL-Manager dabei jedoch zu vergessen. Vor allem die Tennisrechte erwiesen sich als nicht refinanzierbar, allein im Jahr 2000 rissen diese ein Loch von fast 100 Millionen Franken in die ISL-Kasse. Nun ging es Schlag auf Schlag: ISL-Chef Schurtenberger verließ das Unternehmen, der Börsengang wurde erst einmal abgeblasen. Die ISL, die längst in massiven Liquiditätsschwierigkeiten steckte, versuchte die Verträge mit der ATP und den Veranstaltern der Cart-Serie zu kündigen. Doch die ATP hatte offenbar keine Lust, auf ihre Traumkonditionen zu verzichten und lehnte ab. Die Cart-Serie beantwortete die einseitige Kündigung der ISL mit Schadenersatzforderungen. Nachdem die Gläubiger-Banken zunächst einmal ihre Zinsen gestundet hatten, nahmen sie die ISL im April 2001 endgültig in den Würgegriff.

Nachdem sich mögliche Retter – Unternehmen wie Vivendi, IMG und Octagon erwogen eine Übernahme der ISL – zurückgezogen hatten, war der Konkurs der ISL nicht mehr zu vermeiden. Im Mai 2001 ordnete ein Schweizer Konkursgericht die Liquidierung an. Während die FIFA trotz eines Schadens im dreistelligen Millionenbereich mit der ISL-Pleite leben konnte, mussten die Veranstalter der ATP-Tennisturniere empfindliche finanzielle Einbußen hinnehmen. Dies bekam man auch in Deutschland zu spüren: Das Turnier am Hamburger Rothenbaum – Deutschlands bedeutendstes Tennis-Ereignis – war auch davon betroffen.

# 2.

# Flops
# aus Industrie
# und Handel

# Gemeinwirtschaftlicher Eigennutz

## Der Niedergang der Neuen Heimat

| Ort: | Deutschland |
|---|---|
| Zeit: | 1982 |
| Vernichtete Summe: | 20 Milliarden Mark |
| Geschädigte: | Steuerzahler, Gewerkschaften, Banken |
| Grund: | Kriminelle Machenschaften, Missmanagement |

In einer Zeit, in der SPD-Kanzler Schröder erfolgreich die „Neue Mitte" für sich in Anspruch nimmt und in der *Der Spiegel* „die neue Lust auf Leistung" entdeckt, gerät leicht in Vergessenheit, dass noch 20 Jahre zuvor die so genannte „Gemeinwirtschaft" in der Bundesrepublik ihren festen Platz hatte. Unter dem Begriff Gemeinwirtschaft fasste man damals eine Reihe von Unternehmen zusammen, die unter dem direkten Einfluss der Gewerkschaften standen und sich deren Idealen verpflichtet fühlten. Die wichtigsten Unternehmen der Gemeinwirtschaft hießen Volksfürsorge, Bank für Gemeinwirtschaft (BfG), Beamtenheim-stättenwerk (BHW) und Neue Heimat. Gemeinsam hingen diese Firmen – sie hatten ihren Ursprung in Arbeiter-Selbsthilfeprojekten aus dem frühen 20. Jahrhundert – unter dem Dach der Gewerkschaftsholding BGAG (Beteiligungsgesellschaft für Gemeinwirtschaft AG).

Natürlich stand die Bank für Gemeinwirtschaft im Wettbewerb mit Sparkasse und Volksbank, und natürlich musste sich die Volksfürsorge als Versicherung der Konkurrenz von Allianz und Gothaer erwehren. Im Gegensatz zu den Mitbewerbern huldigte die Gemeinwirtschaft jedoch nicht allein der Gewinnmaximierung, sondern stellte ihre soziale Verantwortung in den Vordergrund. Bei der Besetzung von Führungspositionen setzte man in den BGAG-Unternehmen daher nicht auf karrieregeile Vollblutmanager, sondern auf Leute, die sich in den Gewerkschaften oder bei der SPD den richtigen „Stallgeruch" zugelegt hatten. Zumindest in der Theorie standen in der Gemeinwirtschaft Kollegialität, Arbeitsplatzsicherung und Mitbestimmung statt Leistungsdruck im Vordergrund. Durch die gemeinwirtschaftlichen Vorzeigeobjekte wollten die Gewerkschaften somit zeigen, dass es auch anders geht.

Diese Illusion zerplatzte jedoch wie eine Seifenblase, als *Der Spiegel* im Februar 1982 aufdeckte, dass einige leitende Manager des gewerkschaftlichen Baukonzerns Neue Heimat – allen voran der langjährige Vorstandsvorsitzende Albert Vietor – die Ideen der Gemeinwirtschaft seit Jahren systematisch mit Füßen getreten hatten. Wie sich in der Folgezeit herausstellte, hatten Vietor und einige andere Neue-Heimat-Manager so ziemlich alle Ideale der Gemeinwirtschaft auf einmal verraten. So machten die Enthüllungen des *Spiegel* deutlich, dass auch und gerade bei der Neuen Heimat die politisch korrekte Einstellung keinen Sachverstand ersetzen konnte. So hätte beispielsweise der geplanten Internationalisierung des Baukonzerns über die speziell zu diesem Zweck gegründete Tochter Neue Heimat International etwas mehr Professionalität nicht geschadet. So aber entstand ein Schaden von mehreren hundert Millionen Mark, nachdem sich Bauprojekte in Monaco, Mexiko und Israel als Flops entpuppt hatten.

Doch die mangelnde Kompetenz innerhalb des Vorzeigeunternehmens hätte man in Gewerkschaftskreisen vermutlich noch akzeptiert. Viel schlimmer erschien da schon, dass Vietor und Co. in einer Art und Weise in die eigene Tasche gewirtschaftet hatten, die selbst dem skrupellosesten Kapitalisten zur Ehre gereicht hätte. Dass sich die Helden der Arbeiterklasse Jahressaläre von bis zu 800.000 Mark genehmigten, geriet dabei noch zur Nebensache. Den richtigen Reibach erzielten die Neue-Heimat-Manager nämlich mit wesentlich dreisteren, dafür weniger legalen Methoden. Besonders gut funktionierte etwa der Trick mit den Zulieferfirmen: Vietor und andere Neue-Heimat-Manager besaßen diverse

Unternehmen, die von der Neuen Heimat großzügig mit überteuerten Aufträgen versorgt wurden. Während die Neue Heimat dadurch so manches Geschäft mit unnötigen Verlusten abschloss, erwirtschafteten die Zulieferer satte Gewinne, die natürlich umgehend in die Taschen der Besitzer wanderten. Mit genau diesem Trick sahnten Neue-Heimat-Manager beispielsweise kräftig ab, als ihr Arbeitgeber 500 Hektar Land vor den Toren Münchens erstand. Ein Unternehmen namens „Terrafinanz" erwarb die Immobilie zunächst für 28 Millionen Mark, um sie anschließend für mehr als das Doppelte an die Neue Heimat abzugeben. Natürlich gehörte die Terrafinanz mehreren Neue-Heimat-Bossen, die somit eine stattliche Marge für ein risikoloses Geschäft unter sich aufteilen konnten. Ähnliche Deals leierten einige Neue-Heimat-Manager mit Unternehmen wie Wölbern Hausbau, AVB und Teletherm an und kassierten dabei kräftig ab. Doch die Zuliefergeschäfte waren nur die Spitze eines Eisbergs von dubiosen Praktiken. Mit deutscher Gründlichkeit vergaben Vietor und einige seiner Kollegen Beratungsaufträge ohne Gegenleistung, gewährten wirtschaftlich unsinnige Rabatte, erschlichen sich Subventionen und verteilten großzügig Spenden. Am Ende einer Transaktion standen so gut wie immer Personen aus dem Umfeld des Neue-Heimat-Vorstands, die nur noch die Hand aufhalten mussten. Geltendes Recht hatte für die Neue-Heimat-Manager dabei offenbar nur empfehlenden Charakter: Etwa 200 Gesetzesübertretungen deckte später ein Untersuchungsausschuss auf. Und während die Unternehmensleitung fleißig in die eigene Tasche wirtschaftete, rutschte das Unternehmen selbst immer mehr in die Miesen. Dass die Misswirtschaft in der Neuen Heimat nicht unmittelbar deutlich wurde, dafür sorgte nicht zuletzt die öffentliche Hand, die dem gemeinnützigen Teil des maroden Baukonzerns zahlreiche Steuern erließ.

Immerhin zeigten die Enthüllungen des *Spiegel* Wirkung. Bereits vier Tage nach Erscheinen des verhängnisvollen Artikels erhielten Vietor und fünf andere Neue-Heimat-Manager den Laufpass. Doch die erhoffte Besserung der Lage unter Vietor-Nachfolger Diether Hoffmann blieb erst einmal aus. Hoffmann versuchte es – zusammen mit dem neuen

BGAG-Vorsitzenden Alfons Lappas – mit einem Ausverkauf des Wohnungsbestands der Neuen Heimat, um damit den Schuldenberg des Unternehmens abzubauen. Im November 1985 musste Hoffmann die Neue-Heimat-Sanierung schließlich für vorläufig gescheitert erklären. Ob das Konzept von Hoffmann und Lappas nun „politisch zugemauert" (DGB-Chef Ernst Breit) wurde oder ob das Duo eher an seinem Unvermögen gescheitert ist, darüber stritten sich die Betrachter. Nicht zu bestreiten ist jedenfalls, dass den politischen Gegnern der Gewerkschaften die gesamte Neue-Heimat-Affäre mehr als gelegen kam und dass sich viele aus dem konservativen Lager insgeheim über das Scheitern freuten. In dieser Situation fasste Lappas den Entschluss zu einer Aktion, die allein schon einen Platz unter den spektakulärsten Flops der Wirtschaftsgeschichte verdient hat: Im September 1986 verkaufte er das Unternehmen an einen Berliner Großbäcker. Nicht nur der Kaufpreis – er betrug eine Deutsche Mark – ging in die Wirtschaftsgeschichte ein.

Wie war es zu diesem grotesken Deal gekommen? Lappas war das auf die schiefe Bahn geratene Kind Neue Heimat so langsam lästig geworden. Als im Mai 1986 ein Brief von einem Berliner Großbäcker namens Horst Schiesser eintraf, der den Kauf der Neuen Heimat anbot, verschwand das Schreiben nur vorübergehend in der Schublade. Nachdem sich in den Gewerkschaften die Stimmen mehrten, die einen Schlussstrich unter das Kapitel Neue Heimat forderten, begann Lappas Verhandlungen mit Schiesser. Die Gespräche zwischen einigen Top-Gewerkschaftsfunktionären und dem Berliner Großbäcker liefen unter nahezu konspirativen Umständen ab. Nicht einmal Hoffmann, geschweige denn die Gläubigerbanken, wussten etwas davon. Schiesser erklärte sich bereit, den Neue-Heimat-Konzern mit fast 200.000 Wohnungen und mit allen Schulden zu übernehmen. Ausgenommen wurden nur die Wohnungen in Hessen und Nordrhein-Westfalen. Lappas und seine eingeweihten Mitstreiter sahen nun die Chance, sich aller Sorgen auf einmal zu entledigen, und schlugen zu. Da die Verbindlichkeiten des Unternehmens etwa so groß waren wie sein verbleibender Wert, einigte man sich auf den symbolischen Kaufpreis von einer Mark. Mitte September 1986 war die Sache perfekt.

Noch während Lappas dachte, durch seinen genialen Schachzug alle Sorgen los zu sein, fing der Ärger erst richtig an. So mancher Neue-Heimat-Mieter glaubte an einen verspäteten Aprilscherz, als er am 22. September 1986 in der Zeitung las: „Berliner Bäcker kauft Neue Heimat für eine Mark." Die Reaktion der Öffentlichkeit reichte dementsprechend von Entrüstung bis zu blankem Entsetzen. Gewerkschafts-Berater Manfred Meier-Preschany sah seine ganzen Mühen wie ein Kartenhaus zusammenstürzen und konnte nur noch göttlichen Beistand erflehen: „Herr vergib ihnen, sie wissen nicht, was sie tun." Vor allem die zahlreichen Neue-Heimat-Mieter fanden die ganze Angelegenheit ebenfalls nicht komisch, mussten sie doch nun um ihre günstigen Mietverträge bangen. Die Gewerkschaften standen nun auf einmal noch mehr am Pranger als zuvor. Mit dem Verkauf ihres Konzerns an einen unbekannten Unternehmer signalisierten sie, dass sie das Schicksal der Neue-Heimat-Mitarbeiter und -Mieter offenbar nur am Rande interessierte.

Dabei war Horst Schiesser zweifellos ein seriöser Unternehmer. Beim Führen seiner Brotfabriken (Geschi-Brot, Paech-Brot) wurde ihm eine glückliche Hand bescheinigt. Als mediensüchtiger Selbstdarsteller galt der Berliner nicht. Es war im Grunde sogar falsch, Schiesser als Bäcker zu bezeichnen, denn seine gut zwei Dutzend Firmen handelten auch mit Auto-Zubehör, Maschinen zur Lebensmittelherstellung und Süßigkeiten. Mut zum Risiko hatte Schiesser dabei schon mehrfach bewiesen. Doch die Fähigkeit, seinen bisher größten Coup erfolgreich zu gestalten, traute ihm kaum jemand zu. Einige hielten den mittelständischen Unternehmer sogar für den Strohmann eines großen Unbekannten im Hintergrund. In jedem Fall blieb fraglich, ob Schiesser, der bis dahin buchstäblich kleinere Brötchen gebacken hatte, der Schuh Neue Heimat nicht zwei Nummern zu groß war. Am wenigsten begeistert waren naturgemäß die 150 Gläubiger-Banken der Neuen Heimat. Diese waren erst stinksauer, dass Lappas den Verkauf ohne sie durchgezogen hatte. Dann mussten sie – vertreten durch sechs Führungsbanken – feststellen, dass Schiesser einiges an Professionalität vermissen ließ. Erst Wochen nach dem Verkauf wurden die Banken, von deren Wohl und Wehe die Neue

Heimat abhing, über die Details der Vertragsgestaltung informiert. Bis zum ersten Treffen mit Schiesser verging ein ganzer Monat. Und dann legte der neue Besitzer der Neuen Heimat auch noch erste Eckpunkte für ein Sanierungskonzept vor, die den Finanzprofis der Gläubigerbanken nicht mehr als ein Grinsen abrang. Ein Bankenvertreter fasste den Eindruck, den Schiesser und seine Mitarbeiter hinterließ, lapidar zusammen: „Das sind Amateure." Mit Amateuren wollten die Gläubiger jedoch nicht zusammenarbeiten. Nachdem zunächst einige ausländische Geldinstitute ihre Kredite kündigten, machte auch die Bayerische Vereinsbank einen Rückzieher.

Nun drohte auf einmal ein Konkurs, den die Gewerkschaften nicht in Kauf nehmen wollten. So blieb der BGAG nichts anderes übrig, als die Neue Heimat auf Druck der Banken zurückzukaufen. Schiesser, der ohne die Unterstützung der Gläubiger natürlich keine Chance hatte, willigte ein. Seiner Entscheidungsfreude half die BGAG mit einer Entschädigung von 14 Millionen Mark nach. Sein Mitarbeiter Jürgen Havenstein, der designierte Neue-Heimat-Chef, durfte sich über 2,5 Millionen Mark freuen. Damit war einer der schlechtesten Deals der Wirtschaftsgeschichte perfekt: Gerade einmal sechs Wochen nach dem Verkauf stand die BGAG da, wo sie vor dem Verkauf gestanden hatte. In der Zwischenzeit hatte sie jedoch über 30 Millionen Mark und eine Menge Ansehen verloren. Lappas war danach seinen Job los und das Schicksal der Neuen Heimat war besiegelt: Von einer Sanierung sprach nun niemand mehr, das Unternehmen wurde liquidiert. Neuer Chef der Neuen Heimat wurde Heinz Sippel, der sich um die Liquidierung des Unternehmens kümmern sollte. Sippel gelang es endlich, die Neue Heimat aus den Schlagzeilen zu bringen und die Abwicklung voranzutreiben. Begünstigt durch steigende Wohnungspreise konnte er den Konkurs abwenden, sämtliche Schulden abbauen und das Unternehmen schließlich auflösen.

Bereits mit dem Verkauf der Neuen Heimat hatte ein wirtschaftlicher Flop gigantischen Ausmaßes sein erstes Ende gefunden. Den Managern der Neuen Heimat war es gelungen, den Wert eines Baukonzerns mit 6.000 Mitarbeitern innerhalb von einem guten Jahrzehnt von schätzungsweise 20 Milliarden Mark auf eine Mark zu senken. Mit der Abwicklung der Neuen Heimat wurde gleichzeitig auch die ehemals so gepriesene Gemeinwirtschaft zu Grabe getragen. Die Neue Heimat ist inzwischen von der Bildfläche verschwunden, andere BGAG-Unternehmen wie die Volksfürsorge, die BHW und die Bank für Gemeinwirtschaft wurden in die freie Marktwirtschaft entlassen. Trotz unbestreitbarer Erfolge und einer stolzen Geschichte hat die Gemeinwirtschaft damit ihr Ende auf dem Müllplatz der Geschichte gefunden. Währenddessen bleibt ihr Niedergang ein Glanzstück unter den Flops der deutschen Wirtschaftsgeschichte.

# Ottos Selbstbedienungsladen

## Die Ausplünderung der Co op

| | |
|---|---|
| **Ort:** | Deutschland |
| **Zeit:** | 1988 |
| **Vernichtete Summe:** | 2 Milliarden Mark |
| **Geschädigte:** | Co op, Aktionäre |
| **Grund:** | Kriminelle Machenschaften |

**M**it läppischen Urteilen geht der größte Wirtschaftskrimi der Nachkriegszeit dem Ende zu", titelte 1994 die Wirtschaftswoche und zitierte einen Prozessbeobachter: „Da wird ein Ladendiebstahl ja bald strenger bestraft als das Ausplündern eines ganzen Handelskonzerns." *Der Spiegel* sah die Sache ähnlich: „Das Ringen um Gerechtigkeit mutierte zu einer Kabarettveranstaltung." Stein des Anstoßes war das Ende des größten Gerichtsverfahrens der deutschen Wirtschaftsgeschichte, in dem der Niedergang des Handelskonzerns Co op juristisch aufgearbeitet worden war. Das Problem, das schließlich zu den hämischen Kommentaren in der Presse führte: Die hauptsächlich von den Co op-Vorständen Bernd Otto, Werner Casper und Dieter Hoffmann angezettelten Tricksereien und Vertuschungsaktionen waren schlichtweg so komplex, dass niemand mehr durchblickte. So blieb dem Gericht letztendlich nichts mehr anderes übrig, als sich auf einen Kuhhandel einzulassen, der einer Kapitulation gleichkam. Otto und seine Mitangeklagten legten gemäß dieser Vereinbarung Geständnisse in einigen vergleichsweise unwichtigen Anklagepunkten ab, während die schwerwiegenderen Vorwürfe als „unwesentliche Nebenstraftaten" fallen gelassen wurden. Bei diesem kuriosen aber durchaus rechtmäßigen Vorgehen blieb dann zwar die Glaubwürdigkeit des Rechtsstaats auf der Strecke, ein Endlosprozess mit ungewissem Ausgang wurde jedoch vermieden.

Mit dem Urteilsspruch gegen die Co op-Manager ging auch ein Stück Gewerkschaftsgeschichte zu Ende. Denn ähnlich wie die Neue Heimat und der österreichische Konsum, so hatte auch die Co op ihre Wurzeln in der Gemeinwirtschaft. Die Geburtsstunde des Konzerns schlug 1974, als sich über 100 gewerkschaftliche Konsumgenossenschaften auf Anraten der Gewerkschaften und der gewerkschaftseigenen Bank für Gemeinwirtschaft (BfG) zur Co op zusammenschlossen. Grund für diesen Schritt war die zunehmend härter werdende Konkurrenz durch mächtige Handelsketten wie Aldi und Rewe, die den über 100 Jahre alten Genossenschaften zunehmend das Leben schwer machten. Eine Folge dieser Entwicklung war nicht zuletzt eine hohe Verschuldung der Konsumgenossenschaften bei der BfG. Durch den Co op-Zusammenschluss entstand quasi über Nacht der viertgrößte Handelskonzern Deutschlands, der in Spitzenzeiten Umsätze im zweistelligen Milliardenbereich einfuhr und 50.000 Mitarbeiter beschäftigte. Ein Großteil der Co op-Aktien lagen zunächst bei der BfG und wurden später von der Gewerkschaftsholding BGAG übernommen.

Bernd Otto, die spätere Schlüsselfigur im Co op-Skandal, fing bereits 1974 im Alter von 34 Jahren als Arbeitsdirektor beim neu gegründeten Konzern an. Zu diesem Zeitpunkt konnte er bereits auf eine langjährige SPD-Mitgliedschaft und umfangreiche Gewerkschaftserfahrung zurückblicken. Der engagierte Arbeitersohn aus Wuppertal empfahl sich durch zuverlässige Arbeit bei Co op für höhere Aufgaben, die er prompt auch erhielt. 1979 übernahm er das Amt des Vorstandssprechers der Co op, ein Jahr später wurde er Vorsitzender. Wie bei den Gewerkschaftsunternehmen üblich, so hatte sich mit Bernd Otto wieder einmal ein Manager mit dem richtigen Stallgeruch – gemeint ist damit eine Vergangenheit im Umfeld von SPD und Gewerkschaften – durchgesetzt.

Doch auch Otto konnte nicht verhindern, dass sich die Co op-Kette längst nicht so gut entwickelte, wie es sich die Gewerkschaften vorgestellt hatten. Dies lag nicht zuletzt daran, dass es sich bei den Genossenschaften, aus denen das Unternehmen entstanden war, vor allem um kleinere, wenig erfolgreiche Betriebe gehandelt hatte, die sich im knallharten Konkurrenzkampf auf dem Lebensmittelmarkt schwer taten. Aus diesem Grund hatte die Co op mit einer Vielzahl umsatz- und renditeschwacher Filialen zu kämpfen, die dem Management das Leben schwer machten. Wie später bekannt wurde, machte die Co op ab 1982 keinen Gewinn mehr. Doch anstatt unrentable Filialen zu schließen und einen radikalen Sparkurs zu fahren, entschlossen sich Otto und seine Kollegen zu einem anderen Weg: Durch allerlei Bilanztricks gaukelten sie der Öffentlichkeit einen erfolgreichen Konzern vor. Dabei nutzte der Co op-Vorstand insbesondere das Talent des Anfang der 80er Jahre verpflichteten Klaus-Peter Schröder-Reinke, der es meisterhaft verstand, den maroden Konzern in den Bilanzen als kerngesundes Unternehmen darzustellen. Um diese Tricks zu ermöglichen, schufen Otto und seine Kollegen ein Geflecht von mehreren hundert Strohfirmen, über die sie ihre roten Zahlen versteckten. Um die Verluste auszugleichen, nutzten die Co op-Manager neben Gewerkschaftsgeldern vor allem zahlreiche Bankkredite. Wie später im Fall Schneider, so ließen sich auch im Co op-Skandal allzu viele Kreditinstitute von den scheinbar erfolgreichen Geschäften des Unternehmens blenden und merkten nicht, dass sie nichts anderes als ein Luftgebilde finanzierten. Die Ahnungslosigkeit der Banken hatte dennoch Grenzen: Als die Co op im September 1987 an die Börse ging, fand die Unternehmensleitung keine deutsche Bank als Emissionshaus. Die in Frage kommenden Institute winkten allesamt dankend ab, nachdem ihnen kein ausreichend tiefer Einblick in die Co op-Verhältnisse gewährt wurde. Da sich kein deutscher Partner fand, erhielt schließlich der Schweizerische Bankverein den Auftrag als Konsortialführer für den Börsengang. Die Schweizer Banker kommentierten dieses Vorhaben durchaus selbstbewusst: „Die Co op-Emission ist ein risikoloses Geschäft, wenn man seine Schulaufgaben gemacht hat." Später zeigte sich, dass der Schweizerische Bankverein mit seiner Ansicht deutlich daneben gelegen hatte. Doch einstweilen konnte sich der längst am finanziellen Abgrund stehende Co op-Konzern über neue Einnahmen freuen, die man natürlich gut gebrauchen konnte.

Doch die Co op-Herrlichkeit hatte schon vor dem Börsengang erste Risse gezeigt. Für einen ersten Skandal hatte im Sommer 1985 der Vorwurf gesorgt, acht Vorstands- und Aufsichtsratsmitglieder – darunter auch Bernd Otto – hätten sich bei einem Immobiliengeschäft auf Kosten des Konzerns bereichert. Die Neue Heimat ließ grüßen. Anlass für den Skandal war ein Co op-Gebäude, das von diesen Herren über einen Immobilienfonds finanziert wurde. Da die Co op als Abnehmer für das Anlageobjekt bereits feststand, konnten sich Otto und seine Mitanleger über hohe Zinsen ohne Risiko freuen. Der Co op, die das benötigte Geld auf dem Kapitalmarkt billiger bekommen hätte, entstand dagegen ein Schaden. Wie später bekannt wurde, war der Co op-Vorstand auch sonst nicht kleinlich, wenn es um die eigene Vergütung und die des Aufsichtsrats ging. Großzügige Geschenke an die Kontrolleure – beispielsweise in Form von Reisen und Geldprämien – wurden später auch dafür verantwortlich gemacht, dass die Kontrolleure im Aufsichtsrat das Treiben von Otto und Kollegen billigten. Nebenbei genehmigte sich auch Otto selbst ein Jahresgehalt von 1,5 Millionen Mark – der Held der Arbeiterklasse gehörte damit zu den Spitzenverdienern der deutschen Wirtschaft. Offensichtlich benötigte Otto diese Entlohnung nebst diversen Zusatzeinkommen auch, seine Villen und sein auch ansonsten aufwendiger Lebensstil mussten ja schließlich finanziert werden.

Die Mauscheleien im Co op-Konzern gingen jedoch weit über solche vergleichsweise nebensächlichen Bereicherungsaktionen hinaus. Als die Gewerkschaften Mitte der 80er Jahre angesichts der Neue-Heimat-Krise in finanzielle Schwierigkeiten gerieten, versuchte die BGAG, einen Teil ihrer Co op-Aktien loszuwerden. Da sich jedoch keine Käufer fanden, schafften Otto und seine Kollegen selber welche in Form von Strohfirmen. Co op beschaffte sich durch diese Transaktionen nach und nach Aktien an sich selbst und verstieß damit gegen das Gesetz, das höchstens 10 Prozent Eigenbesitz erlaubte. Doch die Co op-Manager – so sah es später die Staatsanwaltschaft – gingen noch weiter: Über das undurchdringliche Geflecht von Strohfirmen im Umfeld der Co op versuchten Otto und seine Vorstandskollegen, die Co op-Aktien nahezu komplett in den eigenen Besitz zu bringen. Einen vergleichbaren Vorgang hatte es in der deutschen Wirtschaftsgeschichte bis dahin nicht gegeben.

Zu diesem Gaunerstück kam es jedoch nicht mehr. Denn im Oktober 1988 schlug für die Co op die Stunde der Wahrheit, als *Der Spiegel* erstmals die seltsamen Vorgänge innerhalb der Co op öffentlich machte. Nun wurde bekannt, dass das Unternehmen mit 4,5 Milliarden Mark verschuldet war und dass die Besitzverhältnisse illegal und nicht zu durchschauen waren. Nachdem nun auch noch die Gläubigerbanken ihre Kreditlinien kürzten, stand die Co op auf einmal kurz vor dem Zusammenbruch. Doch anstatt mit legalen Mitteln eine Sanierung einzuleiten, griffen Otto und seine Mitvorstände erneut in die Trickkiste: Noch im Oktober legten sie über 300 Millionen Mark aus der Co op-Pensionskasse, deren Verwaltungsrat von Vorstandsmitglied Casper geleitet wurde, in Aktien des Konzerns an. Statt der erlaubten 2 besaß die Pensionskasse nun 8 Prozent der Co op-Aktien, die zudem rapide an Wert verloren. Die Dreistigkeit dieses Deals fand in der Tatsache ihren Höhepunkt, dass von den ursprünglich über 300 Millionen nur etwa 70 ihren Weg über das Co op-Firmengeflecht zur Co op fanden und zur Stopfung der Finanzlöcher verwendet werden konnten. Der Rest verschwand im Sumpf der Strohfirmen. Nun war endgültig nichts mehr zu retten: Ende 1988 war die Co op pleite.

Mit der Pleite mussten endlich auch Otto und seine Vorstandskollegen ihren Hut nehmen. Gegen sie ermittelte nun der Staatsanwalt. Im Mai 1989 einigten sich die Gläubigerbanken auf den Verzicht von 75 Prozent ihrer nicht abgesicherten Forderungen und ermöglichten der Co op so das Weiterleben. Doch der neue Vorstandsvorsitzende Wolf stand nun vor einem Scherbenhaufen, den er nur durch einen Ausverkauf beseitigen konnte. Große Teile der Co op gingen im Handelskonzern Metro auf. Zurück blieb ein Schaden, der auf etwa 2 Milliarden Mark geschätzt wird.

1992 begann der Prozess gegen Otto und sechs andere Manager, denen Gesetzesverstöße im Zusammenhang mit dem Co op-Niedergang vorgeworfen wurde. Das Ergebnis ist bekannt: Durch den erwähnten Kuhhandel blieben die zentralen Vorwürfe ungeklärt, genauso wie der Verbleib vieler Millionen. Bernd Otto erhielt viereinhalb Jahre Haft, seine Kollegen kamen noch glimpflicher davon. *Der Spiegel* zog ein passendes Fazit: „Wieder einmal hat sich gezeigt, dass die Justiz mit Wirtschaftsverbrechen großen Stils heillos überfordert ist."

# Der Clipper auf Sinkflug

## Der Konkurs der Pan Am

| | |
|---|---|
| **Ort:** | New York |
| **Zeit:** | 1991 |
| **Vernichtete Summe:** | Mehrere Milliarden Dollar |
| **Geschädigte:** | Pan Am, Aktionäre |
| **Grund:** | Missmanagement, Pech |

**W**enn es um Verkehrsmittel geht, dann sind die Vereinigten Staaten schon seit jeher führend. Nachdem zunächst Pferde-Kutschen und Reiter-Kuriere den Wilden Westen erschlossen, sorgten im Verlauf des 19. Jahrhunderts die Eisenbahn und Dampfschiffe für ein immer schnelleres Vorankommen in den endlosen Weiten Nordamerikas. Im 20. Jahrhundert setzte sich diese Entwicklung durch den Siegeszug der US-Auto-Industrie nahtlos fort. Ab 1930 machten sich die USA schließlich auf, auch die Luft für den Normalbürger zu erobern. Dieses äußerst erfolgreiche Vorhaben ist untrennbar mit der Fluggesellschaft Pan Am verbunden, die bis heute auch liebevoll „Clipper"

genannt wird. Pan Am wird daher heute in einem Atemzug mit US-Verkehrsikonen wie Wells & Fargo, dem Pony-Express, Fords Model T und den Mississippi-Schaufelraddampfern genannt. Doch wie viele andere ehemals bedeutende Firmen, so konnte auch Pan Am seine große Geschichte nicht in die Gegenwart retten und endete 1991 in der Pleite. Neben Missmanagement trug vor allem auch der ruinöse Konkurrenzkampf unter den Fluggesellschaften zum Pan-Am-Ende bei.

Die Pan American World Airways – so der vollständige Name der Airline – wurde 1928 von Juan Trippe gegründet. Nach bescheidenen Anfängen mit der US-Post als erstem Kunden entwickelte sich das Unternehmen schnell zur größten Fluggesellschaft der Welt. Der Pioniergeist, mit dem einst Postkutschen den amerikanischen Westen befuhren, brachte auch Pan Am nach vorn. Das Unternehmen mit Sitz in Miami bot als erste Fluggesellschaft Linienverbindungen über den Atlantik und den Pazifik an und etablierte damit das Flugzeug als Personenverkehrsmittel. In den 50er Jahren setzte Pan Am – lange vor allen anderen Fluggesellschaften – auf Düsenjets und spielte später als wichtigster Boeing-Kunde eine wichtige Rolle bei der Realisierung der 747. Durch einige strategisch sinnvolle Akquisitionen wuchs Pan Am endgültig zum globalen Unternehmen. Auch der kommerzielle Erfolg der weltgrößten Airline konnte sich sehen lassen: 1963 erwirtschaftete Pan Am beispielsweise bei 561 Millionen Dollar Umsatz einen Gewinn von 79 Millionen Dollar.

Ende der 70er Jahre verschlechterte sich die Lage jedoch zusehends. Durch Liberalisierungen im Luftverkehrsmarkt, zunehmende Konkurrenz und nicht zuletzt rapide gestiegene Ölpreise fiel es so gut wie allen Fluggesellschaften schwer, mit ihren Dienstleistungen Gewinne zu erwirtschaften. Der Gigant Pan Am hatte mit dem schwieriger werdenden Umfeld besonders zu kämpfen: Durch die Deregulierung des Markts verlor das Unternehmen seine Monopolstellung und musste sich im knallharten Wettbewerb der Fluggesellschaften zurecht finden. Nach Ansicht vieler Beobachter gelang der Pan Am dieser Sprung vom hohen Ross nie. Bis zuletzt mussten sich die Kunden mit mäßigem Service und unmotiviertem Personal herumschlagen. Hinzu kam ein nicht zu übersehendes Missmanagement: Die übergroße Flugzeugflotte der Pan Am hatte mit Überkapazitäten zu kämpfen, während die ausgesprochen teure Übernahme des Konkurrenten National Airlines, mit dem Pan Am sein inneramerikanisches Liniennetz verstärken wollte, keinen Erfolg brachte.

Spätestens mit Beginn der 80er Jahre war es mit der alten Clipper-Herrlichkeit zu Ende. Pan Am schrieb nun Jahresverluste in dreistelliger Millionenhöhe. Das Management versuchte, mit dem Verkauf von Tafelsilber gegenzusteuern: Zunächst wechselte das zwischenzeitlich erbaute

Pan Am Building im Herzen Manhattans für 400 Millionen Dollar den Besitzer. Durch die Veräußerung von Firmenbeteiligungen stopfte das Management weitere Finanzlöcher. Als selbst ein Börsengang keine Wende brachte, ging es ans Eingemachte: Zur großen Überraschung der Fachwelt verkaufte die Pan Am 1985 ihre Pazifik-Strecken an United Airlines. Der International German Service (IGS), mit dem Pan Am in der Zeit des Kalten Kriegs verschiedene deutsche Städte mit West-Berlin verbunden hatte, ging für 150 Millionen Dollar an die Lufthansa. Durch weitere Linien-Stilllegungen und Notverkäufe versuchte das Unternehmen, sich gesund zu schrumpfen, doch die roten Zahlen blieben. Insgesamt fuhr die Pan Am in den 80er Jahren etwa 2 Milliarden Dollar Verlust ein. „Die Finanzen der Gesellschaft sehen heute miserabler aus denn je", beschrieb die *Wirtschaftswoche* die Lage und zitierte einen Analysten: „Das einzige, was man von dieser Fluggesellschaft verbindlich feststellen kann, ist, dass die zurzeit noch existiert."

1988 sorgten dann schließlich Terroristen für den Anfang vom Ende: Am 21. Dezember des Jahres explodierte in einem Pan-Am-Jumbo über dem schottischen Lockerbie eine Bombe und riss alle Insassen mit in den Tod. Die darauf folgenden Umsatzeinbußen durch verschreckte Kunden brachen der traditionsreichen Fluggesellschaft das Genick. 1990 musste Pan Am vor den Konkursrichter, nachdem das Unternehmen seinen Zahlungsverpflichtungen nicht mehr nachkommen konnte. Einen Großteil der Konkursmasse sicherte sich der Konkurrent Delta, während der verbleibende Pan-Am-Torso – mit 50 Millionen Dollar Unterstützung von Delta – nur noch zwischen den USA und Lateinamerika verkehrte. Doch inzwischen wollten nur noch wenige mit Pan Am fliegen, was zu erheblichen Verlusten auf den verbleibenden Routen führte. Als daraufhin Delta seine Zahlungen einstellte, war es um Pan Am geschehen. Am 4. Dezember 1991 landete die letzte Pan-Am-Maschine unter großer Anteilnahme der Öffentlichkeit auf dem Flughafen von Miami. Nach einem Überflug über die Startbahn sorgten Flughafenangestellte für ein letztes Geleit zum Gate, die Flughafenfeuerwehr spritzte das Flugzeug zum Salut noch einmal nass.

Da der Name Pan Am bis heute einen guten Klang hat, gab es bisher zwei Versuche, die Legende wieder aufleben zu lassen. Der erste Anlauf, der 1996 mit dem Einsatz dreier Maschinen auf zwei Strecken begann, endete Anfang 1998 im erneuten Konkurs. Seit 1998 läuft der zweite Versuch, Pan Am wieder als Airline zu etablieren, dieses Mal als Charter-Fluglinie. Die Faszination, die Pan Am nach wie vor auslöst, wird auch durch mehrere Internet-Seiten belegt, die zum Teil auch in deutscher Sprache Clipper-Nostalgie verbreiten. Ein Fluglotse, dem die Pan Am im Lauf der Jahre ans Herz gewachsen ist, bekennt dort offenkundig: „We miss you, Clipper."

# Schlafhauben, Mittäter oder Befangene

## Die Südmilch-Pleite

| Ort: | Stuttgart |
|---|---|
| Zeit: | 1993 |
| Vernichtete Summe: | Mehrere Hundert Millionen Mark |
| Geschädigte: | Südmilch, Aktionäre, Staat |
| Grund: | Kriminelle Machenschaften, Missmanagement |

**W**ährend aus gewerkschaftlichen Genossenschaften hervorgegangene Unternehmen wie die Neue Heimat und Co op schon so manchen wirtschaftlichen Megaflop hervorgebracht hatten, konnten sich die Anhänger bürgerlicher Genossenschaften bis Mitte der 90er Jahre noch über eine weiße Weste freuen. Im Gegensatz zu den gewerkschaftlichen Gegenparts stand bei den Genossenschaften im bürgerlichen Bereich, zu denen sich meist Kleinbauern, Winzer oder Handwerker zusammengeschlossen hatten, nie eine Ideologie im Vordergrund. Es ging einfach nur darum, kleinen Selbstständigen mehr Macht und Einfluss zu sichern. Zweifellos hat gerade der ideologische Ballast und das mangelnde Streben nach Profit den Untergang der Gemeinwirtschaft begünstigt. Im Jahre 1993 erlebten jedoch auch die bürgerlichen Genossenschaften ihren ersten großen Finanzskandal, als mit der Südmilch ein traditionsreiches genossenschaftliches Unternehmen zugrunde ging.

Die wichtigste Figur im Südmilchskandal war zweifellos der langjährige Südmilch-Vorstandsvorsitzende Wolfgang Weber. Dessen Karriere erinnerte bis 1993 an den Werdegang von George W. Bush. Ähnlich wie der im Jahr

2000 gewählte US-Präsident hatte auch Weber einen erfolgreichen Vater: Karl Weber, seines Zeichens Diplom-Landwirt, gehörte als Direktor einer genossenschaftlichen Molkerei in Heilbronn zum dortigen Establishment und war unter den Bauern der Gegend ein angesehener Mann. Natürlich hoffte Karl Weber darauf, dass sein Sohn einmal in seine Fußstapfen treten würde, doch danach sah es zunächst nicht aus. Wolfgang Weber schaffte das Abitur nicht, und so war auch an ein Studium der Landwirtschaft nicht zu denken. Zur Enttäuschung seines Vaters musste sich Weber Junior erst einmal mit einer Ausbildung zum Molkereimeister begnügen. Doch wie Jahre später George W. Bush, so entwickelte sich auch Wolfgang Weber vom Versager zum Streber. Dank seiner Beziehungen verschaffte Karl Weber seinem Sohn eine leitende Position im Dauermilchwerk Künzelsau und ermöglichte diesem so den Start einer erstaunlichen Karriere.

Bereits mit 34 Jahren stieg der gelernte Molkereimeister 1969 in den Vorstand von Deutschlands größtem Milchverarbeiter Südmilch auf, wobei wiederum sein einflussreicher Vater die Finger im Spiel hatte. Es dauerte nur einige Monate, bis Weber den Vorstandsvorsitz übernahm und von da an zum unumschränkten Alleinherrscher bei der Südmilch wurde. Diese Rolle behielt Weber, bis er 1992 in den Aufsichtsrat wechselte. Zu diesem Zeitpunkt erzielte die Südmilch 1,3 Milliarden Mark Umsatz und beschäftigte 1.700 Mitarbeiter. 10.000 genossenschaftlich organisierte Bauern lieferten ihre Milch bei der Südmilch ab, auch die Mehrheit der Aktien wurde von Bauern aus dem Südwesten gehalten. Doch ähnlich wie bei der Neuen Heimat und der Co op, so zeigte sich auch bei der Südmilch, dass auch und gerade volksnah organisierte Unternehmen gegenüber Missmanagement, Bereicherung und kriminellen Machenschaften in der Führungsebene anfällig sind.

Im Gegensatz zu den meisten vergleichbaren Fällen wurde der Stein bei der Südmilch weder von der Staatsanwaltschaft noch von der Presse ins Rollen gebracht. Vielmehr war es Weber-Nachfolger Frank Staudacher, der den Skandal eskalieren ließ. Nachdem Staudacher Weber abgelöst hatte, vertiefte er sich erst einmal in die Kennzahlen der einzelnen

Geschäftsbereiche. Dabei stellte er mit Erstaunen fest, dass die Südmilch bereits seit Jahren keinen Gewinn mehr erwirtschaftet hatte. Allein im Jahr 1992 klaffte ein 30-Millionen-Mark-Loch. Durch Immobilienverkäufe und eine gehörige Portion Bilanzkosmetik hatte Weber jedoch verhindert, dass dies aufgefallen war. Widerspruch vom hauptsächlich mit Landwirten besetzten Aufsichtsrat gab es offensichtlich nicht. „Lauter Schlafhauben, Mittäter oder Befangene", lautete das vernichtende Urteil der Schutzgemeinschaft der Kleinaktionäre (SdK) über den Südmilch-Aufsichtsrat. Offensichtlich hatte Weber erwartet, dass Staudacher die Schönfärberei fortsetzen würde, doch dieser tat genau das Gegenteil: Er machte dem Aufsichtrat klar, dass die Südmilch kurz vor dem Abgrund stand, und brachte die Wahrheit an die Öffentlichkeit. Weber musste nach nur einem halben Jahr als Aufsichtsratschef den Hut nehmen.

Für den ersten Skandal hatte Weber bereits Jahre zuvor gesorgt. Ende 1991 war er wegen Steuerbetrugs zur Zahlung von 2,3 Millionen Mark und zu zwei Jahren Haft auf Bewährung verurteilt worden. Grund dafür waren undurchsichtige Geschäfte in Paraguay – dort besaß er eine Ranch und ein ganzes Geflecht von Firmen – bei denen das Finanzamt um Millionen geprellt wurde. Was bei anderen Managern zweifellos einen Rausschmiss zur Folge gehabt hätte, hatte für Weber keine beruflichen Konsequenzen. Zwar stellte er sein Amt zur Verfügung, doch der Aufsichtsrat vertraute ihm nach wie vor und lehnte das Angebot ab. So hatte Weber Gelegenheit zu weiteren illegalen Transaktionen. Nachdem die Südmilch im Jahr 1991 wieder einmal einen Verlust (dieses Mal in Höhe von 30 Millionen Mark) erwirtschaftet hatte, rechnete er eine 32,3-Millionen-Mark-Zahlung der Firma Landgold, deren Hauptgeschäftsführer er war, in die Bilanz ein. Das Geld war jedoch nicht etwa die Bezahlung für eine Milchlieferung, wie in der Bilanz ausgewiesen, sondern stammte aus einem Immobiliengeschäft. Dieses hatte Weber entgegen den Vorschriften ohne Wissen der Landgold-Besitzer getätigt.

Als noch folgenreicher erwies sich eine weitere Aktion Webers. Er beauftragte 1991 den Immobilien-Mogul Roland Ernst mit dem Bau einer Milchfabrik in Leppersdorf bei Dresden für die Südmilch-Tochter Sachsenmilch. In einer vertraglichen Vereinbarung sicherte Ernst diese Leistung für einen Festpreis von 110 Millionen Mark zu. Es gab jedoch noch einen zweiten Vertrag, von dem die Öffentlichkeit nichts wusste. In diesem verpflichtete sich die Südmilch dazu, gegebenenfalls auch die Mehrkosten zu übernehmen, falls 110 Millionen nicht reichten. Offensichtlich sollte der moderate Festpreis die Investoren beruhigen und über die wahren zu erwartenden Kosten hinwegtäuschen. Ohne den zweiten Kontrakt zu kennen, brachte die Deutsche Bank die Sachsenmilch 1991 als erstes Unternehmen in den neuen Ländern an die Börse. Doch knapp zwei Jahre später war klar, dass die Baukosten weit über 110 Millionen liegen würden (am Ende waren es 320 Millionen). Durch den Zusatzvertrag musste die Sachsenmilch diese Summe voll übernehmen, was anschließend im Konkurs endete. Den Weiterbau der Sachsenmilch-Anlage übernahm die Firma Müller-Milch.

Mit dem Ende der Sachsenmilch waren auch über 67 Millionen Mark an öffentlichen Subventionen versickert, die eigentlich dem Aufbau Ost hätten zugute kommen sollen. Wie später bekannt wurde, war ein Großteil dieses Geldes unzulässigerweise in der Stuttgarter Südmilch-Zentrale gelandet. Die Konzern-Mutter nutzte diese Einkommensquelle, um Löcher zu stopfen. Dabei spielte offensichtlich auch Roland Ernst eine unrühmliche Rolle: Er hatte für 37 Millionen Mark „Know-how" bei der Südmilch eingekauft, um es anschließend mit einer Million Aufschlag an die Sachsenmilch weiter zu verkaufen. Die Staatsanwaltschaft vermutete darin ein reines Scheingeschäft, das Subventionsgelder unauffällig in die Südmilchkassen überführen sollte. Zusätzlich zum Know-how-Deal erhielt Ernst dann noch den Auftrag, verschiedene Bestellungen für die Südmilch durchzuführen, wofür er mit mehreren Millionen entlohnt wurde. Diese fürstliche Vergütung erregte den Verdacht, es könnte sich dabei um eine zusätzliche Bezahlung für die Vermittlung beim Know-how-Verkauf handeln. Doch auch in die andere Richtung flossen Gelder: Ernst gab Weber einen privaten Kredit, für den er erst einmal – angeblich aus Versehen – keine Zinsen kassierte.

Auch abgesehen von der Sachsenmilch-Pleite musste sich Weber

Missmanagement vorwerfen lassen. Werbeverträge mit Steffi Graf und dem VfB Stuttgart, die Weber zu öffentlichkeitswirksamen Auftritten mit Prominenten nutzte, interessierten dabei nur am Rande. Mehr Anlass zu Kritik gab dagegen eine Klausel in Webers Arbeitsvertrag, die ihm ausreichend Zeit für seine Geschäfte in Paraguay zusicherte – nicht gerade ein üblicher Vertragsinhalt.

Nach dem Abgang Webers startete der neue Chef Staudacher ein umfangreiches Sanierungsprogramm. Dennoch musste er im Juli 1993 Vergleich anmelden. Dank des Einstiegs der niederländischen Campina Melunie, ebenfalls ein genossenschaftliches Unternehmen, konnte ein Konkurs gerade noch verhindert werden. Am Ende des Südmilch-Skandals standen Bewährungsstrafen für zwei von Webers Kollegen. Roland Ernst wurde zu einer Geldstrafe verurteilt, da er sich an einem Scheingeschäft beteiligt hatte, bei dem die Sachsenmilch der Südmilch Subventionsgelder zuschob. Wolfgang Weber blieb jedoch unbehelligt. Er hatte sich rechtzeitig nach Paraguay abgesetzt.

# Wo sind die Milliarden?

## Die Krise der Metallgesellschaft

| | |
|---|---|
| **Ort:** | Frankfurt |
| **Zeit:** | 1993 |
| **Vernichtete Summe:** | Mehrere Milliarden Mark |
| **Geschädigte:** | Metallgesellschaft, Gläubiger-Banken |
| **Grund:** | Selbstüberschätzung |

**Z**um „Manager des Jahres" hatte ihn die Zeitschrift Top Business 1991 gewählt. Damals stand Heinz Schimmelbusch, Chef des Frankfurter Rohstoff- und Anlagenbau-Konzerns Metallgesellschaft, auf dem Höhepunkt einer glanzvollen Manager-Karriere. Kaum zwei Jahre später lag das von ihm geleitete Firmenimperium in Scherben. Gefloppte Ölspekulationen an der New Yorker Terminbörse NYMEX hatten dem risikofreudigen Manager das Genick gebrochen. Nun war es auf einmal auch mit der guten Presse zu Ende. Als „Blender" und „begnadeten Selbstdarsteller" bezeichnete *Der Spiegel* Schimmelbusch und fügte hinzu: „Im Vernebeln war der gebürtige Wiener schon immer ein As."

Heinz Schimmelbusch, Volkswirt und ehemaliger Jesuitenschüler, hatte den Vorstandsvorsitz der Metallgesellschaft 1989 übernommen. Das Unternehmen, zu dessen Besitzern neben kuwaitischen und australischen Investoren auch die Deutsche Bank und die Dresdner Bank gehörten, belegte die Nummer 14 unter Deutschlands größten Konzernen und gehörte damit zu den ersten Adressen in der deutschen Industrie. Schimmelbusch schien bei seiner Führungsaufgabe zunächst eine glückliche Hand zu haben. Er steigerte den Umsatz durch zahlreiche Firmenkäufe und lieferte auch sonst scheinbar ansehnliche Resultate. Seinen Erfolg wusste Schimmelbusch auch privat zu genießen. So ließ er ein Gebäude der Metallgesellschaft zu seiner luxuriösen Dienst-villa umbauen, was angesichts zahlreicher Sonderwünsche über zwei Jahre dauerte.

Doch der Schein des erfolgreichen Top-Managers trog: Durch Schimmelbuschs wilde Einkaufspolitik mutierte die Metallgesellschaft zum unüberschaubaren Gemischtwarenladen, in dem offenbar nicht nur Außenstehende den Überblick verloren. Zum Firmenimperium gehörten nun auf einmal vom Werkzeugmaschinenbauer über den Autozulieferer bis zur Mine die unterschiedlichsten Tochtergesellschaften. Mehrere hundert Unternehmen, darunter beispielsweise auch die schwedische Dynamit Nobel, versammelten sich unter dem ständig breiter werdenden MG-Dach. Dass die Profite innerhalb des Konzerns immer mehr zurück gingen verschleierte Schimmelbusch durch zahlreiche Bilanzierungstricks, wobei Konzern-interne Transaktionen Umsätze vorgaukelten, während die Veräußerung von Beteiligungen in Milliardenhöhe Finanzlöcher stopfte. Schimmelbusch gelang es dabei immer wieder, die Lage der Metallgesellschaft schönzureden, ohne dass der so langsam misstrauisch werdende Aufsichtsrat unter der Leitung von Deutsch-Banker Ronaldo Schmitz und die beteiligten Wirtschaftsprüfer einschritten.

Noch im November 1993 schien die Welt der Metallgesellschaft in Ordnung zu sein, denn der Aufsichtsrat verlängerte – wenn auch nur zögerlich – den Vertrag mit Schimmelbusch um fünf Jahre. Damit war dann jedoch erst einmal Schluss mit guten Nachrichten, denn bereits einige Wochen später stand das Unternehmen vor dem Abgrund. Aus scheinbar heiterem Himmel musste Schimmelbusch Anfang Dezember eingestehen, dass die US-Tochtergesellschaft Metallgesellschaft Corp. bei Spekulationsgeschäften einen Milliardenbetrag in den Sand gesetzt hatte. Die Metallgesellschaft stand nun auf einmal vor der Zahlungsunfähigkeit. Jetzt sah der Aufsichtsrat endlich genauer hin und entdeckte Ölspekulationen an der New Yorker Terminbörse NYMEX als Auslöser der unerwarteten Katastrophe. 1992 hatte die Metallgesellschaft Corp. im großen Stil Öl bis zu fünf Jahre im Voraus gekauft und dabei auf steigende Preise gesetzt. Doch als der Ölpreis zurückging und andere Börsianer gegen die Metallgesellschaft spekulierten, wurden horrende Nachschusszahlungen an die NYMEX fällig, die nahezu alle liquiden Mittel des Konzerns auffraßen. Insgesamt türmte sich schließlich ein Defizit von 1,3 Milliarden Mark auf.

Dabei machten Öltermingeschäfte für die Metallgesellschaft durchaus Sinn. Auf diese Weise ließen sich nämlich gegenüber Kunden konstante Lieferpreise garantieren, ohne den Schwankungen des Ölmarkts ausgeliefert zu sein. Was die Mitarbeiter des US-Ablegers der Metallgesellschaft trieben, ging jedoch weit über Absicherungsgeschäfte hinaus und artete in hochriskante Spekulationen aus, die für eine Bank sogar illegal gewesen wären. Als Industrieunternehmen war die Metallgesellschaft jedoch nicht von den entsprechenden Bankgesetzen betroffen und konnte so das ganz große Rad drehen.

Solange die Spekulationen gut gegangen waren, hatte sich kaum jemand für die Details interessiert. Nun, da die horrenden Verluste den gesamten Konzern bedrohten, war der Skandal jedoch perfekt. Am Pranger stand neben Schimmelbusch natürlich auch der Aufsichtsrat. Das Kontrollgremium hatte bis zu Schimmelbuschs Beichte entweder nichts von den riskanten Ölgeschäften bemerkt oder einfach nur nichts dagegen unternommen. Nun aber feuerte der Aufsichtsratsvorsitzende Schmitz Schimmelbusch kurzerhand und ersetzte ihn durch den Star-Sanierer Karl-Josef (Kajo) Neukirchen. Gleichzeitig halfen die Deutsche Bank und die Dresdner Bank dem angeschlagenen Unternehmen mit einem 1,5-Milliarden-Kredit wieder auf die Beine.

Neukirchen musste nach seinem Amtsantritt erst einmal die Größe des angerichteten Schadens feststellen. Bei weniger kreativer Bilanzführung betrug der Jahresverlust für das Jahr 1993 1,8 Milliarden Mark. Schimmelbusch war von etwa 350 Millionen ausgegangen. Die Schulden türmten sich auf über 9 Milliarden Mark. Zusätzlich wurde jetzt auch klar, dass die Ölgeschäfte der Metallgesellschaft in den USA noch komplexer waren als bis dahin angenommen. Unabhängig von den Spekulationen an der Terminbörse beteiligte sich die Metallgesellschaft an dem kleinen Ölunternehmen Castle Energy. Der Familienbetrieb konnte die neue Mutter gleichzeitig auch als Großkunden begrüßen, der zudem einige großzügige Kredite vermittelte. Abnahmeverpflichtungen der Metallgesellschaft zu außerordentlich guten Konditionen machten den für Castle Energy traumhaften Deal schließlich perfekt. Offenbar hatte die zuvorkommende Behandlung des kleinen Unternehmens seinen Sinn, denn der Castle-Aktienkurs stieg dadurch an und eine Kapitalerhöhung konnte erfolgreich platziert werden. Einige US-Manager der Metallgesellschaft dürften bei diesen Transaktionen an der Börse ordentlich abkassiert haben.

Der Metallgesellschaft an sich schadeten derartige Geschäftspraktiken natürlich. So wunderte sich das *Handelsblatt*, dass die komplexen Ölgeschäfte das Unternehmen schließlich in eine Lage gebracht hatten, in der es „sowohl bei steigenden wie bei fallenden Preisen in der Klemme saß". Auch ansonsten ließ das *Handelsblatt* kein gutes Haar an der unternehmerischen Qualität der MG-Verantwortlichen: „Hier zeigen sich die Fehlleistungen eines Managements, das weltweit auf zu vielen Hochzeiten tanzte, immer knapp bei Kasse war und auf der Suche nach neuen Geldquellen immer größere Risiken einging."

Da sich Ronaldo Schmitz und Heinz Schimmelbusch nach dem Desaster gegenseitig die Schuld in die Schuhe schoben, drohte zusätzlich noch ein langwieriger Rechtsstreit. Offenbar scheuten beide Seiten jedoch eine öffentlichkeitswirksame Schlammschlacht und einigten sich schließlich auf einen Vergleich. Schimmelbusch erhielt dabei 1,5 Millionen Mark Abfindung und erreichte neben einer Rücknahme der Schadenersatz-Forderung die Aufhebung seiner Kündigung. So wurde seine lukrative Pension gesichert. Dafür verzichtete der in Ungnade gefallene Manager im Gegenzug auf eine Entschädigung von mindestens 10 Millionen Dollar, die er zunächst gefordert hatte. So musste Missmanager Schimmelbusch wahrlich kein Alter in Armut fürchten, zumal er auch strafrechtlich glimpflich davon kam: Gegen eine Zahlung von 900.000 Mark wurde das Verfahren gegen ihn und den ehemaligen Finanzvorstand Forster eingestellt.

Durch den Vergleich zwischen Schimmelbusch und Schmitz blieben letztendlich einige interessante Fragen ungeklärt. Zum Beispiel ist bis heute unbekannt, ob Ronaldo Schmitz nicht schon lange vor dem verhängnisvollen November 1993 von den halsbrecherischen Spekulationen gewusst hatte. Ebenfalls ist nach wie vor unklar, wie es nun wirklich zu den horrenden Verlusten der Metallgesellschaft gekommen war, die sich aus den Spekulationsgeschäften allein kaum erklären lassen. „Wo sind die Milliarden?", fragte der *Focus* und fand die wahren Verlierer der Metallgesellschaft-Krise: „Vergackeiert bleiben derweil die MG-Kleinaktionäre." Diese mussten immerhin einen Rückgang des Börsenwerts um 60 Prozent hinnehmen.

Trotz allem gelang es Schimmelbusch-Nachfolger Kajo Neukirchen, die Metallgesellschaft nach dem Katastrophenjahr 1993 wieder in ruhigeres Fahrwasser und in die schwarzen Zahlen zu bringen. Er beendete sofort die Ölspekulationen in den USA und realisierte damit die angefallenen Verluste. Zudem trennte er sich von denjenigen Beteiligungen, die nicht zum Kerngeschäft gehörten, und verschaffte dem Konzern eine übersichtliche Struktur. 1997 konnte Neukirchen stolz verkünden: „Die Vergangenheit liegt hinter uns." Dabei ist bis heute eine andere Frage ungeklärt: War es richtig, aus den Ölspekulationen an der NYMEX auszusteigen? Da nach dem Desaster der Ölpreis wieder deutlich stieg, hätte die Metallgesellschaft eventuell am Ende sogar mit einem Gewinn dastehen können.

# Alles nur Peanuts

## Jürgen Schneiders Baupleiten

| | |
|---|---|
| **Ort:** | Königstein |
| **Zeit:** | 1994 |
| **Vernichtete Summe:** | 3 Milliarden Mark |
| **Geschädigte:** | Banken |
| **Grund:** | Kriminelle Machenschaften |

**Die Frankfurter Zeil-Galerie ist nicht der einzige Prachtbau, mit dem Jürgen Schneider die Banken an der Nase herum führte.**

Das Unwort des Jahres 1994 hieß „Peanuts". Nicht etwa, dass die aus Sprachwissenschaftlern zusammengesetzte Unwort-Jury etwas gegen Erdnüsse gehabt hätte. Vielmehr erregte 1994 die bildliche Bedeutung des Begriffs – „Peanuts" steht auch für eine lächerlich kleine Geldsumme – die Gemüter. Hilmar Kopper, Vorstand der Deutschen Bank, hatte diesen Ausdruck gewählt, um einen Teil des beim Niedergang des Bauunternehmers Jürgen Schneider entstandenen Schadens herunterzuspielen. 50 Millionen Mark waren für Kopper nicht mehr als Peanuts.

Keine Peanuts waren dagegen zweifellos die Beträge, die Dr. Utz Jürgen Schneider – so der vollständige Name des späteren Pleitiers – in seinen Immobilienprojekten bewegte. Kein Wunder, denn eine Tätigkeit in dieser Branche war dem 1932 geborenen Königsteiner praktisch in die Wiege gelegt worden. Schneider wuchs als Sohn eines Bauunternehmers auf, was für ihn Fluch und Segen zugleich bedeutete: Einerseits konnte er sich dadurch schon früh detaillierte Branchenkenntnisse aneignen, die ihm später zugute kamen. Andererseits litt Schneider jedoch schon früh unter seinem genauso erfolgreichen wie autoritären Vater, dem er es offensichtlich nie recht machen konnte. Nach einer Betrügerei – Schneider nutzte Arbeiter und Maschinen seines Vaters ungefragt für ein eigenes Bauprojekt – schmiss Richard Schneider seinen Sohn aus der Firma. Als dieser sich 1981 selbstständig machte, soll sein Vater sogar Banken aufgefordert haben, ihm kein Geld zu geben. Später wurde Jürgen Schneider enterbt.

So musste sich Schneider junior schon selbst als Unternehmer betätigen, um Erfolge verbuchen zu können. Nachdem er eine Frau aus reichem Hause geheiratet hatte, bot sich die Chance dazu. Mit Geld aus dem Familienvermögen seiner Ehefrau stieg Schneider groß ins Baugeschäft ein und konnte dort schon bald zeigen, dass er seinem Vater sehr wohl das Wasser reichen konnte. Die Spezialität Schneiders war der Bau und die Vermietung edler Einkaufspassagen in den Zentren deutscher Großstädte, wobei er oftmals heruntergekommene Altbauten sanierte. So zeichnete die Jürgen Schneider AG unter anderem für die Mädler-Passage in Leipzig und für die Zeil-Galerie in Frankfurt verantwortlich. Schneider schuf ein architektonisches Schmuckstück nach dem anderen und schmiss dabei mit Geld nur so um sich. Um bei einer solchen Praktik nicht unterzugehen und um nebenbei für sich selbst etwas zurücklegen zu können, verfiel Schneider schon früh auf einen Trick: Wenn er für eines seiner Projekte eine Immobilie erwarb, dann lieh sich Schneider bei den Banken deutlich mehr Geld, als er für den Kauf benötigte. Den überschüssigen Betrag zweigte er für andere Zwecke ab, wobei er insbesondere ein privates Festgeldkonto mit den erschwindelten Millionen füllte. Um die Rückzahlungen an die Banken aufzubringen, die in der Regel weit über den Mieteinnahmen lagen, nahm er beim nächsten Pro-

jekt einfach den nächsten überhöhten Kredit auf. Ein perfektes Schnee-
ball-System war geboren.

Natürlich funktionierte diese wundersame Geldvermehrung nur,
wenn die Banken den Kreditschwindel nicht bemerkten. Doch genau
darin lag die Stärke Schneiders: Mit seinem professionellen Auftreten
und dem Verweis auf seine bisherigen Erfolge gelang es dem charismatischen Unternehmer immer wieder, die Banken an der Nase herum zu
führen. Damit auch ja kein Kreditgeber ins Grübeln geriet, belegte
Schneider die Seriosität seiner Geschäfte mit frisierten Zahlen und ge-
fälschten Mietverträgen. Letzte Zweifel bei den Bankern räumten oftmals
seine prall gefüllten Festgeldkonten aus, die er als Sicherheit präsentierte. Meist hätten schon einfache Plausibilitätsprüfungen die Unstimmig-
keiten in Schneiders Finanzakrobatik offenbart, doch einem Topkunden
wie dem Königsteiner Baulöwen wollte offensichtlich keine Bank so viel
Misstrauen entgegenbringen. Zudem reagierte der scheinbar so erfolgreiche Bauherr äußerst gereizt, wenn ein vorlauter Banker es wagte, tiefe-
ren Einblick in seine Geschäfte zu verlangen. Die Deutsche Centralbo-
denkredit-AG, eine Tochter der Deutschen Bank, schaufelte Schneider
besonders viele Millionen zu. Andere Finanzinstitute konnten es offensichtlich auch kaum erwarten, ihr Geld an den vermeintlichen Vorzeigeunternehmer loszuwerden.

Sein Meisterstück lieferte Schneider zweifellos 1993 beim Kauf des
Geschäftshauses Kurfürsteneck in Berlin. Um die inzwischen so langsam
misstrauisch werdenden Banken weiter zu täuschen, arbeitete er inzwischen mit Strohfirmen. Eine solche kaufte das Kurfürsteneck für einen
fantastischen Preis von insgesamt 130 Millionen Mark. Diese Summe lag
zwar mindestens um ein Drittel über dem Marktwert, doch solche Pean-
uts-Beträge kümmerten Schneider wenig. Stattdessen machte er sich nun
daran, den Wert der Immobilie künstlich in die Höhe zu treiben. Dazu
erfand er Ausgaben von 30 Millionen Mark für Entmietungen und 160
Millionen Mark für die Abfindung von fünf Konkurrenten, welche die
unter seinem Einflussbereich stehende Firma aufwenden musste. Dadurch erschien es dann durchaus plausibel, dass eine andere seiner Fir-

men 370 Millionen für das Geschäftshaus bezahlen musste, das Monate zuvor noch für 130 Millionen den Besitzer gewechselt hatte. Als Geldgeber hatte sich Schneider dieses Mal die Dresdner Bank auserkoren. Diese war angesichts der inzwischen vier Milliarden Schulden Schneiders zwar misstrauisch geworden und forderte zusätzliche Sicherheiten. Einen Kredit über 325 Millionen Mark ließ sich das Frankfurter Geldinstitut allerdings dann doch entlocken, obwohl sich die zuständigen Mitarbeiter durchaus über die vermeintlichen Zahlungen in Höhe von 190 Millionen Mark wunderten. Den Differenzbetrag konnte Schneider nun wiederum anderweitig verplanen. Mit einem Schaden von 160 Millionen Mark – sicherlich keine Peanuts – galt das Kurfürsteneck später als Schneiders größtes Pleiteobjekt.

Anfang April 1994 wurde Jürgen Schneider die Sache dann zu heiß. Am 6. April setzte er sich zusammen mit seiner Frau ins Ausland ab, genaues Reiseziel unbekannt. In einem Brief an die Deutsche Bank, die umgehend Strafanzeige erstattete, erklärte er noch, dass er aus gesundheitlichen Gründen nicht mehr in der Lage sei, sein Unternehmen zu führen. Schneiders Bauimperium stürzte nun zusammen, am 15. April wurde ein Konkursverfahren eröffnet. Der Schuldenberg des Unternehmens wurde inzwischen mit 5,4 Milliarden Mark angegeben, was mehr als dem doppelten des Werts der vorhandenen Immobilien entsprach. Zu den Geschädigten gehörten neben 40 Gläubiger-Banken auch zahlreiche Handwerksbetriebe, die angesichts der drohenden Zahlungsausfalls teilweise vor der Pleite standen. Nachdem Schneider bei den mittelständischen Zulieferern ohnehin noch nie einen guten Ruf gehabt hatte, brachte er nun viele davon in eine existenzbedrohende Lage. Die Ansprüche der Handwerker in Höhe von insgesamt 50 Millionen Mark wirkten im Vergleich zu Schneiders Kreditschulden dennoch wie Kleingeld. So kam Hilmar Koppers inzwischen legendäre Erdnuss-Metapher zustande. Am 25. April 1994 bezeichnete er die den Handwerkern zustehenden Beträge als „Peanuts". Immerhin muss man der Deutschen Bank zugute halten, dass sie die Peanuts-Summe später aus eigener Tasche beglich und damit vielen Handwerksbetrieben das Überleben sicherte.

Die Flucht der Schneiders dauerte über ein Jahr, dann spürten Ziel-fahnder das Ehepaar im Mai 1995 in Miami (USA) auf. Im Februar 1996 wurden die beiden schließlich nach Deutschland ausgeliefert. Im Juni 1997 begann der Prozess gegen Jürgen Schneider, in dem er sich wegen schweren Betrugs, Kreditbetrugs und Urkundenfälschung verantworten musste. Die Staatsanwaltschaft stützte ihre Anklage auf fünf besonders spektakuläre betrügerische Bauprojekte, bei denen insgesamt ein Scha-den von etwa 300 Millionen Mark entstanden war. Mögliche andere Fäl-le wurden nicht berücksichtigt, offensichtlich lag der dabei entstandene Schaden unterhalb der Peanuts-Grenze. Schneider versuchte zunächst, einen großen Teil der Schuld auf die Banken abzuwälzen und warf ihnen Mitwisserschaft vor. „Schneider hat Monopoly gespielt und dabei gemo-gelt. Jetzt, wo er das Spiel verloren hat, ist er böse auf seine Mitspieler, weil die ihn haben mogeln lassen", schrieb *Der Spiegel*. Doch Richter Heinrich Gehrke ließ sich nicht täuschen. Er kritisierte zwar die „kaum vorstellbare Fahrlässigkeit und Pflichtvergessenheit der Banken", sah die Kreditgeber jedoch nicht als Mitwisser. „Er kaufte zu teuer, baute zu auf-wendig und vermietete zu schlecht" – Gehrke beurteilte die Ursache der Pleite als hausgemacht. Am Ende stand eine Freiheitsstrafe von sechs Jahren und neun Monaten für Schneider, der auf das Einlegen von Rechtsmitteln verzichtete.

Ähnlich wie der Skandal um die angeblichen Hitler-Tagebücher, so wurde auch die Schneider-Affäre später in Form einer Komödie verfilmt. Hauptperson des Films ist ein gewisser Dr. Jochen Schuster, der von ei-nem Bauflop zum nächsten eilt und dabei von der „Germanischen Bank" großzügig mit Krediten versorgt wird. Der Name des Streifens er-gab sich praktisch von selbst: „Peanuts".

# Alle haben tief und fest geschlafen

## Der Balsam-Krimi

| Ort: | Steinhagen |
|---|---|
| Zeit: | 1994 |
| Vernichtete Summe: | 1,8 Milliarden Mark |
| Geschädigter: | Balsam, Procedo, Banken |
| Grund: | Kriminelle Machenschaften |

Die Aufdeckung von Deutschlands bis dahin spektakulärstem Fall von Wirtschaftskriminalität begann am 8. September 1993. Was von diesem Tag an so alles bekannt wurde, stellt jeden Kriminalroman in den Schatten: ein verdächtig untätiger Staatsanwalt, ein auf eigene Faust im Urlaub ermittelnder Kriminalkommissar, Luftgeschäfte, Intrigen, gefälschte Unterlagen, vertuschte Milliardenlöcher, tief schlafende Kontrollgremien, zwei Firmenpleiten und zum Schluss noch ein verschwundener Tatverdächtiger und eine Verhaftung auf den Philippinen. Es fehlte wirklich an nichts.

An jenem 8. September 1993 meldete sich ein ehemaliger Mitarbeiter des Steinhagener Sportbodenherstellers Balsam bei der Kriminalpolizei in Bielefeld. Der Ex-Angestellte berichtete von illegalen Aktivitäten bei Balsam, in welche die Unternehmensleitung angeblich verstrickt war. Kriminalhauptkommissar Karl-Heinz Wallmeier ging der Sache nach und stellte mit Erstaunen fest, dass derselbe Mann bereits Ende 1992 anonym Anzeige gegen die Firma Balsam erstattet hatte. Doch Staatsanwalt Jost Schmiedeskamp hatte damals keinen Handlungsbedarf gesehen, da „kein Anfangsverdacht für eine strafbare Handlung" vorgelegen habe. Ebenfalls Ende 1992 hatte das Finanzamt bei Balsam eine Betriebsprüfung durchgeführt, ohne etwas zu finden. Die Steuerfahndung sei wohl „auf beiden Augen blind" gewesen, spottete später *Der Spiegel*. Als Wallmeier nach den Anschuldigungen des Ex-Balsam-Mitarbeiters bei Schmiedeskamp um Akteneinsicht bat, ließ dieser ihn abblitzen. Karl-Heinz Wallmeier ließ sich jedoch nicht beirren und begann, auf eigene Faust zu ermitteln. Der Bielefelder Kommissar opferte sogar Urlaubstage, um den Vorwürfen auf den Grund zu gehen. Obwohl Wallmeier Schmiedeskamp über neue Verdachtsmomente unterrichtete, reagierte dieser nicht. Später wurde der Vorwurf laut, dass es zwischen der Lebensgefährtin Balsams und der Ehefrau Schmiedeskamps persönliche Beziehungen gegeben habe. Die diesbezüglichen Ermittlungen verliefen jedoch im Sande.

Als Wallmeier die Firma Balsam ins Visier nahm, hatte diese eine schon fast 30-jährige Geschichte hinter sich. Gegründet wurde das Unternehmen 1965 von Friedel Balsam. Der Unternehmer aus der westfälischen Provinz schuf mit 7.000 Mark Startkapital ein florierendes mittelständisches Unternehmen mit dreistelligen Millionenumsätzen und über 1.000 Mitarbeitern. Balsam lieferte Kunststoffböden und Kunstrasen in alle Welt, selbst bei Olympischen Spielen und Leichtathletik-Weltmeisterschaften war sein Unternehmen vertreten. Bei ihren Konkurrenten war die Balsam AG für ihre Dumpingpreise gefürchtet, mehrere Wettbewerber verschwanden vom Markt oder wurden von dem Steinhagener Unternehmen geschluckt. 20 Jahre nach Firmengründung konnte sich Friedel Balsam als einer der Global Player im Sportbodengeschäft bezeichnen.

Doch so beeindruckend der Balsam-Aufstieg auch war, Friedel Balsam hatte leider vor lauter Umsatz den Gewinn vergessen. Während die Balsam-Mitarbeiter somit von einem Projekt zum nächsten eilten, taten sich in den Kassen des Unternehmens erste Löcher auf. Nun schlug die Stunde des Balsam-Buchhalters Detlef Schlienkamp. Dieser hatte Kontakte zu der Wiesbadener Finanzierungsgesellschaft Procedo, die sich auf das so genannte Factoring spezialisiert hatte. Beim Factoring vergibt ein Finanzdienstleister einen Kredit an ein Unternehmen, das eine größere

Zahlung erwartet. Der Kredit dient somit als Vorschuss, das Kundenunternehmen muss ihn zurückzahlen, sobald die Zahlung eingetroffen ist. Die Balsam AG nutzte die Kredite der Procedo zunächst auf die vorgesehene Weise, also um einen schnelleren Zahlungseingang zu erreichen. Doch als Mitte der 80er Jahre die finanziellen Probleme immer größer wurden, entdeckte Schlienkamp darin eine Möglichkeit, um Finanzlöcher zu stopfen. Hierzu erhöhte er den Betrag auf Rechnungen, die er bei der Procedo einreichte. Dadurch erhielt die Balsam AG höhere Kredite als ihr eigentlich zustanden. Wurde ein Kredit fällig, dann nahm Schlienkamp – meist mit noch realitätsferneren Zahlen – einen neuen auf. Weil dieses Schneeballsystem so gut funktionierte, ging Schlienkamp irgendwann dazu über, Rechnungen komplett zu fälschen, anstatt nur den Betrag zu erhöhen.

Als Komissar Wallmeier den Schwindel schließlich aufdeckte, stand die Balsam AG mit nicht weniger als 1,8 Milliarden Mark bei Procedo in der Kreide. Dem standen reale Aufträge in Höhe von gerade einmal 40 Millionen gegenüber, der Rest entpuppte sich als Luftgeschäft. Im Juni 1994 musste die Firma Balsam Konkurs anmelden, womit Procedo natürlich auch am Ende war. Das Unternehmen hatte sich zur Finanzierung der Balsam-Kredite selbst von insgesamt 50 Kreditgebern Geld geliehen, die damit ebenfalls ein Großteil ihres Engagements abschreiben konnten. „Die Balsam-Affäre trifft viele Banken noch schlimmer als die Schneider-Pleite", schrieb die *Wirtschaftswoche*. Während bei Schneider wenigstens noch einige wertvolle Immobilien und Festgeldkonten den Schaden mindern konnten, hatten die Geldgeber bei Balsam fast komplett mit Luft gehandelt. Zum Schrecken der anderen Gläubigerbanken wurde dann auch noch bekannt, dass Balsam mit der Deutschen und der Dresdner Bank eine so genannte Globalzession vereinbart hatte, die nun dafür sorgte, dass alle anderen Kreditgeber leer ausgingen.

Doch der Balsam-Fall hatte noch mehr zu bieten. So kam nach der Pleite des Unternehmens heraus, dass Schlienkamp auch durch Börsenspekulationen versucht hatte, die Verluste des Unternehmens auszugleichen. Mit deutscher Gründlichkeit nutzte er über zwei Dutzend Kreditinstitute für Spekulationen mit Devisenoptionen, wobei er insgesamt geschätzte 14 Milliarden Mark umsetzte. Keine Bank der Welt würde derart hohe Umsätze bei einem mittelständischen Unternehmen akzeptieren, doch Schlienkamp hatte seine Aktionen wieder geschickt verschleiert. Ihm gelang es, jeder der zahlreichen Banken vorzugaukeln, dass Balsam solche Geschäfte nur mit zwei bis drei Instituten durchführte. „Alle haben tief und fest geschlafen", kommentierte die *Wirtschaftswoche* diesen Vorgang später. Als mit dem Konkurs alle aufwachten, war es zu spät: Schlienkamps Finanzspekulationen waren zwar insgesamt gut gegangen, doch nun blieben die Banken auf Zahlungsverpflichtungen von etwa einer halben Milliarde Mark sitzen.

Beim juristischen Nachspiel der Balsam-Affäre zeigte sich einmal mehr, wie schwer sich die Justiz bei der Aufarbeitung von Wirtschaftskriminalität tut. So benötigte das Landgericht Bielefeld fast 200 Verhandlungstage, bevor der Mammut-Prozess nach drei Jahren sein Ende nahm. Die zwei Balsam-Vorstände Dietmar Ortlieb und Bert Schultes kamen mit Geldstrafen von je 100.000 Mark davon, zwei Procedo Manager erhielten 21 beziehungsweise 24 Monate Haft. Härter traf es Friedel Balsam, der für acht Jahre in den Knast wanderte. Der Hauptbeschuldigte Schlienkamp, der als einziger der Angeklagten schon früh ein Geständnis abgelegt hatte, konnte dagegen nur in Abwesenheit zu zehn Jahren verurteilt werden, nachdem er der Balsam-Affäre einen weiteren skurrilen Höhepunkt beschert hatte. Im November 1998 war Schlienkamp, der die Untersuchungshaft als Freigänger absaß, plötzlich verschwunden. Der einzige Hinweis auf sein Verbleiben war ein Brief, den er an den Richter geschickt hatte. „Wenn Sie diesen Brief erhalten, werde ich nicht mehr am Leben sein", kündigte er darin seinen Selbstmord an. Danach fehlte von Schlienkamp jede Spur. Neben der drohenden Strafe im Balsam-Prozess gab es offensichtlich noch einen anderen Grund für sein Verschwinden: Kurz zuvor hatte er von Freunden eingesammelte 1,8 Millionen Mark fast vollständig verzockt. Doch die Polizei glaubte der Selbstmord-Geschichte nicht und behielt Recht. Im März 2000 spürten Zielfahnder des Bundeskriminalamts Schlienkamp auf den Philippinen auf.

Er hatte in der Zwischenzeit eine Philippinin geheiratet, was ihn jedoch nicht vor der Auslieferung nach Deutschland bewahrte. Die Abschiedsworte seiner Frau waren groß in der *Bild* zu lesen: „Komm bald zurück, ich warte auf dich."

# Von nun an geschahen nur noch Wunder

## Der Untergang des Bremer Vulkan

| Ort: | Bremen |
|---|---|
| Zeit: | 1995 |
| Vernichtete Summe: | über 1 Milliarde Euro |
| Geschädigte: | Bremer Vulkan, Aktionäre, Steuerzahler |
| Grund: | Missmanagement |

Das Jahr 1981 markiert einen wichtigen Wendepunkt in der Wirtschaftsgeschichte des Bundeslands Bremen. Damals schlug in dem Stadtstaat, der bis heute nicht gerade für seine wirtschaftliche Stärke bekannt ist, die Geburtstunde eines Unternehmensgeflechts, das *Der Spiegel* trefflich als „Bremen Incorporated" bezeichnete. Der offizielle Name: Bremer Vulkan AG. Unter der Federführung des Senatsdirektors Friedrich Hennemann, der später den Vulkan-Vorstandsvorsitz übernahm, legte der neue Konzern in den Folgejahren eine Entwicklung an den Tag, den *Der Spiegel* erneut sarkastisch kommentierte: „Von nun an geschahen nur noch Wunder."

Friedrich Hennemann, Sohn eines Flugzeugmonteurs aus Worpswede, hatte Pharmazie und Betriebswirtschaft studiert, bevor er als Praktikant in einer Apotheke ins Berufsleben einstieg. Anschließend versuchte er es in der chemischen Industrie, bevor er 1977 in den Bremer Senat für Wirtschafts- und Außenhandel wechselte. 1981 fädelte er in seiner Position als Senatsdirektor den Aufstieg des Bremer Vulkan zum verschachtelten Großkonzern ein. Das Traditionsunternehmen Bremer Vulkan – es gehörte zu jener Zeit zu einem großen Teil Heinrich Thyssen-Bornemisza – stand damals kurz vor der Pleite. Über die städtische Beteiligungsgesellschaft Hibeg stieg das Land Bremen bei dem maroden Vulkan ein und bescherte diesem damit dringend benötigte Mittel. Diese flossen auch in der Folgezeit: Mit Hilfe von Subventionen aus der Landeskasse akquirierte der Bremer Vulkan von der Werft bis zur Elektronikfirma ein Unternehmen nach dem anderen und wuchs damit zum Milliardenkonzern. 1987 wechselte Hennemann vom Land Bremen in den Vorstand des Bremer Vulkan, dessen Vorsitz er kurz darauf übernahm. Als Architekt des Konzerns war er dafür geradezu prädestiniert.

Seinen größten Coup landete Hennemann nach der Wende mit der Übernahme von vier maroden Ost-Werften in Wismar, Rostock und Stralsund. Da die völlig veralteten ehemaligen DDR-Betriebe so gut wie unverkäuflich waren, sagte die Treuhand die Zahlung von zwei Milliarden Mark an den Vulkan für die Übernahme zu. Im Gegenzug verpflichtete sich Hennemann zum Erhalt von fast 5.000 Arbeitsplätzen im krisengeschüttelten Osten. Die Subventionsgelder konnte der Bremer Vulkan gut gebrauchen: Die Einkaufstour hatte die Finanzen des Unternehmens arg strapaziert, und so manches Unternehmen des Konzerns schrieb rote Zahlen. Hennemann steckte daher einen Teil der Subventionen nicht sofort in die Sanierung der Ostwerften, sondern erst einmal in das Finanzmanagement-System des Konzerns, das unter anderem zur Vermeidung von Liquiditätsengpässen in den einzelnen Unternehmen diente.

Im Mai 1995 nahm die Geschichte des Bremer Vulkan eine neue Wendung. Nach der Bremer Bürgerschaftswahl musste die SPD ihre Regierungsmacht im Rahmen einer großen Koalition mit der CDU teilen. Die Unionspartei, die den Wirtschafts- und Finanzsenat übernahm, sorgte für Sand im Getriebe des SPD-Vulkan-Filzes. Als im Juli des Jahres eine Einnahmeverschiebung für ein Finanzloch von 300 Millionen Mark beim Bremer Vulkan sorgte, kam ein Stein ins Rollen, der das Unternehmen schließlich in die Pleite führte. Die Lokalzeitung *Weserkurier* bekam Wind von dem Finanzloch, das Hennemann nur mit Mühe durch einen Bankenkredit stopfen konnte, und machte das Desaster im

September öffentlich. Nun nahm eine verhängnisvolle Kettenreaktion ihren Lauf: Der Aktienkurs des Unternehmens brach ein, Hennemann musste auf Druck der Banken zurücktreten. Der Aufsichtsrat brauchte statt der zunächst geplanten zwei Wochen mehrere Monate, bevor endlich ein Nachfolger für Hennemann gefunden war. Lieferanten verlangten nun auf einmal Vorauskasse, Kunden zahlten nur gegen Sicherheiten. Potenzielle Auftraggeber wurden erst einmal abgeschreckt. Schnell wurden so aus den 300 Millionen Mark 2,2 Milliarden. Als Anfang 1996 der neue Vulkan-Chef Udo Wagner seine Amtsgeschäfte aufnahm, konnte er nur noch die Pleite des Konzerns feststellen. Nachdem der Vergleichsverwalter am 1. Mai 1996 einen Konkursantrag gestellt hatte, fuhr die Vulkan-Werft in Bremen-Vegesack am 15. August ihre letzte Schicht und schloss danach ihre Tore. Die Ostwerften wurden von der Treuhand aus dem Bremer Vulkan herausgelöst und an skandinavische Unternehmen abgegeben.

Wie bei so manch anderem wirtschaftlichen Flop, so folgte auch auf die Vulkan-Pleite ein äußerst interessantes juristisches Nachspiel. Die Staatsanwaltschaft warf Hennemann und zwei weiteren Vulkan-Managern vor, 437 Millionen Euro an Subventionsgeldern für die Ost-Werften durch das Stopfen von Finanzlöchern in anderen Teilen des Konzerns veruntreut zu haben. Der Sachverhalt an sich wurde von Hennemann und seinen Mitangeklagten nicht bestritten. Die nicht sofort benötigten Subventionsgelder waren ja schließlich in das Finanzmanagement-System des Vulkan geflossen, das einen Ausgleich zwischen den einzelnen Konzern-Gesellschaften schaffen sollte. Ein späterer Rückfluss des Geldes war eingeplant – Pech nur, dass die Subventionsmillionen durch die Pleite des Bremer Vulkan zwischenzeitlich vernichtet worden waren. Hennemann und seine Kollegen sahen in dieser unerfreulichen Angelegenheit jedoch keine illegale Handlung und stützten sich dabei auf die Verträge mit der Treuhand, die in der Tat keinerlei Klauseln über die Anlage überschüssiger Gelder enthielten. Die Anklage sah die Sache jedoch anders: Die 437 Millionen Euro hätten den Ostwerften jederzeit zur Verfügung stehen müssen, alles andere wertete die Staatsanwaltschaft als Untreue.

Pikanterweise musste die Treuhand-Nachfolgerin BvS nun vehement gegen den Bremer Vulkan Position beziehen. Um für die zurückgenommenen Ost-Werften einen neuen Besitzer zu finden, waren nämlich neue Subventionen notwendig, die von Brüssel genehmigt werden mussten. Konnte man den Vulkan-Managern kriminelles Handeln nachweisen, dann war die Genehmigung für die BvS deutlich einfacher zu bekommen. Der Prozess gegen Hennemann war bei Redaktionsschluss dieses Buchs noch nicht abgeschlossen. Immerhin erreichte die BvS 1997 bereits vor Prozessbeginn ihr Ziel: Sie erhielt aus Brüssel grünes Licht für Ost-Werft-Subventionen in Höhe weiterer 500 Millionen Euro. Die ehemaligen Vulkan-Werften im Osten konnten dadurch mit einer ordentlichen Mitgift nach Skandinavien abgegeben werden.

# Ladenschluss in Österreich

## Die Pleite des Konsum-Konzerns

| | |
|---|---|
| **Ort:** | Österreich |
| **Zeit:** | 1995 |
| **Vernichtete Summe:** | 5,7 Milliarden Schilling |
| **Geschädigte:** | Konsum-Konzern, Genossenschafter |
| **Grund:** | Missmanagement, kriminelle Machenschaften |

**N**icht nur die Deutschen mussten beim Untergang der Neuen Heimat und der Co op erleben, dass gewerkschaftliche Unternehmen mitunter für wirtschaftliche Flops bester Güte sorgen. Auch in Österreich machte man derartige Erfahrungen, als 1995 der Konsum-Konzern in die Pleite schlitterte. Hunderttausende Konsum-Genossenschafter mussten dabei hilflos zusehen, wie das einst so stolze Unternehmen an der knüppelharten Konkurrenz im Einzelhandel scheiterte.

Am Ende stand nicht nur eine der größten Unternehmenspleiten in der österreichischen Wirtschaftsgeschichte. Auch der Traum von einem Wirtschaftsunternehmen mit sozialer Ausrichtung hatte gleichsam seinen Ladenschluss gefunden.

Wie die gewerkschaftlichen Unternehmen in Deutschland, so entstand auch der Konsum als Selbsthilfe-Projekt der Arbeiterklasse, die im Zuge der industriellen Revolution allzu oft zu den Verlierern gezählt hatte. Bereits 1864 entstanden in Österreich erste Konsumgenossenschaften, die Läden mit Waren des täglichen Bedarfs betrieben. Obwohl die Handelsaktivitäten der Arbeiter der Obrigkeit ein Dorn im Auge waren, hatte die Idee Erfolg. Anfangs des 20. Jahrhunderts dehnten die Konsumgenossenschaften ihre Tätigkeit aus, gründeten eine Großhandelsgesellschaft und eine Bank. Im Dritten Reich wurden die Genossenschaften zwar aufgelöst, doch nach dem Krieg erlebten sie noch einmal eine Blütezeit. In den 60er Jahren begann die Konsumwelt jedoch so langsam zu bröckeln. Die zahlreichen Einzelgenossenschaften gerieten angesichts der Konkurrenz durch die großen Supermarktketten immer mehr ins Hintertreffen. 1978 schlossen sich schließlich die regionalen Genossenschaften zur Konsum Österreich zusammen. Das Vorbild lieferte die deutsche Co op, die ebenfalls aus zahlreichen Einzelgenossenschaften entstanden war. Im Gegensatz zum deutschen Gegenstück stellte der Konsum in Österreich jedoch eine größere Macht dar: Über 800.000 Genossenschafter – also etwa zehn Prozent der österreichischen Bevölkerung – hielten auf dem Höhepunkt Anteile am Konsum, der als „dritte Säule der Sozialdemokratie" galt.

Die Leitung des Konsum baute das Unternehmen ab 1978 zu einem scheinbar modernen Konzern mit zahlreichen Tochterunternehmen aus. Der Konsum besaß Firmen in verschiedensten Geschäftsfeldern, vom Holzhandel über Immobilienunternehmen bis zur Bank. Doch trotz scheinbar professionellen Managements geriet der Konsum in den 80er Jahren immer tiefer in die Krise. „Falsches Image, falsche Werbung, fehlende Verbesserungen und eine verschlafene Expansionsstrategie", fasste die Zeitschrift *Trend* die Ursachen für die Krise zusammen. Ähnlich wie die deutsche Co op, so musste auch der Konsum zahlreiche unwirtschaftliche Kleinbetriebe mitschleppen, die – nicht zuletzt aus sozialen Gründen – oft viel zu spät geschlossen wurden. Kein Wunder, dass das Gewerkschaftsunternehmen neben einer schwachen Flächenproduktivität auch besonders hohe Personalkosten zu verzeichnen hatte. 1988 erwirtschaftete der Konsum einen Fehlbetrag von 416 Millionen Schilling, 1991 waren es bereits 1,2 Milliarden.

Mit den steigenden Verlusten stand natürlich auch Konsumchef Hermann Gerharter zunehmend in der Kritik. Der 1939 geborene Jurist hatte bereits 1978 eine Position im Konsum-Vorstand übernommen, 1990 wurde er Generaldirektor. Nachdem Gerharter die Konsum-Verluste nicht verhindern konnte, versuchte er, die Lage wenigstens zu beschönigen. Durch den Verkauf von Tochterunternehmen stopfte er Finanzlöcher, für weitere Einnahmen sorgten Kredite, die über gesunde Töchter liefen, aber bei der Muttergesellschaft landeten. „Die wahre wirtschaftliche Entwicklung konnte bilanzmäßig ... weitgehend verdeckt werden", heißt es später in einer Urteilsbegründung. Falsche Vorstellungen über die Konsum-Finanzen lockten 1993 den Schweizer Migros-Konzern zum Einstieg. Doch zwei Jahre später beendete Migros nach Verlusten in (Schilling-)Milliardenhöhe sein Engagement wieder. Zwei Manager des Konzerns verloren nach dieser Pleite ihren Job. Bereits vor dem Migros-Ausstieg versuchte der Konsum mit einem „Business-Plan 94-96", der für 1996 schwarze Zahlen verhieß, noch einmal für Optimismus zu sorgen. Doch nachdem der Konzern bereits das erste Halbjahr 1994 mit 1,25 Milliarden Verlusten abschloss, glaubte niemand mehr daran.

Als letzten Befreiungsschlag ließ der Konsum-Vorstand dann noch ein Gutachten über den aktuellen Unternehmenswert anfertigen, der mögliche Käufer anlocken sollte. Das Gutachten der Firma Alta Treuhand taxierte den Konsum auf stattliche 6,3 Milliarden Schilling. Der Schönheitsfehler dabei: Der Konsum-Vorstand hatte den Gutachtern geschönte Daten überlassen, auf die diese ihre Berechnungen stützten. Wie sich später herausstellte, überstiegen die Konsum-Verbindlichkeiten die Werte des Unternehmens um eine Milliarde. Das Gutachten war also um 7,3 Milliarden Schilling zu hoch angesetzt. Einen Käufer fanden die Manager um Gerharter trotz dieser Trickserei nicht. Der Ruf des Konsums war ohnehin am Boden: Zahlreiche Lieferanten verlangten längst Barzahlung.

Zu allem Überfluss tauchten nun auch noch Presseberichte auf, die auf Insiderwissen schließen ließen. Offenbar versuchten einige der Banken, bei denen der Konsum in der Kreide stand, dem Unternehmen den Todesstoß zu versetzen. Zweifellos eine seltsame Vorgehensweise, doch auch im späteren Gerichtsurteil gegen Gerharter wurde der Verdacht bestätigt, dass zumindest einige der Banken das Ende des Konsum begrüßten. Anders ist es kaum zu erklären, dass ein Bankenkonsortium im Januar 1995 dem inzwischen kurz vor der Pleite stehenden Konsum noch einmal einen Kredit über zwei Milliarden Schilling zusagte, bereits Anfang März aber den Geldhahn zudrehte. Offenbar hatten es die Gläubiger-Banken auf ein Filetstück unter den Konsum-Beteiligungen abgesehen: auf die Bawag-Bank, deren Aktien der Konsum für den Kredit verpfänden musste. Nach dem Rückzieher der Banken blieb dem Konsum nur noch das Stellen eines Ausgleichsantrags (österreichische Form des Insolvenzantrags). Damit war das Ende des Konsum besiegelt: Das Vermögen wurde liquidiert, die Filialen landeten in den Händen von Konkurrenten. Der Gesamtverlust für die Gläubiger wurde später auf 5,7 Milliarden Schilling berechnet.

Da Hermann Gerharter und die anderen leitenden Manager trotz aller Tragik im Konsum weit weniger Unheil angerichtet hatten als ihre deutschen Kollegen im Co-op-Konzern, fiel auch der anschließende Prozess etwas weniger komplex aus. Alltäglich war dieser jedoch trotzdem nicht: Die Staatsanwaltschaft warf Gerharter und seinen Mit-Vorständen vor, den Konsum fahrlässig in die Krida (österreichischer Begriff für einen betrügerischen Konkurs) getrieben zu haben. Bereits im ersten Halbjahr 1994 sei der Konsum insolvent gewesen und spätestens im Oktober des Jahres hätte die Unternehmensleitung dies merken müssen. Auch die Aufnahme des Kredits im Januar 1995 sei daher ein unzulässiges Vorgehen zur künstlichen Aufrechterhaltung der Zahlungsfähigkeit gewesen. Gerharter, dessen Anwalt die Vorwürfe als „gigantisch absurde Konstruktion" bezeichnete, verteidigte sich in einem Interview: „Der Konsum war nie überschuldet und der Konsum war nie zahlungsunfähig." Tatsächlich hatte das Unternehmen bis zuletzt alle Rechnungen bezahlt, der Staatsanwalt sprach jedoch von einer „De-facto-Zahlungsunfähigkeit". Nachdem die Oberstaatsanwaltschaft den Strafantrag des Staatsanwalts zurückgewiesen und eine Einstellung des Verfahrens empfohlen hatte, entschied der Justizminister, dass die Sache dennoch verhandelt werden müsse. Gerharter kam mit seiner Verteidigungsstrategie nicht durch: Er wurde 1999 zu zehn Monaten Haft auf Bewährung und einer Geldstrafe von 180.000 Schilling verurteilt. Seine beiden Vorstandskollegen erhielten ebenfalls Haft- und Geldstrafen. Nachdem die Verurteilten Berufung eingelegt hatten, wurden die Urteile im Jahr danach vom Oberlandesgericht bestätigt.

Ähnlich wie der Niedergang der deutschen Gewerkschaftsunternehmen Co op und Neue Heimat, so versetzte auch die Pleite des Konsum-Konzerns der Linken des Landes einen schweren Schlag. „Und jetzt empfinden es viele Menschen so, als würden die hehren Werte des Sozialismus vor den Konkursrichter getragen", schrieb das Magazin *Trend*. Beim Konsum war es zwar keine persönliche Bereicherung, die das Unternehmen in die Pleite führte. Die Enttäuschung war jedoch dennoch groß genug. So zitiert *Trend* beispielsweise einen ehemaligen Mitarbeiter: „Der Herr Gerharter kassiert seine Abfertigung und Firmenpension, und ich steh' auf der Straßn."

# Big Mac
# und der wilde Osten

## Die Maculan-Pleite

| Ort: | Wien |
|---|---|
| Zeit: | 1996 |
| Vernichtete Summe: | Mehrere Milliarden Schilling |
| Geschädigter: | Maculan-Konzern, Gläubiger-Banken |
| Grund: | Selbstüberschätzung |

**K**aum eine Branche hat so viele wirtschaftliche Flops aufzuweisen wie die Baubranche. Davon zeugen nicht nur zahlreiche deutsche Skandalgeschichten, in deren Verlauf beispielsweise die Neue Heimat, Jürgen Schneider und Philipp Holzmann eine unrühmliche Rolle spielten. Auch in Österreich schrieb ein Bauunternehmen Wirtschaftsgeschichte, als es in die Pleite rutschte und einen Milliardenschaden zurückließ. Da Alexander Maculan, der die Hauptrolle in dieser alpenländischen Misserfolgsgeschichte spielte, bei weitem nicht so skrupellos vorgegangen war wie etwa die Herren Vietor (Neue Heimat) und

Schneider, blieb der ganz große Skandal bei Österreichs größter Baupleite zwar aus. Bemerkenswert ist dieser Fall jedoch allemal. Oder hätte etwa jemand damit gerechnet, dass die deutsche Wiedervereinigung ausgerechnet einem österreichischen Baukonzern zum Verhängnis werden sollte?

Zu den wenigen Gemeinsamkeiten der beiden Bau-Pleitiers Jürgen Schneider und Alexander Maculan gehört neben einem Doktortitel die Tatsache, dass beide als Sohn eines Bauunternehmers aufwuchsen. Doch während Schneider unter einem schlechten Verhältnis zu seinem Vater zu leiden hatte, musste der 1941 in

Wien geborene Maculan 1955 den Tod seines Vaters Rudolf verschmerzen, der bei einem Flugzeugabsturz ums Leben kam. Alexander Maculan, der dadurch das Bauunternehmen Hofman & Maculan schon früh erbte, erwies sich nicht nur als erstklassiger Golfspieler (er gewann neunmal die österreichische Amateur-Staatsmeisterschaft). Auch seine Unternehmensgruppe leitete er nach der Übernahme im Jahr 1962 mit Geschick. Maculan fehlte auf kaum einer österreichischen Großbaustelle, während das Unternehmen auch international von Algerien bis Sibirien Erfolge feierte. Ende der 80er Jahre konnte sich „Big Mac", wie er in der österreichischen Presse genannt wurde, über gut 2 Milliarden Schilling Jahresumsatz freuen. Zwar stand dahinter ein vergleichsweise dürftiger Gewinn von unter 20 Millionen Schilling, doch immerhin, das Unternehmen schrieb schwarze Zahlen.

1990 markierte jedoch das Ende der unternehmerischen Bescheidenheit: Alexander Maculan brachte seine Maculan Holding AG, zu deren Töchtern auch Hofman & Maculan gehörte, an die Börse. Mit dem Geld, das das Going Public in seine Kassen spülte, ging Maculan auf Einkaufstour.

Die Gelegenheit schien günstig, denn der Börsengang fiel zeitlich mit der deutschen Wiedervereinigung zusammen. Nun warteten in der ehemaligen DDR zahlreiche ehemalige Staatsbetriebe auf ihre Privatisierung, darunter auch viele marode Baufirmen. Maculan, der einen Bauboom in der ehemaligen DDR erwartete, schlug zu: Neben fünf anderen ehemaligen Baukombinaten erstand er die Bau Union Süd und die Ingenieur Hochbau Berlin. Über eine Milliarde Schilling steckte Maculan nach eigenen Angaben in die Ostunternehmen. Innerhalb weniger Jahre erhöhte sich der Umsatz seines Unternehmens dadurch auf fast 14 Milliarden Schilling, wobei ein weiterer Börsengang 1993 seine Kriegskasse zusätzlich füllte. Etwa zwei Drittel seiner über 8.000 Angestellten beschäftigte das Unternehmen nun in Deutschland, auch ein Großteil des Umsatzes wurde dort erwirtschaftet. 1994 konnte sich Schilling-Milliardär Maculan, der für das zurückliegende Jahr von der Illustrierten *News* als „Manager des Jahres" ausgezeichnet wurde, als einer der reichsten

Männer Österreichs fühlen. Die Börse bewertete das Unternehmen mit stolzen sechs Milliarden Schilling.

Doch hinter den Kulissen hatte sich zu diesem Zeitpunkt längst Unheil zusammen gebraut. Wie bei vielen anderen schnell wachsenden Unternehmen waren auch beim Maculan-Konzern die Wachstumsschmerzen nicht ausgeblieben. Die Verwaltung konnte mit dem ständigen Zuwachs – am Ende gab es über 70 Tochtergesellschaften – kaum Schritt halten. Auch die Entscheidung, die leitenden Positionen in den zugekauften Osttöchtern mit dem Führungspersonal aus DDR-Zeiten zu besetzen, erwies sich als unglücklich. Da zudem der erhoffte Aufschwung im Osten auf sich warten ließ, zogen die Bauunternehmen aus der Ex-DDR den gesamten Maculan-Konzern in die Krise. Konkurrenz durch Baufirmen aus Billiglohnländern (Maculan: „Mit portugiesischen Billigarbeitern haben wir nicht gerechnet") zwang das Unternehmen zudem immer wieder zu Kampfpreisen, die ein kostendeckendes Arbeiten unmöglich machten. Der Gewinn des Unternehmens ging im Jahr 1994 auf etwa ein halbes Prozent vom Umsatz zurück, woraufhin Maculan die geplante Dividendenausschüttung deutlich kürzen musste. Gleichzeitig stieg der Schuldenberg des Unternehmens stetig an. Neben der Expansion in der ehemaligen DDR sorgten auch fremdfinanzierte Bauprojekte für hohe Verbindlichkeiten. Alexander Maculan und sein Finanzvorstand Gerhard Wonnarth nahmen bei insgesamt 42 Banken in Deutschland und Österreich Kredite auf. Offensichtlich gelang es ihnen dabei, die Finanzen des Unternehmens deutlich besser darzustellen als sie es tatsächlich waren.

1995 rutschte Maculan erstmals in die roten Zahlen. Zu den Misserfolgen im Osten kam nun noch ein Verlust von 100 Millionen Schilling bei der Tochterfirma Polensky & Zöllner. Finanzvorstand Wonnarth, der die Einkaufstour im Osten von Anfang an nicht gut geheißen hatte, trat nun von seinem Posten zurück, ebenso nacheinander mehrere Aufsichtsratsmitglieder. Die Deutsche Bank, eine von zahlreichen Gläubigerbanken des Konzerns, forderte ein Gutachten, das die Unternehmensberatung Roland Berger erstellen sollte. Dieses hielt den angeschlagenen Maculan-Konzern zwar für sanierungsfähig, listete jedoch Schulden in Höhe von 9,38 Milliarden Schilling auf. In der österreichischen Presse war sogar von 13 Milliarden zu lesen. Auf einmal stand das Unternehmen, das 1995 einen 340-Millionen-Schilling-Verlust erwirtschaftete, vor dem Abgrund.

Nun lag das Schicksal des Maculan-Konzerns in den Händen der Gläubigerbanken. Die deutschen und die österreichischen Kreditgeber bildeten jeweils einen Pool. Beide Pools stimmten zunächst einem Sanierungskonzept zu, gemäß dem auch die Treuhand-Nachfolgerin BvS mit der Stundung einer 35-Millionen-Mark-Zahlung zur Rettung beitragen sollte. Doch dann bekamen die österreichischen Banken im letzten Moment kalte Füße und verweigerten ihre Unterschrift. Als auch danach keine Einigung zustande kam, war das Schicksal des Maculan-Konzerns besiegelt. Fünf der sieben ostdeutschen Töchter mussten einen Antrag auf Gesamtvollstreckung (so hieß die damalige ostdeutsche Variante des Konkurses) stellen. Am 5. August 1996 wurde der Maculan-Konkurs eröffnet, der Betrieb wurde stillgelegt.

Obwohl Alexander Maculan einige Milliarden Schilling vernichtet hat, ist er nach wie vor alles andere als ein armer Mann. Dafür sorgt nicht zuletzt das beträchtliche Vermögen seiner Ehefrau, der geborenen Gräfin von Göss-Saurau, mit der der praktizierende Katholik Maculan sieben Kinder hat. Diese stammt nämlich selbst aus einer der reichsten Familien des Landes. Während Maculans Konten damit nach wie vor prall gefüllt sind, ist sein Ruf natürlich inzwischen am Boden. So schrieb etwa das *Wirtschafts Blatt*: „Österreich braucht zwar mehr Unternehmer, aber nicht solche vom Typ Maculans."

# Wie ein Torschütze im Pokalfinale

## Die Beinahe-Pleite von Philipp Holzmann

| | |
|---|---|
| **Ort:** | Frankfurt |
| **Zeit:** | 1999 |
| **Vernichtete Summe:** | 250 Millionen Mark |
| **Geschädigter:** | Der Steuerzahler |
| **Grund:** | Missmanagement |

**Wohl dem, der sich auf die Hilfe der Politik verlassen kann: Die Pleite von Philipp Holzmann wurde nur durch Gerhard Schröders Finanzspritze verhindert.**

Großunternehmen und mittelständische Unternehmen unterscheiden sich nicht nur in der Größe. Ein entscheidender Unterschied besteht auch darin, dass Großunternehmen in Krisensituationen viel eher auf die Hilfe der Politik bauen können. Mit vielen tausend Arbeitsplätzen als Druckmittel fällt es einem Großkonzern oft deutlich leichter, an öffentliche Gelder zum Stopfen von Finanzlöchern heranzukommen. Die kleineren Betriebe im Lande müssen da schon aus eigener Kraft zurechtkommen. Geben sie mehr Geld aus, als sie einnehmen, dann ist die Unternehmensherrlichkeit schnell zu Ende.

Ein schönes Beispiel lieferte 1999 der Frankfurter Baukonzern Philipp Holzmann. Das Traditionsunternehmen, das mit Hochtief und Bilfinger Berger zu den großen Drei der deutschen Baubranche zählt, gehörte bis zum November 1999 zu den eher unauffälligen Unternehmen im Lande. Zwar hatte der Vorstand des Unternehmens Mitte der 90er Jahre eine Finanzlücke von 3 Milliarden Mark vermelden müssen. Da Holzmann den Fehlbetrag jedoch aus eigener Kraft begleichen konnte, blieb der große Skandal aus. Auch der Aufsichtsratsvorsitzende Carl von Boehm-Bezing – im Hauptberuf Vorstandsmitglied der Deutschen Bank – glaubte offensichtlich der Erklärung von Holzmann-Chef Heinrich Binder, dass nun wieder alles im Lot sei. Viele Fachleute ließen sich jedoch nicht blenden. Sie zollten der Kreativität des Holzmann-Vorstands bei der Erstellung von Bilanzen zwar höchsten Respekt, attestierten ihm jedoch nur geringe Erfolge im Baugeschäft. Mit einer Bilanzpolitik am Rande der Legalität gelang es Philipp Holzmann in den Folgejahren dann auch, die Krise des Unternehmens zu verschleiern.

Doch im November 1999 platzte die Zeitbombe schließlich: Heinrich Binder musste ein zusätzliches Finanzloch in Höhe von 2,4 Milliarden Mark bekannt geben. Da dieses Mal kein Geld in der Kasse war, um sich am eigenen Schopf aus dem Sumpf zu ziehen, musste Holzmann am 24. November einen Antrag auf Eröffnung eines Insolvenzverfahrens stellen. Die Öffentlichkeit staunte indessen nicht schlecht. Wie um alles in der Welt war es möglich, dass ein Unternehmen das Fehlen eines Betrags nicht entdeckte, der immerhin 27 Prozent der Bilanzsumme entsprach? Und das, nachdem die Verantwortlichen durch das wenige Jahre zuvor entdeckte Finanzloch eigentlich hätten gewarnt sein müssen. Natürlich fragten sich auch viele, wie denn wohl der hochbezahlte Aufsichtsrat von Boehm-Bezing seine Rolle als Kontrollinstanz aufgefasst hatte. Und nicht zuletzt wunderte sich die Öffentlichkeit über die Firma KPMG, die für Holzmann die Wirtschaftsprüfung durchgeführt hatte.

Der Ärger bei Holzmann war also durchaus hausgemacht und deshalb hätte sich niemand über den Untergang des Baukonzerns beschweren können. Doch Philipp Holzmann ist ja schließlich ein Großunternehmen und hatte damit noch einen letzten Strohhalm an den es sich klammern konnte: die öffentliche Hand. Und in der Tat nahte unmittelbar nach dem Insolvenzantrag ein Retter, der sich mit Krisen gut auskannte, da er selber in einer steckte: Bundeskanzler Gerhard Schröder. Dieser hatte gerade das erste Jahr seit seinem Amtsantritt hinter sich – ein Jahr, das ihm wenig Freude gemacht hatte. Querelen in den eigenen Reihen, Querelen mit dem Koalitionspartner und nicht zuletzt der unrühmliche Abgang seines Finanzministers Oskar Lafontaine hatten seine Umfragewerte in den Keller sinken lassen.

Nachdem die Gläubiger-Banken die zur Rettung des Holzmann-Konzerns benötigten Gelder nicht aufbringen wollten, sah Schröder seine Stunde gekommen. Am 23. November verkündete er seine Bereitschaft, mit Vertretern der Banken zu sprechen. Einen Tag später kam das Gespräch in Frankfurt zustande. Schröder kam nicht mit leeren Händen: Er bot an, 100 Millionen Mark aus dem Staatshaushalt und weitere 150 Millionen von der Kreditanstalt für Wiederaufbau zur Rettung von Holzmann beizusteuern, der Rest müsse von den Banken kommen. Die Banken, die zusammen immer noch über 4 Milliarden Mark aufbringen mussten, akzeptierten. Am Abend des Tages konnte Schröder den vor der Konzernzentrale wartenden Holzmann-Mitarbeitern verkünden „Holzmann lebt". Schröders Coup erwies sich als PR-Erfolg ersten Ranges. Die Holzmann-Angestellten, die stundenlang zwischen Hoffen und Bangen gewartet hatten, feierten Schröder wie den Schützen des Siegtors im Pokalfinale. „Gerhard, Gerhard, Gerhard" schallte es vor der Holzmann-Zentrale; selten war ein Politiker so gefeiert worden.

Doch noch während man Schröder in Frankfurt hochleben ließ, schüttelten Wirtschaftsexperten den Kopf. Was war das für eine Wirtschaftspolitik, die eine jahrelange Misswirtschaft mit einem großzügigen Geschenk belohnte? Zudem gab es zu jener Zeit etwa 8.000 Baupleiten im Jahr, ohne dass der Staat mit Finanzspritzen einschritt. Warum eilte Schröder ausgerechnet dem Riesen Holzmann zu Hilfe, während zahllose Mittelständler ohne staatliche Unterstützung in die Pleite rutschten? So war es vor allem der Mittelstand, der den Schröder-Coup in der Folge am heftigsten kritisierte. „Holzmann hätte den Bach runtergehen müssen", wetterte beispielsweise Baumanager Wolf-Burkhard Wenkel im *Spiegel*-Interview und fügte hinzu: „Holzmann hat in den vergangenen Jahren ausländische Töchter und halblegale Subunternehmer beschäftigt. Das Unternehmen hat mit Dumpinglöhnen die Preise im Baubereich so nach unten gedrückt, dass der Mittelstand, der mit heimischen Beschäftigten arbeitet, aus dem Markt gedrängt worden ist."

Bundeskanzler Schröder interessierten die marktwirtschaftlichen Spielverderber angesichts seines überzeugenden Medienauftritts wenig. Da Holzmann nun den Insolvenzantrag zurückziehen konnte, hatte er sein Ziel erst einmal erreicht. Doch nun traten neue Spielverderber auf den Plan. Zunächst gingen die Bau-Arbeitgeber gegen die Regelungen, die Holzmann mit den Mitarbeitern abgeschlossen hatte, auf die Barrikaden. Dann drohte noch Unheil, weil die EU-Bedenken gegen die Rechtmäßigkeit von Schröders Subventionen vermeldete. Erst im Mai 2001 kam schließlich grünes Licht aus Brüssel.

Inzwischen hat Philipp Holzmann wieder ruhigeres Fahrwasser erreicht, die Sanierung ist nach Angaben des Unternehmens abgeschlossen. Währenddessen musste sich Kanzler Schröder bei Redaktionsschluss dieses Buchs im Herbst 2001 angesichts steigender Arbeitslosigkeit erneut mit einer sinkenden Popularität herumschlagen. Vielleicht kommt ja vor der Wahl noch eine passende Unternehmenspleite, bei der er sich mit Millionengeschenken profilieren kann.

# Der englische Patient

## Die Rover-Übernahme durch BMW

| | |
|---|---|
| **Ort:** | Deutschland, Großbritannien |
| **Zeit:** | 1994 bis 2000 |
| **Vernichtete Summe:** | 10 Milliarden Mark |
| **Geschädigte:** | BMW |
| **Grund:** | Selbstüberschätzung |

„Blitzkrieg mit Risiko" lautete im Februar 1994 die Überschrift eines *Spiegel*-Artikels, in dem es – wie bei dieser Ausdrucksweise nicht anders zu erwarten – wieder einmal um ein Aufeinandertreffen britischer und deutscher Interessen ging. Doch ein Krieg stand dieses Mal zum Glück nicht an, genauso wenig war ein Fußball-Länderspiel zwischen Deutschland und England gemeint. Vielmehr berichtete der Artikel, der im Wirtschaftsteil zu finden war, über die Übernahme einer Mehrheit bei dem britischen Automobilhersteller Rover durch BMW. Völlig überraschend hatte der Münchner Konzern zugeschlagen und damit auch und gerade in Großbritannien für einige Verwir-

rung gesorgt. Diese Aktion als Blitzkrieg zu bezeichnen, mag übertrieben sein. Mit dem Begriff Risiko traf der *Spiegel* jedoch ins Schwarze, denn die Übernahme wurde im Lauf der folgenden Jahre zu einem der größten Misserfolge der deutschen Wirtschaftsgeschichte.

Betrachtet man das BMW-Rover-Debakel, dann drängt sich das alte Sprichwort vom Esel und dem Glatteis förmlich auf. Denn 1994, als das Unheil seinen Anfang nahm, stand BMW sehr gut da. Unter dem Vorstandschef Eberhard von Kuenheim, der dieses Amt 1973 übernommen hatte, hatte sich das Münchner Unternehmen zu einer der ersten Adressen in der weltweiten Automobil-

Industrie gemausert. So konnte von Kuenheims Nachfolger Bernd Pischetsrieder 1993 einen Vorzeigekonzern übernehmen, der zwar nicht durch Größe, dafür jedoch umso mehr durch Profitabilität glänzte. Das allein war den BMW-Managern jedoch nicht genug, und so kam es noch unter dem Einfluss von Kuenheims, der inzwischen Vorsitzender des Aufsichtsrats war, 1994 zur Übernahme der britischen Automobilfirma Rover. Der Kaufpreis lag bei 2,1 Milliarden Mark. Mit dem Zukauf stieß BMW umsatzmäßig in eine neue Dimension vor. Über 50 Milliarden Mark erwirtschaftete der Münchner Konzern nun. Rover steuerte im Jahr der Übernahme zwar nur etwa sechs Millionen Mark Gewinn bei, doch immerhin schrieb die neue Tochter schwarze Zahlen.

Bei der Integration von Rover favorisierten von Kuenheim und BMW-Entwicklungschef Wolfgang Reitzle das so genannte Komplementärkonzept. Dieses sah vor, Rover als Marke aufzugeben und lediglich die attraktiven Modelle MG, Mini und Landrover am Leben zu erhalten. Pischetsrieder wollte dagegen die diversen Rover-Modelle weiterentwickeln und damit die Marke Rover erhalten. Nach einigen Kontroversen konnte er auch von Kuenheim von dieser Strategie überzeugen.

Wie sich das Komplementärkonzept von Reitzle entwickelt hätte, weiß niemand. Fest steht, dass die Doppel-Marken-Strategie von Pischetsrieder, der Rover zudem an der langen Leine führte, reichlich daneben ging. 1996 wurde erstmals bekannt, dass BMW mehr in die britische Tochter investieren musste als geplant. 1996 fuhr Rover fast 280 Millionen Mark Verlust ein, 1997 waren es etwa 260 Millionen. Außerdem musste BMW 1.500 Rover-Arbeitsplätze abbauen. Dann kam es knüppeldick: 1,9 Milliarden Mark betrug der Rover-Verlust 1998. Zum ersten Mal seit Jahren musste BMW dadurch einen Gewinnrückgang vermelden. Reitzle wollte die verlustreiche Tochter (mit Ausnahmen der attraktivsten Modelle) nun verkaufen, doch Pischetsrieder bestand auf einer Sanierung.

Im Februar 1999 kam es bei einer Aufsichtsratssitzung zum Showdown: Pischetsrieder, dessen Strategie bei der Rover-Integration nicht aufgegangen war, erhielt von von Kuenheim den Laufpass. Doch Reitzle, der allgemein als Pischetsrieder-Nachfolger favorisiert wurde, konnte aus dem Rausschmiss kein Kapital schlagen, da die Arbeitnehmervertreter massiv gegen ihn opponierten. So wurde der Weg frei für das bisher unauffällige Vorstandsmitglied Joachim Milberg, der als Kompromisskandidat für alle tragbar war. Milberg, der als scheinbar dritte Wahl um seine Akzeptanz kämpfen musste, hielt Rover zunächst die Stange und rang der britischen Regierung eine Subvention in Höhe von etwa 500 Millionen Mark ab. Da die EU jedoch zunächst die Rechtmäßigkeit dieser Unterstützung prüfen musste, erhielt BMW das Geld erst einmal nicht. Inzwischen waren 10.000 Arbeitsplätze bei Rover abgebaut, die Verluste im Jahr 1999 betrugen 2,4 Milliarden Mark.

Trotz der Misere bekräftigte Milberg weiter sein Festhalten an Rover. Doch im Frühjahr 2000 kam die nächste überraschende Wende, als BMW seine Kapitulation verkündete. Nachdem 8 Milliarden Euro bei der britischen Tochter versickert waren, beschloss der Vorstand den Verkauf eines Großteils der Rover-Gruppe. Alle Absichtserklärungen, an Rover festhalten zu wollen, wurden von Milberg und seinen Kollegen damit zu Makulatur verwandelt. Ob die BMW-Chefs damit die Öffentlichkeit bewusst getäuscht hatten oder ob die Haupteigentümer aus der Familie Quandt einen plötzlichen Sinneswandel herbeigeführt hatten, ist bis heute unklar. Als Käufer war eine Londoner Risikokapital-Gesellschaft namens Alchemy im Gespräch, die zwar schon eine Restaurant-Kette und einen Farbenhersteller auf radikale Weise saniert hatte, aber mit einem Unternehmen in der Größe von Rover keine Erfahrung hatte. Viele Beobachter fühlten sich an die Neue Heimat erinnert, die einst von den Gewerkschaften für eine Mark an einen Berliner Unternehmer verscherbelt worden war. Doch Alchemy wollte nicht einmal eine Mark bezahlen, sondern forderte zwei Milliarden als Mitgift. Da bei einer Alchemy-Übernahme mit einem erheblichen Verlust an Arbeitsplätzen zu rechnen war, konnten weder die britischen Gewerkschaften noch die dortige Politik dieser Lösung etwas abgewinnen.

Im April 2000 folgte dann die nächste Kehrtwende in der BMW-Rover-Geschichte. BMW verkündete den Abbruch der Verhandlungen mit

Alchemy. Stattdessen führte das Unternehmen nun Gespräche mit einer Investorengruppe namens Phoenix, der der ehemalige Rover-Chef John Towers vorstand. Bis dahin hatte BMW Verhandlungen mit Phoenix abgelehnt, da man dessen Finanzkraft misstraute. Einige Experten vermuteten nun, die Phoenix-Verhandlungen seien nur ein Ablenkungsmanöver, während das wahre Ziel nun eine schnelle Abwicklung des englischen Patienten sei. Doch dem war nicht so: Im Mai 2000 übernahm Phoenix Rover. Der Kaufpreis betrug symbolische 10 Pfund.

Trotz eines Verlusts von etwa 10 Milliarden Mark hat BMW die Rover-Krise letztendlich gut überstanden. Zwar sind die Zeiten der Rekordumsätze seit dem Rover-Verkauf vorbei, doch immerhin konnten sich die Aktionäre für das Jahr 2000 über einen Rekordgewinn von über einer Milliarde Euro freuen. Auch Joachim Milberg, der zunächst gegen seinen Ruf als graue Manager-Maus ankämpfen musste, gewann nach Ende der Rover-Krise deutlich an Profil. Die Stimmung bei BMW beschrieb er in einem *Wirtschaftswoche*-Interview: „Alle wissen jetzt wieder, wohin sie rennen müssen."

# Geleaste Luft

## Der Flowtex-Skandal

| | |
|---|---|
| **Ort:** | Ettlingen |
| **Zeit:** | 2000 |
| **Vernichtete Summe:** | 2 Milliarden Euro |
| **Geschädigte:** | Flowtex-Gruppe, Banken, Leasingunternehmen |
| **Grund:** | Kriminelle Machenschaften |

**D**ie Szene hätte aus einer Slapstick-Komödie stammen können: Im Sommer 1990 präsentierte Manfred Schmider, Chef der Ettlinger Flowtex-Unternehmensgruppe, Vertretern einiger Banken und Leasingunternehmen ein Horizontal-Bohrgerät auf einer Baustelle bei Karlsruhe. Während Schmider anschließend mit seinen Gästen dinierte, transportierten seine Mitarbeiter die Hightech-Anlage auf eine andere Baustelle. Diese besichtigten der schwergewichtige Unternehmer und seine Gäste nach dem Essen. Keinem der Finanzexperten fiel auf, dass ihnen Schmider zweimal dasselbe Bohrsystem vorführte. Der dreiste Bluff hatte einen einfachen Grund: Schmider hatte über Banken und Leasingfirmen mehrere Tausend Horizontal-Bohrgeräte finanziert, von denen er jedoch nur einen Bruchteil wirklich besaß. Wenn sich einer der zahlreichen Geldgeber davon überzeugen wollte, dass seine Millionen gut angelegt waren, dann griff Schmider eben in die Trickkiste.

Dabei hatte alles durchaus seriös begonnen. Schmider, 1949 in Karlsruhe geboren, sammelte als Auto- und Schrotthändler erste Management-Erfahrung, bevor er 1983 mit seinem Partner Klaus Kleiser eine Tiefbaufirma gründete. Diese erhielt 1986 ein Patent für so genannte Horizontal-Bohrsysteme, mit denen Löcher zur Kabelverlegung gebohrt werden können, ohne dass die Oberfläche aufgegraben werden muss. Innerhalb weniger Jahre gelang es Schmider und Kleiser, ein komplexes Firmen-Imperium aufzubauen, zu dem neben einer Beteiligungsgesellschaft mit zahlreichen Tochterunternehmen auch scheinbar unabhängige Strohfirmen gehörten. Prunkstück des etwa 90 Unternehmen umfassenden Geflechts war die Flowtex Technologie GmbH, die mit Horizontalbohr-Systemen handelte. Flowtex griff dabei auf die Unterstützung von Banken und Leasingunternehmen zurück, die zahlreiche Geschäfte finanzierten.

Im Jahr 1990 kamen Schmider und Kleiser offenbar erstmals auf die Idee, dem Unternehmerglück mit unerlaubten Mitteln etwas nachzuhelfen. Dazu ließen sie die Flowtex nicht existierende Horizontal-Bohrsysteme von der Strohfirma KSK kaufen, um sie Partnerunternehmen zur Nutzung zur Verfügung zu stellen. Zur Finanzierung griffen die beiden Manager wiederum auf diverse Banken und Leasingunternehmen zurück, die nicht ahnten, dass in Wirklichkeit nur Luft gehandelt wurde. Während die KSK-Einnahmen wieder an die Flowtex-Chefs zurückflossen, konnten diese die Finanzierungsgelder erst einmal als zusätzliche liquide Mittel verbuchen. Um die Leasingraten bezahlen zu können, inszenierten Schmider und Kleiser einfach neue Horizontalbohr-Deals – ein weiteres wunderbares Schneeballsystem war erfunden.

Mangelnde Gründlichkeit kann man den beiden Managern sicherlich nicht vorwerfen: Insgesamt soll Flowtex bis zum Auffliegen des Schwindels mit 3142 nicht existierenden Maschinen zum Stückpreis von einer halben bis einer Million Euro gehandelt haben. Dem standen gerade einmal 270 echte Bohrsysteme gegenüber. So dreist hatten nicht einmal Baulöwe Jürgen Schneider und der Sportbodenbauer Balsam zugeschlagen. Nicht weniger als 70 Banken und 50 Leasingfirmen ließen sich zur Unterstützung der Flowtex-Transaktionen verleiten, ohne Verdacht zu schöpfen. Allein schon das Fälschen von Rechnungen, Lieferbescheinigungen und anderen Urkunden sowie das Austauschen von Typenschildern auf den Maschinen muss eine logistische Meisterleistung gewesen sein.

Offenbar benötigte vor allem Manfred Schmider die erschwindelten

Flowtex-Millionen, denn sein Lebensstil beinhaltete so ziemlich alles, was viel Geld kostete. Neben einer Wohnanlage in Miami, einer Finca auf Mallorca und einem Chalet in St. Moritz verfügte Schmider über einen Privathubschrauber, drei Düsenjets und eine 80-Meter-Jacht. Zusammen mit seiner Frau residierte er in einer Luxus-Villa mit Parkgelände in Karlsruhe. Allein die Feier zu seinem 50. Geburtstag, zu der er 500 Gäste einlud, soll über 500.000 Euro gekostet haben. Für den Herbst 2000 plante Schmider ein Sponsoring des Großen Preises von Baden, einem Galopprennen in Iffezheim. 850.000 Euro sollte der Veranstalter dafür einstreichen, womit selbst der bisherige Hauptsponsor Mercedes-Benz verdrängt wurde. Zu Schmiders bemerkenswertem Umgang mit Geld gehörten auch Parteispenden an CDU, SPD und FDP. Nicht nur deshalb suchten führende Politiker den Kontakt zum Vorzeigeunternehmer, der angeblich 4.000 Mitarbeiter beschäftigte.

Der Anfang vom Ende der Unternehmens-Herrlichkeit kam, als die Flowtex eine Anleihe über 300 Millionen Euro auf dem Kapitalmarkt platzieren wollte. Die Commerzbank und die Dresdner Bank, die die Anleihe an Investoren verkaufen sollten, standen bereits in den Startlöchern, als am 16. November 1999 bei der Staatsanwaltschaft in Mannheim eine Anzeige gegen Schmider und Kleiser einging. Diese stammte von einem Banker und ehemaligem Flowtex-Geschäftspartner, der die seltsamen Geschäfte des Unternehmens kannte. Er hatte von der bevorstehenden Anleihe gehört und wollte nun vermeiden, dass auch Kleinanleger in die Flowtex-Machenschaften hineingezogen wurden. In letzter Minute zogen die Banken die Anleihe zurück. Anstatt weitere 300 Millionen Euro zu kassieren, sahen sich Schmider und Kleiser erst einmal staatsanwaltlichen Ermittlungen ausgesetzt. Die Sache gelangte nun an die Öffentlichkeit, der Skandal war perfekt. Im Februar 2000 wurden Schmider und Kleiser verhaftet.

Es dauerte mehrere Monate, bis das Ausmaß des Flowtex-Fiaskos halbwegs zu überblicken war. War anfangs noch von 870 Millionen Euro Schaden die Rede, so wuchs der Betrag im Laufe der Zeit auf 1,3 Milliarden, dann auf 1,5 Milliarden und schließlich auf 2 Milliarden Euro. Nach einem kollektiven Tiefschlaf der Beteiligten begannen nach Bekanntwerden des Skandals die Schuldzuweisungen. Die Banken und Leasingfirmen hatten sich nicht zuletzt auf Testate der Wirtschaftsprüfungsgesellschaft KPMG und auf ein Rating von Standard & Poor's verlassen. Standard & Poor's wiederum verwies ebenfalls auf Wirtschaftsprüfungen, auf die man sich gestützt habe. Die KPMG wollte jedoch nicht den Sündenbock spielen: „Wir sind Wirtschaftsprüfer, keine Kriminalbeamten", verteidigte ein Sprecher des Unternehmens die ausgestellten Testate und fügte hinzu: „Bei perfekt getarnten Betrugshandlungen stoßen wir an die Grenzen unseres Könnens." Auch das Finanzministerium und die Staatsanwaltschaft hatten sich blamiert: Bereits 1996 war eine Anzeige gegen die Flowtex eingegangen. Die ermittelnden Beamten waren jedoch bei ihren Besichtigungen wiederum Schmider auf den Leim gegangen, der seine wenigen tatsächlich existierenden Maschinen von einer Baustelle zur nächsten karren ließ. Bei einer Betriebsprüfung aufgedeckte Unregelmäßigkeiten waren nach einer Steuernachzahlung von 55 Millionen Mark bereinigt. Dabei hätte es für Geldgeber, Wirtschaftsprüfer und Finanzbeamten vermutlich genügt, einmal bei der Flowtex-Konkurrenz nachzufragen: „Wir und unsere Mitbewerber setzen im Jahr in Europa ungefähr 400 Geräte ab", berichtete Walter Schäfer vom Flowtex-Konkurrenten Ricona Helmut Mataré in der SWR-Fernsehsendung Saldo. „Hätten die Banken uns gefragt oder auch einen Mitbewerber gefragt, die Antwort wäre, denke ich, überall die gleiche gewesen: Dass wir diese Zahl für völlig utopisch halten." Als eine der wenigen Beteiligten hatte die Hypovereinsbank, die eine Beteiligung an der 300-Millionen-Anleihe ablehnte, Verdacht geschöpft: „So viele Löcher können die gar nicht bohren, um diesen Gewinn aufzuweisen", wird ein Bankeninsider im *Focus* zitiert.

Die Zukunft von Flowtex, das wie mehrere andere Unternehmen des Konzerns einen Insolvenzantrag stellen musste, war bei Redaktionsschluss dieses Buchs noch genau so ungewiss wie der Ausgang des Prozesses gegen Schmider und Kleiser. Dieser begann im Frühjahr 2001, die Anklage lautete auf Betrug. Zur allgemeinen Überraschung legte Schmider im September 2001 ein umfassendes Geständnis ab und bekannte dabei: „Ich trage die Hauptverantwortung vor allen anderen." Gleichzeitig schloss der reumütige Angeklagte Banken, Politiker und nahezu alle anderen Beteiligten von einer Mitschuld aus. „Wer damit rechnen muss, für mehr als zehn Jahre hinter Gefängnismauern zu verschwinden, kann sich Kapriolen auch kaum leisten", kommentierte der *Schwarzwälder Bote* diesen ungewöhnlichen, aber taktisch sicherlich nicht unklugen Schritt Schmiders.

Nebenbei musste sich dann auch noch die KPMG mit einer Schadenersatzklage der geprellten Banken und Leasingunternehmen in Milliardenhöhe herumschlagen. Für einen weiteren medienwirksamen Höhepunkt des Flowtex-Skandals sorgte schließlich noch Schmiders jüngerer Bruder Matthias, der 43 Millionen Euro aus dem Flowtex-Vermögen abgezweigt haben soll. Matthias Schmider, der sich ins Ausland abgesetzt hatte, wurde mit internationalem Haftbefehl gesucht. Im März 2001 wurde er am Flughafen Schiphol in Amsterdam verhaftet.

# Flügellahmes Nationalheiligtum

## Das Swissair-Desaster

| Ort: | Zürich |
|---|---|
| Zeit: | 2001 |
| Vernichtete Summe: | über 10 Milliarden Franken |
| Geschädigte: | Swissair |
| Grund: | Missmanagement, Pech |

Nie zuvor wurden die selbstbewussten Schweizer so tief gedemütigt", schrieb *Der Spiegel* im Oktober 2001. Anlass für diese Einschätzung war die Zahlungsunfähigkeit der Schweizer Fluggesellschaft Swissair, die in der gesamten Wirtschaftswelt hohe Wellen schlug. Dabei hatte die viertgrößte Fluggesellschaft Europas bis dahin als Symbol für die Schweizer Zuverlässigkeit und Beständigkeit gegolten. Der Spiegel sprach von der Swissair gar als „Nationalheiligtum wie das Matterhorn oder Lindt & Sprüngli". Nun aber musste man bei der eidgenössischen Fluglinie eingestehen, dass eine falsche Unternehmensstrategie zum größ- ten wirtschaftlichen Flop in der Geschichte des Landes geführt hatte. Missmanagement und Pech kamen dabei als Gründe für das Debakel zusammen.

Als wichtigste Ursache für die Swissair-Krise gilt die Expansionsstrategie, die die Unternehmensleitung in den 90er Jahren verfolgte. Die Swissair kaufte sich nicht nur bei der belgischen Fluggesellschaft Sabena, bei der portugiesischen TAP und der deutschen LTU ein, sondern betrieb auch Catering-Unternehmen, Hotels und eine Ladenkette. So konnte das Unternehmen auf dem kriselnden Luftfahrtmarkt ein überdurchschnittliches Wachstum an den Tag legen und etablierte sich dabei hinter der Lufthansa, British Airways und Air France als Nummer vier in Europa. Doch der Preis für dieses Wachstum war hoch: Die Swissair häufte Schulden im zweistelligen Milliardenbereich an, die sich mit den wirtschaftlich keineswegs gesunden Zukäufen nur schwer abtragen ließen.

Bis zum 11. September 2001 konnte sich die Swissair trotz der längst bedenklich gewordenen Lage noch auf den Beinen halten. Doch dann kamen die Terroranschläge auf das World Trade Center und das Pentagon und stürzten die gesamte Welt in eine wirtschaftliche Krise. Zu den Unternehmen, die am meisten unter der Katastrophe zu leiden hatten, gehörten die Fluggesellschaften. Diese waren nicht nur von der allgemeinen Rezession betroffen, die natürlich auch die Zahl der gebuchten Flüge nach unten drückte. Zusätzlich mussten sich die Fluglinien auch mit einem erheblichen Umsatzausfall in den Tagen nach den Anschlägen, mit gestiegenen Versicherungsprämien und mit neuen, teuren Sicherheitsanforderungen herumschlagen.

Während beispielsweise die wirtschaftlich gesunde Lufthansa noch einigermaßen mit den verschärften Bedingungen zurecht kam, kämpfte die Swissair nach den verhängnisvollen Terroranschlägen ums Überleben. Noch bevor ein Sanierungsplan umgesetzt werden konnte, der einen Neuanfang unter Federführung der gesunden Swissair-Tochter Crossair vorsah, waren die gesamten liquiden Mittel des Unternehmens aufgebraucht. Anfang Oktober mussten die Flugzeuge mit der Schweizer Flagge auf der Heckflosse erst einmal für einige Tage am Boden bleiben, da das Geld für die Aufrechterhaltung des Flugbetriebs fehlte. Tausende von Swissair-Kunden saßen daraufhin auf den Flughäfen der Welt fest und mussten einen Ersatz für ihre gestrichenen Flüge suchen. Die Schweizer Regierung stellte nun eine halbe Milliarde Franken zur Verfügung, um dem sofortigen Kollaps der flügellahmen Airline zu vermeiden.

In der Zwischenzeit verhandelten Vertreter der Schweizer Regierung, der Kantone und der Wirtschaft fieberhaft über eine Swissair-Rettungsaktion. 4,24 Milliarden Franken, so berechnete das Schweizer Finanzministerium, wurden für einen Neuanfang benötigt, wobei eine Neuordnung unter wesentlicher Beteiligung der Crossair durchgeführt werden sollte. Am 22. Oktober 2001 vermeldeten die Verhandlungsteilnehmer schließlich das erfolgreiche Ende des Beratungsmarathons: Verschiedene Unternehmen sagten zu, zwei Drittel der benötigten 4,24 Milliarden aufzubringen, während die öffentliche Hand das restliche Drittel übernahm.

Mit seiner Milliardenunterstützung hatte der Schweizer Staat etwa das Sechsfache der Summe beigesteuert, die gut zwei Jahre zuvor der deutsche Bundeskanzler Gerhard Schröder zur Rettung von Holzmann eingebracht hatte. Ähnlich wie Schröder, so bekam auch die Schweizer Regierung nun Ärger mit der EU-Kommission, die in der Rettungsaktion eine Verzerrung des Wettbewerbs sah. Als Nicht-EU-Mitglied musste die Schweiz zwar kein EU-Recht fürchten, es gab jedoch ein Abkommen, das die Schweiz in das europäische Wettbewerbsrecht einband.

Welchen Erfolg die Neuordnung der Swissair letztendlich hatte, war bei Redaktionsschluss des Buchs noch längst nicht abzusehen. Zweifellos bildeten die über 4 Milliarden Franken, die dem Unternehmen jetzt zur Verfügung standen, eine solide Ausgangsposition für einen neuen Anlauf. Der Schweizer Bundespräsident Moritz Leuenberger sprach jedoch für viele, als er sagte: „Anlass für riesige Euphorie haben wir nicht."

# 3

# Flops
# aus Bau und
# Technik

# Ein Mann, ein Plan, ein Kanal

## De Lesseps und der Panamakanal

| | |
|---|---|
| **Ort:** | Frankreich, Panama |
| **Zeit:** | 1880 bis 1899 |
| **Vernichtete Summe:** | 1,5 Milliarden Francs |
| **Geschädigte:** | Compagnie Universelle du Canal Interoceanique, Aktionäre |
| **Grund:** | Selbstüberschätzung |

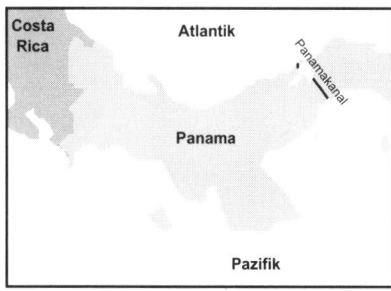

**Der Panamakanal wurde von den USA gebaut. Davor waren die Franzosen kläglich gescheitert.**

Ferdinand de Lesseps hatte in seinem Leben schon einiges geleistet. Der 1806 geborene Franzose hatte als Diplomat Ägypten bereist und war dort auf die Idee gekommen, einen Kanal zwischen dem Mittelmeer und dem Roten Meer zu bauen. Der Vorteil einer solchen Wasserstraße lag auf der Hand: Sie würde den Seeweg zwischen den Ländern im Indischen Ozean und Europa um etwa 20.000 Kilometer verkürzen, da der lange Weg um Afrika wegfiele. 1858 gründete de Lesseps ein Unternehmen, das den Bau des Kanals (des Suezkanals) in Angriff nahm. Bereits neun Jahre später konnte sich der ehrgeizige Franzose über die Einweihung des ambitionierten Bauwerks freuen. Durch diese Glanztat wurde de Lesseps in Frankreich zum Star, der „Held von Suez" wurde mit Ehrungen geradezu überhäuft.

Mit seinen über 60 Jahren hätte sich de Lesseps nun eigentlich zur Ruhe setzen können, um den Lebensabend zusammen mit seiner 42 Jahre jüngeren Frau zu genießen. Doch an den Ruhestand dachte der Workaholic nicht. Stattdessen faszinierte ihn der Bau einer weiteren Wasserstraße, deren Existenzberechtigung bereits bei einem Blick auf die Weltkarte ersichtlich ist: Er wollte in Mittelamerika einen Kanal zwischen dem Atlantik und dem Pazifik bauen. Neu war diese Idee nicht. Bereits im 16. Jahrhundert hatte der deutsche Kaiser Karl V., damals auch König von Spanien, den Bau einer solchen Wasserstraße prüfen lassen. Doch erst mit der Besiedelung der US-Ostküste Mitte des 19. Jahrhunderts wurde ein solches Projekt wirklich interessant. Insbesondere die legendären Goldfunde in Kalifornien 1848 ließen den Waren- und Personenverkehr in den Westen der USA in der Folgezeit rapide ansteigen. Der Schiffsweg zur Westküste führte damals jedoch um Kap Hoorn. Ein Mittelamerikakanal versprach somit eine Abkürzung, die eine Umrundung Südamerikas unnötig machte.

Obwohl die USA das größte Interesse am Bau eines Mittelamerikakanals hatten, zögerte man dort zunächst noch aufgrund der beim Bau zu erwartenden Schwierigkeiten. Da sah de Lesseps seine Chance. Er berief 1876 in Paris ein Komitee ein, das den Kanalbau vorbereiten sollte. Später gründete er die Kanalbau-Gesellschaft Compagnie Universelle du Canal Interoceanique, die sich fortan um das Projekt kümmerte. 1879 fand in Paris ein Kongress statt, auf dem internationale Experten den Kanalbau diskutierten. Dabei gab vor allem die genaue Lage des Kanals Anlass zu Diskussionen. Schon die US-amerikanischen Kanal-Planer hatten festgestellt, dass es über ein Dutzend Möglichkeiten für den Verlauf des Kanals gab, und hatten sich für eine Route durch Nicaragua entschieden. De Lesseps favorisierte jedoch eine kürzere, dafür baulich anspruchsvollere Variante, die durch Panama verlief. Dabei wollte er – auch das war umstritten – ohne Schleusen auskommen. In einer Abstimmung konnte de Lesseps schließlich eine knappe Mehrheit der Kongressteilnehmer hinter sich bringen. Unter denen, die zustimmten, war kein einziger Ingenieur, die Vorbehalte der Techniker wurden also übergangen.

Nun musste sich de Lesseps erst einmal um die Finanzierung kümmern. Zu diesem Zweck veranstaltete er eine Roadshow quer durch Frankreich, um für den Kauf von Kanalbau-Aktien zu werben. Der nach wie vor äußerst populäre de Lesseps hoffte, dass sein Name genug Geldgeber anlocken würde. Auf die Unterstützung von Banken verzichtete de Lesseps dagegen, auch die Presse erhielt von ihm kein Geld für eine positive Berichterstattung. Die Folge war eine negative Stimmung gegen de Lesseps Pläne. Die Presse warnte vor drohenden technischen Problemen und berichtete über unerträgliche klimatische Bedingungen und Seuchen in Panama. Auch die Banken rieten von einer Investition in den Kanalbau ab, zumal de Lesseps in den Augen vieler längst zu alt war. So kam es, dass der Verkauf von Aktien gerade einmal 30 Millionen Francs einbrachte, nachdem die Kanalplaner mit 400 Millionen kalkuliert hatten. De Lesseps trat nun die Flucht nach vorne an: Er reiste mit seiner Frau und drei seiner Kinder nach Panama, um das Gerücht über Seuchen und das schlechte Klima zu widerlegen. Als die fünfköpfige Reisegruppe nach vier Wochen Panama unbeschadet wieder nach Frankreich zurück kam und obendrein von angenehmem Wetter berichten konnte, hatte de Lesseps seinen PR-Erfolg erreicht. Beim zweiten Versuch konnte die Kanalbau-Gesellschaft somit genügend Geld eintreiben: Die ausgegebenen Aktien, dieses Mal im Gesamtwert von 300 Millionen Francs, waren sogar überzeichnet.

1880 – de Lesseps war inzwischen 74 Jahre alt – begannen die Arbeiten am Kanal. Doch das Projekt stand von Anfang an unter einem schlechten Stern. So erwies sich das Vorhaben, den gesamten Kanal auf Meereshöhe (und damit ohne Schleusen) zu bauen, als Fehlentscheidung. Dieses Prinzip hatte zwar in Ägypten problemlos funktioniert, in Panama machte jedoch die dortige Geografie de Lesseps einen Strich durch die Rechnung. Vor allem die über 100 Meter hohe Culebra-Bergformation in der Mitte Panamas, in die ein tiefer Graben gesprengt werden musste, machte de Lesseps' Mitarbeiter zu schaffen. Die Dampfbagger, die sich beim Suezkanalbau erfolgreich durch den Wüstenboden gefressen hatten, kamen im Vulkangestein Panamas nur schwer voran. Mit Beginn der Regenzeit – de Lesseps' Besuch hatte in der Trockenzeit stattgefunden – zeigte sich dann, dass die Befürchtungen bezüglich Klima und Seuchen nur allzu berechtigt waren. Der ausgehobene Kanalgraben füllte sich durch den Regen mit Wasser und verwandelte die Kanalbaustelle in eine Sumpflandschaft. Immer wieder hatten die Kanalbauer mit Erdrutschen zu kämpfen, die die bereits erledigte Arbeit zunichte machten und obendrein Mitarbeiter und Maschinen gefährdeten. Als noch schlimmer erwiesen sich Seuchen, die in der Regenzeit von Mücken übertragen wurden. Von den hauptsächlich aus der Karibik stammenden Arbeitern sollen zwischen 10.000 und 20.000 an Malaria und Gelbfieber gestorben sein.

1885 gab de Lesseps den Plan eines Kanals auf Meeresebene schließlich auf und nahm den Bau von Schleusen in sein Konzept auf. Anschließend kehrte er nach Frankreich zurück, um neue Gelder für seine inzwischen nahezu leeren Kassen aufzutreiben. Dieses Mal wollte er es mit dem Verkauf von Anleihen und Lotterielosen versuchen. Dazu brauchte er jedoch die Genehmigung der Obrigkeit, die von den katastrophalen Zuständen in Panama inzwischen Wind bekommen hatte. Mit umfangreichen Bestechungsgeldern erhielt de Lesseps die gewünschte Erlaubnis, weitere Zahlungen leistete er an die Presse, damit die Öffentlichkeit nicht die volle Wahrheit erfuhr. So konnte er noch einmal 100 Millionen Francs auftreiben und die Arbeiten in Panama aufrecht erhalten. Doch als 1889 erneut das Geld zur Neige ging, fand de Lesseps keine Unterstützung mehr. Die Arbeiten am Panamakanal wurden abgebrochen, die Kanal-Gesellschaft wurde liquidiert.

Mit dem vorläufigen Ende des Kanalbaus war der Skandal perfekt. Die französische Regierung setzte einen Untersuchungsausschuss ein, der nun auch die Schmiergeldzahlungen de Lesseps ans Licht brachte. Nicht weniger als 150 hochrangige Staatsdiener und fast jede größere Zeitung hatten sich von de Lesseps bestechen lassen. Daraufhin begann eine Prozessflut, in deren Verlauf sich auch de Lesseps und sein Sohn vor Gericht verantworten mussten. Beide wurden 1894 zu einer je fünfjährigen Gefängnisstrafe verurteilt, die sie jedoch nicht absitzen mussten. De Lesseps starb kurz nach der Verurteilung, sein Sohn floh vorübergehend nach England und konnte sich später durch entsprechende Zahlungen vor der Haft retten. 1894 war zudem die Liquidierung der Kanalbau-Gesellschaft beendet, und eine neue wurde gegründet. Diese legte einen neuen Bauplan vor, der ein umfangreiches Schleusensystem vorsah. Doch auch der neuen Gesellschaft war kein Glück beschieden. Bereits 1898 hatte sie die Hälfte ihres Kapitals ausgegeben. 1899 bot sie den USA den halbfertigen Kanal zum Kauf an. Als 1903 der Kaufvertrag unterschrieben wurde, hatte man in Frankreich 1,5 Milliarden Francs in den Sand gesetzt. Der Kaufpreis betrug jedoch nur 40 Millionen Dollar. Die Amerikaner hatten mehr Glück beim weiteren Bau des Kanals. Durch den Schaden der Franzosen klug geworden, schafften sie es, das Bauwerk 1914 fertig zu stellen. Die Baukosten betrugen 336 Millionen Dollar. So erhielten die Amerikaner eine einzigartige Wasserstraße, während sich die Franzosen mit einem – zugegebenermaßen sehr eleganten – Palindrom zufrieden geben mussten: „A man, a plan, a canal: Panama."

# Mit Überschallgeschwindigkeit in die roten Zahlen

## Die unrentable Concorde

| Ort: | Frankreich, Großbritannien |
|------|---------------------------|
| Zeit: | 1963 bis 2000 |
| Vernichtete Summe: | Mehrere Milliarden Pfund |
| Geschädigte: | Steuerzahler in Frankreich und Großbritannien |
| Grund: | Selbstüberschätzung |

Der Absturz eines französischen Passagierflugzeugs vom Typ Concorde, bei dem am 25. Juli 2000 114 Menschen starben, war zweifellos eine menschliche Tragödie. Weitaus weniger tragisch, dafür nicht weniger heftig war bereits zuvor der wirtschaftliche Absturz der Concorde ausgefallen. Dieser hatte bis zu jenem schicksalhaften Tag im Juli 2000 schon so manche Milliarde gekostet.

Begonnen hatte die Geschichte der Concorde bereits im Jahr 1956. Den größten Anteil an ihrer Entstehung hatte der Waliser Morien Morgan, der zunächst im britischen Royal Aircraft Establishment aktiv war und später in das britische Luftfahrtministerium wechselte. Morgan konnte seine Regierung und einige Vertreter der britischen Luftfahrtindustrie davon überzeugen, dass es sich lohnte, den Bau eines Überschall-Passagierflugzeugs einmal näher zu betrachten. Damals flogen alle Passagierjets deutlich langsamer als der Schall, der sich mit etwa 1200 Kilometern pro Stunde fortbewegt. Mit dem Bau des Superjets, der später „Concorde" getauft wurde, wollten die Briten in der Flugzeugtechnologie zu den USA aufschließen, die mit Unternehmen wie Boeing und Douglas den Markt fast nach Belieben dominierten.

Um das ambitionierte Projekt voranzutreiben, wurde 1956 im englischen Farnborough das Supersonic Transport Aircraft Committee (STAC) gegründet, das mit Vertretern von Regierung und Wirtschaft besetzt war. Eine wichtige Rolle im STAC spielte übrigens der deutsche Techniker Dietrich Kuchemann, dessen Dienste sich die Briten nach dem Zweiten Weltkrieg gesichert hatten. Kuchemanns Studien machten deutlich, dass ein Überschall-Passagierjet machbar war. 1959 legte die STAC dem britischen Luftfahrtministerium einen Bericht vor, in dem der Bau der Concorde empfohlen wurde. Begleitet wurde die Studie von einem euphorischen Brief Morgans, der nun seine große Chance sah. Die STAC-Studie schätze die Entwicklungskosten auf zwischen 59 und 95 Millionen britische Pfund. Bis zum Jahr 1970 sollten gemäß der Studie 150 bis 500 Exemplare der Concorde verkauft werden. Kuchemann erzählte Jahre später, dass diese Zahlen schon damals niemand ernsthaft geglaubt hatte. Um das Projekt innerhalb der Politik durchzudrücken, nahmen es die Concorde-Planer mit der Wahrheit jedoch nicht so genau.

Auf Basis der STAC-Studie ließ sich das britische Luftfahrtministerium vom Sinn des Concorde-Projekts überzeugen, wollte die hohen Kosten aber nicht alleine tragen. Luftfahrtminister Duncan Sandys fragte daher die Regierungen von Italien, Deutschland und Frankreich, ob sie an einem gemeinsamen Vorgehen Interesse hätten. In Bonn und Rom winkte man ab, doch die französische Regierung war interessiert. Sandys' Nachfolger Peter Thorneycroft versuchte dann später noch, die USA statt Frankreich als Concorde-Partner zu gewinnen, doch auch in den Vereinigten Staaten konnte sich niemand für das riskante Projekt erwärmen. So wurde aus dem Plan für ein Überschallflugzeug Anfang der 60er Jahre ein britisch-französisches Gemeinschaftsprojekt, das Unternehmen aus den beiden Ländern mit Leben füllen sollten. Damit begann dann auch ein wirtschaftliches Desaster erster Güte, das der Concorde einen Ehrenplatz in diesem Buch sicherte.

Bereits 1963 war die gesamte Finanzplanung Makulatur. Nachdem Techniker festgestellt hatten, dass die Concorde bei Festhalten an der aktuellen Planung nicht einmal über den Atlantik kommen würde, wurden Nachbesserungen notwendig. Nun wurden die geschätzten Kosten von maximal 95 auf 275 Millionen Pfund erhöht. 1966 legten die Concorde-Planer noch einmal nach und sprachen von 450 Millionen. 1969 waren es dann 730 Millionen. Als die Concorde-Entwicklung 1975 schließlich zum Abschluss kam, waren über 1,1 Milliarden Pfund verschlungen – etwa das 15-fache der Schätzung aus dem STAC-Report. Während die Kosten in die Höhe schnellten, mussten sich die Concorde-Planer auch von einigen anderen Illusionen verabschieden. So bot der Edeljet statt 150 schließlich nur gut 100 Passagieren Platz. Schlimmer wog noch die Tatsache, dass die Concorde im Unterhalt etwa dreimal so teuer war wie ein anderes Flugzeug gleicher Größe – ursprünglich sollten die Kosten etwa vergleichbar sein. Diese unvorteilhaften Eigenschaften sorgten dafür, dass der wirtschaftliche Flop der Concorde erst nach deren Fertigstellung sein wahres Ausmaß erreichte. Denn außer Air France und British Airways, die aus politischen Gründen Concordes in ihre Flotte aufnehmen mussten, wollte keine Fluggesellschaft der Welt den teuren Edeljet haben. Anstatt – wie geplant – einige hundert Exemplare verkauften sich von der Concorde schließlich nur ganze 14 Stück. Je die Hälfte davon gingen an die beiden staatlichen Fluggesellschaften in Großbritannien und Frankreich, wobei der Preis einem Geschenk gleichkam.

Auch Air France und British Airways, die 1976 den kommerziellen Flugbetrieb mit der Concorde aufnahmen, schrieben mit dem neuen Jet zunächst rote Zahlen. Concorde-Verbindungen nach Bahrain, Rio de Janeiro, Washington und zu anderen Zielen mussten mangels Rentabilität eingestellt werden, lediglich die Strecken Paris-New York und London-New York blieben auf dem Flugplan. Nur schleppend gelang es British Airways und Air France, ihre Concorde-Flüge in bescheidenem Maße profitabel zu machen. Im Grunde war diese Rechnung zwar Augenwischerei, da nur die niedrigen Anschaffungspreise zum Gewinn geführt hatten, aber immerhin gab es so einmal etwas aus finanzieller Sicht Positives über die Concorde zu vermelden.

Während sich die Concorde zum Milliardengrab entwickelte, konnten sich zunächst wenigstens die Techniker unter den Concorde-Verantwortlichen freuen. Der neue Edeljet wurde in Luftfahrtkreisen euphorisch aufgenommen, die Technik in den höchsten Tönen gelobt. Insbesondere die ästhetische Form der Concorde fand viele Anhänger. Doch nur die wenigsten Concorde-Fans konnten sich einen Flug in ihrem Lieblingsflugzeug leisten, denn für einmal Europa-USA und zurück musste ein Passagier immerhin fast 10.000 Euro berappen. So fanden sich Concorde-Flieger fast ausschließlich unter Wirtschaftsmanagern, Show-Stars und sonstigen Millionären.

Am 25. Juli 2000 verlor dann jedoch auch die scheinbar überragende Technik der Concorde ihre Unschuld. Beim Start in Paris zerfetzte ein auf der Startbahn liegendes Metallstück einen Reifen des Jets. Herumfliegende Reifenteile schlugen daraufhin Löcher in den riesigen Concorde-Tank und setzten damit Kerosin frei, das sofort Feuer fing. Lichterloh brennend schlug das Flugzeug in ein Gebäude ein, insgesamt starben 114 Menschen. Unter den Toten waren 97 Deutsche, die sich auf dem Weg zu einer in New York beginnenden Kreuzfahrt befanden. Vor allem die leichte Verwundbarkeit der Concorde – das Metallstück war gerade einmal 43 Zentimeter lang – überraschte viele Experten. Sofort wurden alle Concorde-Flüge gestoppt. „Der Edeljet bleibt wohl für immer am Boden", mutmaßte die Zeitschrift *Focus*. Doch das Nachrichtenmagazin irrte vermutlich. Ein Jahr nach der Katastrophe stand die Concorde wieder vor der Aufnahme ihres Betriebs.

# Das dümmste Projekt seit dem Turmbau zu Babel

## Der Rhein-Main-Donau-Kanal

| | |
|---|---|
| **Ort:** | Deutschland |
| **Zeit:** | 1992 |
| **Vernichtete Summe:** | unbekannt |
| **Geschädigte:** | Steuerzahler |
| **Grund:** | Falsche Einschätzung der Lage |

Deutschland

Eine der längsten Wasserstraßen der Welt verbindet den Westen Europas mit dem Osten. Wen interessiert es schon bei so viel Symbolik, dass der Rhein-Main-Donau-Kanal ein wirtschaftlicher Flop ist?

Die Geografie Mitteleuropas wird durch zwei Flüsse geprägt. Zum einen vom Rhein, der bekanntlich in die Nordsee mündet, und zum anderen von der Donau, die in das Schwarze Meer fließt. Schon ein Blick auf die Landkarte verrät, dass durch die Verbindung der beiden Ströme in Form eines Kanals eine der längsten Wasserstraßen der Welt entsteht, die sich über 3500 Kilometer von Rumänien bis in die Niederlande erstreckt. Die Landkarte verrät auch die günstigste Lage für einen solchen Kanal: Nirgendwo kommen sich schiffbare Teile der beiden Flusssysteme so nahe wie im deutschen Bundesland Bayern, wo der Abstand zwischen der Donau und dem Rhein-Nebenfluss Main nur gut 130 Kilometer beträgt.

Die Idee, an besagter Stelle einen Kanal zu bauen, ist nicht gerade neu. Schon Karl der Große soll im 9. Jahrhundert entsprechende Pläne gehegt haben. Zu einer ersten Ausführung dieses Gedankens kam es jedoch erst 1846, als nach neunjähriger Bauzeit der Ludwig-Donau-Kanal eröffnet wurde. Dieser erwies sich allerdings für die Schifffahrt des 20. Jahrhunderts als zu klein und wurde zudem im Zweiten Weltkrieg stark beschädigt. Bereits 1921 gab es Pläne für einen kompletten Neubau des Kanals, die jedoch erst nach dem Krieg konkrete Formen annahmen. 1972 begannen schließlich die Arbeiten an der künstlichen Wasserstraße, die über 171 Kilometer Bamberg am Main mit Kelheim an der Donau verbinden sollte. An der Finanzierung dieses Projekts, das den Namen Rhein-Main-Donau-Kanal erhielt, beteiligte sich neben dem Land Bayern auch der Bund.

Kleiner Schönheitsfehler: Einen wirtschaftlichen Gewinn erbrachte der Rhein-Main-Donau-Kanal selbst bei kreativster Rechenakrobatik nicht. FDP-Verkehrsexperte Klaus-Jürgen Hoffie sah in der prestigeträchtigen Wasserstraße gleich drei Milliardenströme versickern: Zum ersten schlugen die Baukosten mit über vier Milliarden Mark zu Buche, zum zweiten waren Einbußen für die deutsche Rheinschifffahrt durch billige Ost-Konkurrenz zu erwarten und zum dritten schadete der Kanal der Deutschen Bundesbahn. Unterstützung erhielten Kanalgegner von Umweltschützern, die wegen einer erheblichen Beeinträchtigung des Altmühltals – einer einzigartigen Flusslandschaft nahe der Donau – gegen das Projekt Sturm liefen. Noch überzeugender als jedes Plädoyer gegen den Rhein-Main-Donau-Kanal wirkten die Worte von SPD-Verkehrsminister Volker Hauff, die längst zu den Top-Ten-Zitaten der Wirtschaftsgeschichte gehören. Hauff sprach vom „dümmsten Projekt seit dem Turmbau zu Babel".

1981 konnten die zahlreichen Kanalgegner erst einmal jubeln, als die SPD/FDP-Regierung den Geldhahn für das umstrittene Projekt zudrehte. Doch bereits im Jahr danach wandte sich das Blatt, als die neue Regie-

rung unter CDU-Kanzler Helmut Kohl den Unions-Freunden in Bayern
ihr Prestige-Projekt nicht vermiesen wollte. Weil aber selbst der bayerische Oberste Rechnungshof keinen wirtschaftlichen Nutzen im Rhein-
Main-Donau-Kanal erkennen konnte, argumentierte man in Bayern lieber mit der historischen Dimension des Jahrhundertprojekts und erhob
dieses zum „Glaubensbekenntnis zur Zukunft des eigenen Volkes" (Mi-
nisterpräsident Alfons Goppel).

Die Vollendung des Rhein-Main-Donau-Kanals war nun nicht mehr
zu stoppen. Am 25. September 1992 ging das umstrittene Objekt
schließlich in Betrieb, die Wasserstraße quer durch Europa war perfekt.
Mit 4,7 Milliarden Mark hielten sich die Baukosten zwar im Rahmen des
Erwarteten, doch von einem rentablen Verkehrsweg kann bis heute keine
Rede sein. Das Frachtaufkommen, das 1972 einmal auf jährlich 20 Millionen Tonnen geschätzt worden war, hat sich inzwischen bei etwa 6 Millionen Tonnen eingependelt. Schleusenanlagen, die nur ein Schiff auf einmal abfertigen können, und zu niedrige Brücken haben dafür gesorgt,
dass der Kanal inzwischen schon wieder als veraltet gilt. Als positive Entwicklung betrachten die Betreiber dagegen den hohen Anteil an Passa-
gierschiffen, die den Rhein-Main-Donau-Kanal passieren. Auch Sport-
boot-Kapitäne haben die neue Wasserstraße längst entdeckt. Kanal-Geg-
ner sahen sich angesichts dessen nur bestätigt: „Weil der Güterschiffver-
kehr offenkundig eine untergeordnete Rolle spielt, kann der Kanal für
Sportveranstaltungen streckenweise sogar für mehrere Tage gesperrt
werden", spottete ein Naturschützer.

Zu den Gewinnern des Kanalbaus zählt dagegen überraschender-
weise die Tourismusbranche in der Umgebung des Rhein-Main-Donau-
Kanals. Vor allem das ökologisch arg gebeutelte Altmühltal erreichte
durch den Kanalbau einen ungeahnten Bekanntheitsgrad und kann sich
seitdem vor Besuchern kaum noch retten. Auf eine ganz andere Art pro-
fitierte dagegen die Spezies des Donau-Flohkrebs von der neuen Wasserstraße: Exemplare dieser Tierart wurden inzwischen auch im Rhein und
seinen Nebenflüssen ansässig.

# Einsatz in Mainhattan

## Der nicht gebaute Campanile

| Ort: | Frankfurt am Main |
|---|---|
| Zeit: | 1989 |
| Vernichtete Summe: | Mehrere zehn Millionen Mark |
| Geschädigte: | Fay KG, Roland Ernst |
| Grund: | Pech |

Hannelore Kraus wäre über Nacht Millionärin geworden, wenn sie dem Bau eines Wolkenkratzers zugestimmt hätte. Sie lehnte ab, und das Projekt kam nie zustande.

Nehmen wir einmal an, jemand würde Ihnen vier Millionen Euro bieten und dafür nur das Einverständnis verlangen, dass in Ihrer Nachbarschaft ein Wolkenkratzer gebaut wird. Würden Sie dieses Angebot, über Nacht Multimillionär zu werden, ausschlagen? Hannelore Kraus, Bewohnerin des Frankfurter Gutleutviertels, hatte 1989 ein solches Angebot vorliegen. Sie verzichtete und bescherte den Bauherren damit einen wirtschaftlichen Flop erster Güte.

Ort des Geschehens war und ist bis heute Frankfurt am Main. Das Zentrum der hessischen Metropole ist bekanntlich mit einigen beeindruckenden Wolkenkratzern ausgestattet, die der Stadt den Beinamen „Mainhattan" eingebracht haben. Insbesondere haben sich verschiedene Banken in Frankfurt mit monumentalen Gebäuden ein Denkmal gesetzt. Mitte der 80er Jahre planten die Mannheimer Firma Fay und der Heidelberger Immobilien-Tycoon Roland Ernst, die Frankfurter Skyline um einen besonders spektakulären Wolkenkratzer zu bereichern. Das Gebäude sollte den Namen „Campanile" (italienisch für einen frei stehenden Kirchturm) tragen und mit etwa 300 Metern Höhe der höchste Wolkenkratzer Europas werden. Der Campanile sollte gemäß den Vorstellungen von Fay und Roland Ernst als Luxus-Hotel und Bürogebäude genutzt werden. Als Standort für das außergewöhnliche Gebäude war ein Platz südlich des Frankfurter Hauptbahnhofs im Gutleutviertel vorgesehen. 1988 pachteten die Campanile-Bauherren das vorgesehene Grundstück von der Deutschen Bundesbahn.

Das Gutleutviertel, zentrumsnah zwischen Main und Hauptbahnhof gelegen, gehört nicht gerade zu den Vorzeigestadtteilen Frankfurts. Unter den etwa 6.000 Einwohnern finden sich überdurchschnittlich viele Arbeitslose und Sozialhilfe-Empfänger, der Ausländeranteil liegt bei 70 Prozent. Vor diesem Hintergrund verwundert es kaum, dass der Bau eines Wolkenkratzers im Gutleutviertel bei dessen Bewohnern auf wenig Gegenliebe stieß. Diese fürchteten, dass ihr Stadtteil nach und nach zu einem Geschäftsviertel umgewandelt werden sollte, in dem für sozial Schwache kein Platz mehr war. So machte sich schnell Unmut breit: Zu den Campanile-Gegnern zählten neben der evangelischen Kirchengemeinde Politiker von SPD und den Grünen sowie einige speziell gegründete Initiativen. Außerdem machte sich gegen das Bauprojekt eine Gutleut-Bewohnerin namens Hannelore Kraus stark. Das sollte für die Campanile-Investoren von entscheidender Wichtigkeit sein.

Gemäß dem Gesetz benötigten die Bauherren die Zustimmung der Anwohner. In der Regel war dies kein Problem, denn die meisten angehenden Campanile-Nachbarn gaben gegen einen Zuschuss in die Haushaltskasse gerne ihr Einverständnis. Bei Hannelore Kraus bissen die Wolkenkratzer-Bauer jedoch auf Granit. Für die Hausbesitzerin waren die zu erwartenden sozialen und ökologischen Folgen wichtiger als ihr Bankkonto. Die Firma Fay geriet angesichts der sturen Campanile-Gegnerin immer mehr unter Zeitdruck, denn die Bauleute standen bereits in den Startlöchern und außer Frau Kraus gab es kein Hindernis mehr. Fay erhöhte das Angebot an Hannelore Kraus mehrfach und bot schließlich sogar siebenstellige Summen. Am Ende hätte die streitbare Gutleut-Bewohnerin nicht weniger als acht Millionen Mark einstreichen können, wenn sie einfach nur zugestimmt hätte. Doch Hannelore Kraus ließ sich auch durch den Gedanken an ein Dasein als Multimillionärin nicht erweichen. Inzwischen hatten die Medien Wind von der Campanile-Debatte bekommen und berichteten über die je nach Standpunkt verrückte oder bewundernswerte Hannelore Kraus, die sich einen Millionenbetrag entgehen ließ. Bei Günther Jauch in der Talkshow „Na Siehste" bekräftigte Kraus noch einmal, dass sie dem Campanile für kein Geld der Welt zustimmen würde.

Die Firma Fay versuchte es nach der fehlgeschlagenen 8-Millionen-Offerte ohne die Zustimmung von Frau Kraus. Im Frankfurter Planungsdezernenten Hans Küppers (CDU) hatten die Campanile-Bauer einen Verbündeten. Nun wurde die Zeit jedoch erst recht knapp, denn im März 1989 fanden in Frankfurt Kommunalwahlen statt, bei denen ein Ende der CDU-Herrschaft drohte. Unmittelbar vor dem Wahltermin wies Küppers die städtische Bauaufsicht an, eine Teilgenehmigung zu erteilen. Das Campanile-Projekt schien fürs erste gerettet. Doch bei der Kommunalwahl erhielt dann tatsächlich Rot-Grün die Mehrheit. Obwohl es auch in der SPD Campanile-Befürworter gab, sprach sich die neue Regierung gegen den Wolkenkratzer aus und stoppte das Projekt erst einmal. Zwei Jahre später konnten die Campanile-Gegner feiern: Der Verwaltungsgerichtshof in Kassel erklärte die bereits erteilte Teilbaugenehmigung für unwirksam. Der Bau des Campanile rückte nun endgültig in weite Ferne.

Hätte Hannelore Kraus 1989 dem Bau des Wolkenkratzers zugestimmt, dann würde der Campanile heute vermutlich stehen. Doch durch den Widerstand der couragierten Gutleut-Bewohnerin wurde ein Milliarden-Projekt verhindert, den Investoren entstanden Verluste in zweistelliger Millionenhöhe. Dass sie damit Arbeitsplätze in der Bau-branche gefährdete, den Wirtschaftsstandort Deutschland weltweit ins Lächerliche zog und der Stadt Frankfurt ein Publicity-trächtiges Wahr-zeichen nahm, störte Hannelore Kraus angesichts ihrer sozialen Verant-wortung offenbar nicht. Ganz tot ist der Campanile bis heute nicht. Noch immer gibt es Frankfurter Politiker (vor allem in der CDU und der FDP), die den Campanile-Bau befürworten. Während Roland Ernst das Projekt bereits als „Schnee von gestern" bezeichnete, hat sich die Firma Fay offensichtlich noch nicht davon verabschiedet. Auch das juristische Nachspiel war bei Redaktionsschluss dieses Buchs noch nicht beendet: Es lief nach wie vor ein Rechtsstreit, in dem Fay und Ernst von der Stadt Frankfurt Schadenersatz forderten.

# Gepäcksystem der fünften Generation

## Der Flughafen-Flop von Denver

| Ort: | Denver (USA) |
|------|--------------|
| Zeit: | 1994 |
| Vernichtete Summe: | 2 Milliarden Dollar |
| Geschädigte: | Stadt Denver |
| Grund: | Selbstüberschätzung |

Jeder Wirtschaftsexperte weiß, dass der Aufbau einer Computer-gesteuerten Industrieanlage eine schwierige Angelegenheit und für einen wirtschaftlichen Flop geradezu prädestiniert ist. Dies gilt natürlich insbesondere dann, wenn es sich bei der Anlage erstens um ein Unikum, zweitens um ein besonders komplexes System und drittens um eine neue Technologie handelt. Ein Musterbeispiel dafür ist das Gepäcktransport-System des 1995 eröffneten Flughafens von Denver (USA), bei dessen Aufbau Murphys Gesetz besonders grausam zuschlug. So ziemlich alles, was schief gehen konnte, ging schief. Die Folge: Der Flughafen in

Denver konnte erst 15 Monate später als vorgesehen seinen Betrieb aufnehmen. Der finanzielle Schaden lag bei etwa zwei Milliarden Dollar.

Wie war es dazu gekommen? Den ersten Fehler machte die Stadt Denver, als sie mit den Arbeiten am Gepäcktransport-System zu spät begann. Als die mit dem Bau der Anlage beauftragte Firma BAE schließlich loslegen konnte, waren zahlreiche Rahmenbedingungen bereits festgelegt. BAE musste die Architektur des Transportsystem daher an vollendete Tatsachen anpassen, was nicht ohne Kompromisse abging. Trotzdem versuchte das Unternehmen, eine Hightech-

Anlage auf die Beine zu stellen, wie sie die Welt noch nicht gesehen hatte. Von einem Gepäcksystem der fünften Generation war die Rede. Doch der Zeitplan für den Aufbau der Anlage war knapp, zu knapp, wie viele Experten später meinten. Nachdem die Stadt Denver und verschiedene Fluggesellschaften noch einige nachträgliche Änderungswünsche einbrachten, geriet die Zeitplanung völlig aus den Fugen. Die Änderungswünsche – beispielsweise die Verlegung von Gepäckstationen oder die Streichung von Transportwegen – waren teilweise auch technisch unsinnig und machten das gesamte Projekt noch komplizierter. Dann kam noch die Politik ins Spiel: Die Stadt Denver vergab den Betrieb des Gepäcksystems nicht an BAE, sondern an ein anderes Unternehmen, da sie befürchtete, dass erstere Firma nicht genügend Frauen einstellen würde. Als Folge waren nun auf einmal deutlich mehr Menschen am Projekt beteiligt und der Betrieb wurde von Personen organisiert, die das System nicht verstanden. Die Krönung des Ganzen war dann schließlich noch eine Steuerungssoftware, die aufgrund von Programmfehlern nicht korrekt arbeitete – die Zeit zum Testen war einfach zu kurz.

Unter diesen Voraussetzungen war es kein Wunder, dass der erste Testlauf des Systems jeden Slapstick-Film in den Schatten stellte. Die ferngesteuerten Wagen, die das Gepäck transportierten, liefen Amok. Mehrere Wagen prallten aufeinander, einige blieben einfach stehen, andere luden ihren Inhalt irgendwo im Nirwana ab. Taschen flogen durch die Luft, Koffer brachen auseinander. Das gesamte Transportsystem erinnerte nach dem GAU an ein Schlachtfeld.

Zu diesem Zeitpunkt hatte Denvers Bürgermeister Wellington Webb die Eröffnung des Flughafens bereits dreimal verschoben. Ursprünglich war der 31. Oktober 1993 vorgesehen gewesen, doch daran war nun nicht mehr zu denken. Nachdem die Techniker nicht voran kamen, musste Webb eine weitere Verschiebung bekannt geben. Doch die Probleme zogen sich hin. Nun sollten Experten eine weniger komplexe Alternativlösung schaffen, für die die Stadt Denver 50 Millionen Dollar zusätzlich investieren musste. Erst Ende 1994 war schließlich Licht am Ende des Tunnels erkennbar und am 28. Februar 1995 konnte der Flughafen endlich eröffnet werden. Doch von einem Gepäcksystem der fünften Generation konnte nicht die Rede sein. Nur eines von drei Terminals verwendete das von BAE entwickelte Gepäcksystem und das auch nur in eine Richtung. Ein weiteres Terminal arbeitete mit einer einfacheren Alternativlösung, die auf technische Finessen verzichtete. Das dritte Terminal wurde auf Grund der Gepäck-Problematik erst gar nicht eröffnet. Zusätzlich zu den etwa zwei Milliarden US-Dollar, die das Gepäckdesaster gekostet hatte, musste die Stadt Denver dadurch einen weiteren Nackenschlag einstecken: Die Fluggesellschaft Continental verzichtete auf die geplante Anmietung von 30 Anlege-Slots und nutzte den Flughafen von Denver nicht – wie ebenfalls geplant – als Anschluss-Plattform.

# Freund hört mit

## Enercon und das gestohlene Windkraft-Know-how

| Ort: | Aurich (Ostfriesland) |
|---|---|
| Zeit: | 1995 |
| Vernichtete Summe: | 100 Millionen Mark |
| Geschädigte: | Enercon |
| Grund: | Pech |

Windkraftanlagen der Auricher Firma Enercon: Interessierte sich auch der US-Geheimdienst NSA für Hightech made in Ostfriesland?

Ein Unternehmer, der erfolgreich sein will, muss an vieles denken: Strategie, Personalführung, Marketing, Controlling und Vertrieb sind nur einige der Punkte, die einen wesentlichen Anteil am Erfolg eines Unternehmens haben. Seit einigen Jahren rückt ein anderer Aspekt immer mehr in den Mittelpunkt: der Schutz vor Wirtschaftsspionage. Spätestens seitdem das Internet als Kommunikationsmedium Einzug in die Unternehmenswelt gehalten hat, erweist sich so manches Unternehmen als so offen wie ein Scheunentor. Experten schätzen, dass in Deutschland jährlich etwa 10 Milliarden Euro an Schaden durch Wirtschaftsspionage entsteht. Die Öffentlichkeit erfährt in der Regel nichts davon. Welches Unternehmen gibt schon gerne zu, ausspioniert worden zu sein? Zu den spektakulärsten Fällen von Wirtschaftspionage, die bisher bekannt geworden sind, gehört die Geschichte des Auricher Unternehmens Enercon, das möglicherweise ein Opfer des US-Geheimdienstes NSA geworden ist. Am Ende standen ein Umsatzausfall von mindestens 100 Millionen Mark und der Verlust von 300 Arbeitsplätzen.

Von den späteren Turbulenzen ahnte Firmengründer Aloys Wobben natürlich noch nichts, als er sein Unternehmen 1984 gründete. Der 1952 im Emsland geborene Elektroingenieur hatte schon in seiner Jugend als leidenschaftlicher Tüftler gegolten. Als Wissenschaftler an der Universität Braunschweig kam Wobben mit dem Thema Windkraft in Berührung, das zum Geschäftsfeld von Enercon werden sollte. Der Erfolg konnte sich sehen lassen: Aus einer Garagenfirma baute der tüchtige Ingenieur sein Unternehmen mit Sitz in Aurich zu einem florierenden Anbieter von Elektronik-Bauteilen aus. Später entwickelte er technisch ausgefeilte Windkraftanlagen, die weltweit zum Renner wurden. Leider beging Wobben dabei zwei entscheidende Fehler: Zum einen ließ er seine Erfindungen nicht rechtzeitig patentieren, und zum anderen rechnete er nicht mit der massiven Wirtschaftsspionage, der er nun ausgesetzt war.

Der Berichterstattung in verschiedenen Nachrichten- und Wirtschaftsmagazinen folgend, lässt sich der Fall wie folgt rekonstruieren:

Es scheint, dass sich die National Security Agency (NSA) für die geniale Technik des Auricher Unternehmens interessierte. Die NSA, ein besonders geheimer Geheimdienst der Vereinigten Staaten, verfügt über ein Budget in Höhe mehrerer Milliarden und beschäftigt Zehntausende von Mitarbeitern. Aufgabe der Organisation ist das Abhören von Telekommunikation in aller Welt mit dem Ziel, dabei für die USA relevante Informationen zu gewinnen. Über die Interna der NSA ist wenig bekannt, doch Experten gehen davon aus, dass keine andere Organisation der Welt das Anzapfen von Kommunikationsnetzen, das Knacken von Verschlüsselungscodes und das Computer-gestützte Auswerten abgehörter Daten so gut beherrscht wie die geheimnisvolle Behörde mit Sitz in der Nähe von Baltimore. Sah die NSA in den Zeiten des Kalten Kriegs ihre

Aufgabe vor allem in der Spionage gegen den Kommunismus, so ist es inzwischen ein offenes Geheimnis, dass auch Wirtschaftsspionage längst zu den Tätigkeiten der Geheimorganisation gehört. Auch mit den USA befreundete Nationen gehören dabei zur Zielgruppe – Freund hört mit.

Vor diesem Hintergrund ist es leicht vorstellbar, dass auch Enercon im Visier der NSA ein interessantes Zielobjekt darstellte. Vor allem das Belauschen von Telefongesprächen – für die NSA eine der leichtesten Übungen – liefert in jedem Wirtschaftsspionagefall wichtige Informationen. Zudem gelang es der NSA offensichtlich auch, geheime Konstruktionspläne von Windkraftanlagen zu kopieren. Der amerikanische Enercon-Konkurrent Kenetech Windpower, der an die erspähten Informationen gelangte, wusste diese zu nutzen. Unter konspirativen Umständen gelang es dem Unternehmen 1994 weitere Details zu erfahren, als sich einige Windkraft-Experten im Auftrag von Kenetech unter einem Vorwand Zugang zu einer Enercon-Windkraft-Anlage verschafften.

Am 30. Januar 1995 kam es dann knüppeldick für Aloys Wobben. An diesem Tag erhielt der Auricher Unternehmer ein Schreiben von einem Gericht in Kalifornien, das Enercon die Verletzung eines US-Patents vorwarf. Für Wobben war dieser Vorwurf vollkommen unverständlich, denn seine weltweit führenden Windkraft-Anlagen waren seine eigenen Entwicklungen und er konnte sich kaum vorstellen, dass ihm ein US-Konkurrent zuvorgekommen war. Was Wobben nicht wusste: Kenetech Windpower hatte die Spionageerkenntnisse zur Einreichung eines Patents genutzt. Gegen dieses hatte Enercon natürlich verstoßen. Der anschließende Prozess, der Wobben zu zwei Gerichtsterminen nach Kalifornien führte, wurde zwar eingestellt, da die Klägerin aufgrund eines zwischenzeitlich geführten Insolvenzverfahrens nicht mehr parteifähig war. Das parallel geführte Verfahren vor der International Trade Commission (ITC) endete allerdings mit einem Einfuhrverbot. Trotz Anwaltskosten in Millionenhöhe ließ sich das Gericht nicht davon überzeugen, dass Enercon die patentierte Technik bereits lange vor Kenetech Windpower eingesetzt hatte.

Enercon durfte seine technisch hochwertigen Windkraft-Anlagen nicht mehr in die USA exportieren, wodurch das Unternehmen einen Umsatzverlust von etwa 100 Millionen Mark hinnehmen musste. Etwa 300 Arbeitsplätze, so schätzt Wobben, gingen dadurch verloren.

Einen Vorteil hatte die Enercon-Geschichte trotz allem dann doch: Dadurch, dass dieser Fall ausführlich in den Medien behandelt wurde, wurde die Öffentlichkeit endlich auf das Thema Wirtschaftsspionage aufmerksam.

# Die explodierte Milliarde

## Die Explosion der Ariane 5

| Ort: | Kourou (Französisch Guyana) |
|---|---|
| Zeit: | 1996 |
| Vernichtete Summe: | 1 Milliarde Mark |
| Geschädigte: | ESA |
| Grund: | Pech |

**Explodierte auf ihrem Jungfernflug:
die Europa-Rakete Ariane 5.**

Selten in der Wirtschaftsgeschichte erhielt der Begriff „Geldvernichtung" eine so wörtliche Bedeutung wie am 4. Juni 1996. Denn an diesem Tag lösten sich um 14:35 Uhr (MESZ) eine Milliarde Mark buchstäblich in Luft auf. Die europäische Trägerrakete Ariane 5 war auf den ersten Kilometern ihres Jungfernflugs explodiert.

In den zehn Jahren zuvor hatte die europäische Raumfahrt-Organisation ESA über zehn Milliarden Mark in die Entwicklung der Ariane 5 gesteckt. Die Trägerrakete sollte die Vormachtstellung Europas bei der Beförderung von Satelliten ins Weltall stärken und insbesondere auch beim Aufbau der internationalen Raumstation ISS eine wichtige Rolle spielen. Schon für den ersten Flug einer Ariane 5 hatten sich die ESA-Ingenieure ein hohes Ziel gesteckt: Die Rakete sollte vier besonders wertvolle Forschungssatelliten in den Orbit befördern, die speziell für den Ariane-Jungfernflug entwickelt worden waren. Ihren eigentlichen Zweck – den Transport kommerzieller Satelliten – sollte die Ariane erst auf späteren Flügen erfüllen. So kam es, dass die Europa-Rakete bei ihrer ersten Weltraum-Mission Forschungssatelliten im Wert von 400 Millionen Euro im Gepäck trug. Einen Plan B für den Fall eines Scheiterns gab es nicht. Ersatz-Satelliten existierten genauso wenig wie ein Budget zum Neubau der Weltraumsonden. Die teure Ladung der ersten Ariane-Mission war auch nicht versichert, denn keine Versicherung der Welt hätte für ein derart mit Risiken behaftetes Projekt zu einem akzeptablen Preis eine Police ausgestellt. „Alles oder nichts" lautete daher zwangsläufig das Motto der Ariane-5-Premiere.

Nach einer einstündigen Unterbrechung des Count-downs ging es am 4. Juni 1996 schließlich los. In Kourou (Französisch Guyana) hob zum ersten Mal eine Ariane 5 ab, an Bord die vier besagten Forschungssatelliten. Doch das Abenteuer dauerte nicht einmal eine Minute lang. Dann wich die Rakete völlig unerwartet vom vorgesehenen Kurs ab und drohte durch die nun unkontrolliert einwirkenden aerodynamischen Kräfte auseinander zu brechen. Dadurch wurde ein Sicherheitsmechanismus der Ariane aktiviert, der die Amok laufende Rakete in die Luft sprengte, um den Absturz größerer Wrackteile zu verhindern. Nach der Explosion fielen Tausende Ariane-Einzelteile ins Meer, eine Milliarde Mark waren dahin.

Während die Ariane-Konstrukteure mit dem Debakel leben konnten – der nächste Ariane-Start war nur eine Frage der Zeit – war für die Entwickler der vier Forschungssatelliten die Sache gelaufen. Die Früchte ihrer jahrelangen Arbeit konnten sie nicht ernten, und die Forschungsgelder waren im Atlantik vor Kourou versunken. Da konnte auch ESA-Präsident Charles Bigot nur eine Binsenweisheit verkünden: „Das Leben geht weiter." Damit das Leben ohne weitere Ariane-Pannen weiter ging, setzte die ESA einen Untersuchungsausschuss ein, der sechs Wochen nach dem Desaster die Gründe für die Ariane-Explosion lieferte. Demnach stand ein

Software-Fehler am Anfang einer verhängnisvollen Kettenreaktion, die schließlich in der Sprengung endete. Dieser Software-Fehler betraf ein computergesteuertes Messsystem der Ariane-Rakete, das mit speziellen Sensorgeräten die Geschwindigkeit und andere Parameter maß und an den zentralen Steuerungscomputer weiterleitete. Dieses Messsystem hatten die Ariane-5-Entwickler aus der Vorgängerrakete Ariane 4 übernommen, nachdem es dort stets problemlos funktioniert hatte. Doch die ESA-Ingenieure hatten dabei eines übersehen: Die Ariane 5 flog schneller als die Ariane 4. So kam es, dass das Messsystem in der Startphase Werte maß, die größer waren als von den Software-Entwicklern vorgesehen (ein ähnliches Problem gab es ja bekanntlich in vielen Computer-Systemen zum Jahrtausend-Wechsel). Die übergroßen Messdaten brachten das Messsystem vollkommen durcheinander, woraufhin dieses versuchte, auf das Ersatzgerät umzuschalten. Dieses hatte sich jedoch bereits abgeschaltet, da es die gleichen Probleme hatte. Aus diesem Grund schickte das Messsystem eine Fehlermeldung an den zentralen Steuerungscomputer, die eigentlich nicht vorgesehen war. Der zentrale Steuerungscomputer interpretierte die Fehlermeldung als Geschwindigkeitsangabe und kam logischerweise zum falschen Schluss, dass die Rakete einen vollkommen falschen Kurs eingeschlagen hatte. Diesen – eigentlich nicht vorhandenen – Fehler versuchte der Steuerungscomputer durch eine Kurskorrektur zu beheben. Erst dadurch kam die Ariane wirklich von ihrem Kurs ab und war nicht mehr zu retten. Das Sicherheitssystem der Rakete sprang nun ein und verhinderte durch eine Sprengung Schlimmeres.

Immerhin einen Vorteil hatte der missglückte Ariane-Start: Der Fehler war fast zum Nulltarif zu beheben. Um eine korrekte Funktion des Messsystems zu gewährleisten genügte es, dieses früher abzuschalten. Die Messwerte wurden nämlich nur in der Startphase benötigt, daher sollte das Messsystem ohnehin nach 40 Sekunden deaktiviert werden. Es wäre kein Problem gewesen, die Deaktivierung schon deutlich früher eintreten zu lassen. Darauf hatten die Ariane-Konstrukteure jedoch verzichtet, um einen einfacheren Neustart nach einem verzögerten Count-down zu ermöglichen.

# Himmlische Handys

## Die Iridium-Pleite

| Ort: | New York |
|---|---|
| Zeit: | 2000 |
| Vernichtete Summe: | 5 Milliarden Dollar |
| Geschädigte: | Motorola, Kyocera, andere Investoren |
| Grund: | Falsche Einschätzung der Lage |

Die Idee, die Ende der 80er Jahre aufkam, war zweifellos gut: Über mehrere Dutzend Kommunikationssatelliten sollte es immer und überall möglich sein, ohne einen direkten Anschluss an irgendwelche Leitungen zu telefonieren. Mehrere große Konzerne – darunter General Motors, Motorola und Microsoft – versprachen sich von dieser Idee ein lukratives Geschäft und planten daher satellitengestützte Telefonnetze. Zu den aussichtsreichsten Netzbetreibern gehörte hierbei die Firma Iridium, die unter Beteiligung von Motorola und Kyocera gegründet wurde. Über 5 Milliarden Dollar pumpten die 18 Investoren in das Satelliten-Telefonnetz, das im November 1998 an den Start ging. Bereits gut neun Monate später war Iridium pleite.

An der Technik lag es mit Sicherheit nicht, dass das Milliardenprojekt scheiterte. Im Gegenteil: Die Iridium-Ingenieure hatten erstklassige Pionierarbeit geleistet. Insgesamt 66 Satelliten sah das System vor, die auch alle ohne größere Pannen ins All befördert wurden. Für den Transport sorgten US-amerikanische, russische und chinesische Raketen. Iridium war zwar nicht das erste Satelliten-Telefonsystem, dafür das mit der mit Abstand größten Abdeckung. Die große Anzahl der Satelliten sorgte für eine weltweite Erreichbarkeit von praktisch 100 Prozent. Ob auf dem Pazifik, am Nordpol, im Himalaya oder im afrikanischen

Busch, Iridium funktionierte überall. In Anbetracht der Größe und der Komplexität, die Iridium erreichte, hielten sich technische Probleme in erstaunlichen Grenzen. Da war es kaum mehr als ein Schönheitsfehler, dass Software-Probleme den Iridium-Start um einige Monate verzögerten.

Während die Technik also Anlass zur Freude gab, wurde Iridium zu einem gigantischen wirtschaftlichen Flop. Schuld daran war ironischerweise nicht zuletzt die Tatsache, dass die Iridium-Manager den Markt für Mobilkommunikation richtig eingeschätzt hatten. Denn tatsächlich zeigte sich Ende der 90er Jahre, dass die Menschheit auf Mobiltelefone geradezu gewartet hatte. Doch auf dem gigantischen Markt für mobile Kommunikation waren Iridium und anderen Satellitentelefon-Anbietern die Betreiber von erdgebundenen Mobilfunksystemen zuvorgekommen. Als Iridium im November 1998 an den Markt ging, hatten die Deutsche Telekom, Mannesmann und zahlreiche andere Unternehmen große Teile der Welt bereits mit einem Netz von Funkstationen überzogen. Mit ihren Kunden, die mit ihren Handys das Angebot dankbar nutzten, machten sie glänzende Geschäfte. Da wartete niemand auf Iridium, das mit seinen klobigen Telefonen (Übertragungsrate: 2,4 Kilobit pro Sekunde) obendrein gesalzene Preise verlangte: 3.000 Euro für ein Iridium-Handy und Minutenpreise von 5 Euro und mehr verhinderten von vornherein, dass Iridium zum Massenprodukt wurde.

Bereits Jahre vor dem Start mussten die Iridium-Manager daher ihre Vermarktungsstrategie ändern. Da mit dem mobilen Telefonieren allein längst niemand mehr zu locken war, betonten die Werbestrategen nun die weltweite Erreichbarkeit per Iridium-Telefon. Als ihre Zielgruppe machten sie neben Seeleuten und Abenteurern vor allem Mitarbeiter finanzkräftiger Unternehmen aus, die sich gerade in abgelegenen Gebieten der Erde aufhielten. Tatsächlich fand Iridium in diesen Bereichen interessante Kunden: Prinz Frederik von Dänemark nutzte auf einer Grönlandtour genauso ein Iridium-Telefon wie Abenteurer Jo Le Guen bei seiner Pazifiküberquerung im Ruderboot. Doch mit betuchten Weltreisenden allein ließen sich verständlicherweise keine großen Geschäfte machen. Bis zum Jahr 2002 wollte Iridium ursprünglich fünf Millionen Kunden bedienen, insgesamt sollten es einmal 12 bis 15 Millionen sein. Doch die tatsächlichen Zahlen blieben offensichtlich so weit hinter den Erwartungen zurück, dass Iridium die Kundenzahl erst einmal geheim hielt. *Der Spiegel* schätzte, dass Mitte 1999 nicht mehr als 10.000 bis 20.000 Menschen das System nutzten. Angesichts des denkbar schlechten Starts wurde vor allem Großinvestor Motorola unruhig. Im Juli 1999 verkündete das Unternehmen, erst dann wieder Geld in Iridium stecken zu wollen, wenn andere Investoren mitzögen. Als dies nicht geschah, stand Iridium vor der Pleite. Bereits vier Wochen später, am 13. August 1999, musste Iridium seine Zahlungsunfähigkeit erklären.

Die Pleite am Freitag dem 13. wurde vom Iridium-Management erst einmal als „freiwilliger Antrag auf finanzielle Umstrukturierung" heruntergespielt. „Als wäre das Heben der Hände eine freiwillige vertrauensbildende Maßnahme, wenn man mit der Waffe bedroht wird", kommentierte *Der Spiegel* diesen Euphemismus. Die Pläne der Iridium-Verantwortlichen sahen nun vor, einen Käufer für das illiquide Unternehmen zu finden. Doch abgesehen von einem US-Telekommunikationsunternehmen, das läppische 25 Millionen Dollar bot, fand sich niemand, der Iridium übernehmen wollte. Im März 2000 musste Iridium daher den Betrieb einstellen. „Eine der spektakulärsten Hochtechnologiepleiten aller Zeiten", lautete das vernichtende Urteil der Tageszeitung *Die Welt*. Über 5 Milliarden Dollar waren dahin. Das Unternehmen hatte nun noch eine letzte schwierige Aufgabe zu bewältigen: Die 66 Satelliten mussten auf sachgerechte Weise zerstört werden. Experten schätzten die Kosten dafür auf weitere 50 Millionen Dollar.

Doch zum großen Satellitensterben kam es nicht. Zwar gab es nur wenige Iridium-Kunden, doch viele von diesen – darunter auch viele karitative Organisationen – konnten kaum noch auf die weltweit einsatzfähigen Handys verzichten. Aus diesem Grund gründete der deutsche Journalist Henning Gajek die Initiative „Save Iridium" in der Hoffnung, bei internationalen Konzernen oder der UNO Geldgeber zu finden. Diese Hoffnung erfüllte sich zwar nicht, dafür sprang jedoch das US-Verteidigungsministerium als Iridium-Retter ein. Da man dort an einem Überleben des finanziell gescheiterten Kommunikationssystems interessiert war, spendierte das Pentagon 72 Millionen Dollar, mit denen Iridium zwei Jahre lang aktiv bleiben konnte. Zur gleichen Zeit übernahm eine Risikokapital-Gesellschaft die wesentlichen Iridium-Bestandteile für 25 Millionen Dollar aus der Konkursmasse und startete unter dem Namen „Iridium Satellite LLC" einen neuen Versuch. Im April 2001 ging Iridium wieder ans Netz. Der neue Chef Dan Colussy, ein ehemaliger Flugzeugbau-Manager, schränkte die Zielgruppe nun weiter auf die Luftfahrt, die Seefahrt und das Militär ein. Er hatte eingesehen: „Wenn man nach Deutschland reist, braucht man kein Satelliten-Telefon."

# Kostenfaktoren schlicht ignoriert

## Der teure Transrapid

| Ort: | Deutschland |
|---|---|
| Zeit: | 2000 |
| Vernichtete Summe: | 1,2 Milliarden Euro |
| Geschädigte: | Steuerzahler |
| Grund: | Selbstüberschätzung |

**Erstens kommt es teurer und zweitens als man denkt: Die Kosten für den Transrapid stiegen mit jeder neuen Kalkulation.**

Die „Innovationskraft des Hightech-Standortes Deutschland zu demonstrieren", das war das Ziel der Bundesregierung unter Kanzler Helmut Kohl, als sie im März 1994 den Bau des Hochgeschwindigkeitszugs Transrapid beschloss. Doch statt der deutschen Innovationskraft wurde mit dem Transrapid, der zunächst zwischen Hamburg und Berlin verkehren sollte, erst einmal die deutsche Unfähigkeit bei der Planung von Investitionskosten demonstriert. Denn schon bevor auch nur der erste Spatenstich erfolgt war, klaffte ein Milliardenloch in der Finanzierung. Da der Transrapid zudem die 1,2 Milliarden Euro, die er den Steuerzahler bisher gekostet hat, so schnell nicht wieder einspielen wird, muss man das gesamte Projekt – trotz einer nach wie vor viel versprechenden Technik – bisher als wirtschaftlichen Flop erster Güte bezeichnen.

Ihren Anfang nahm die Transrapid-Geschichte bereits im Jahr 1969. Zu dieser Zeit gab der damalige SPD-Verkehrsminister Georg Leber den Auftrag zu einer Studie über eine „Hochleistungs-Schnellbahn", deren Eignung als Verkehrsmittel überprüft werden sollte. Die Studie bestätigte die Vorteile einer solchen Technologie, was die Regierung dazu veranlasste, die Entwicklung eines Prototypen zu beauftragen. Bereits vier Jahre später raste ein Transrapid mit 253 Stundenkilometern über eine Versuchsstrecke und stellte damit einen Weltrekord für personentragende Magnetfahrzeuge auf. Nach den erfolgreichen Anfängen wurde das Projekt 1984 mit der Inbetriebnahme einer Transrapid-Teststrecke im Emsland ausgedehnt. Mitte der 90er Jahre wollte die Regierung Kohl dann endlich Nägel mit Köpfen machen: 1994 wurde der Bau einer Strecke zwischen Hamburg und Berlin beschlossen, auf der der Transrapid erstmals in der Praxis eingesetzt werden sollte. Bundestag und Bundesrat billigten das Projekt. Auch bei der damaligen SPD-Opposition hielten sich die Vorbehalte gegen den Transrapid in Grenzen, man wollte bei den Sozialdemokraten schließlich nicht als technikfeindlich da stehen.

Die Kosten für den Transrapid-Bau wurden von der Bundesregierung auf knapp 9 Milliarden Mark veranschlagt, von denen der Bund 5,6 Milliarden für den Bau des Fahrwegs übernehmen sollte. Außer den Herren in Bonn glaubte jedoch von Anfang an so gut wie niemand an diese Zahlen. „Die zusätzlichen Milliarden sind jetzt schon zu erkennen", schrieb bereits vor dem Bundestagsbeschluss *Der Spiegel* und hielt die Investitionssumme für „waghalsig niedrig kalkuliert". In der Tat zählten Fachleute, wie der Verkehrsexperte Professor Gerd Aberle, zahlreiche Kostenfaktoren auf, die die Transrapid-Planer schlicht ignoriert hatten. So ging die Bundesregierung beispielsweise davon aus, dass im Berliner Raum die Trasse oberirdisch verlaufen konnte. Aberle und andere befürchteten jedoch, dass teure Tunnel notwendig werden könnten.

Bei einer solchen Kostenplanung wunderte sich niemand, dass Bundesverkehrsminister Wissmann 1997 noch vor Baubeginn die Kosten erstmals nach oben korrigierte. 6,1 Milliarden sollte der Bund nun für den Bau des Fahrwegs berappen. 1998 schätzte das Eisenbahn-Bundesamt diese Kosten bereits auf 7,7 bis 8,9 Milliarden Mark, bevor dann 1999 von 9 Milliarden die Rede war. Der zwischenzeitlich an die Macht gekommene SPD-Verkehrsminister Franz Müntefering erklärte daraufhin im September 1999, die Strecke solle nur einspurig gebaut werden. Im Februar 2000 wurde das Projekt Transrapid zwischen Hamburg und Berlin dann endgültig zu den Akten gelegt. 1,2 Milliarden Euro hatte das Abenteuer Transrapid den Steuerzahler bis dahin gekostet. Nun ließ die Bundesregierung prüfen, ob man den Transrapid als Flughafenzubringer im Raum München oder auf Kurzstrecken im Ruhrgebiet einsetzen könnte. Vor allem letzteres ist für einen Hochgeschwindigkeitszug sicherlich ein ungewöhnliches Einsatzszenario. Einen Erfolg konnten die Transrapid-Bauer dann doch noch verbuchen: Die chinesische Regierung gab im Januar 2001 den Bau einer 30-Kilometer-Strecke bei Schanghai in Auftrag.

# Eine der teuersten Fehleinschätzungen der Wirtschaftsgeschichte

## Die ultrateuren UMTS-Lizenzen

| | |
|---|---|
| **Ort:** | Mainz |
| **Zeit:** | 2000 |
| **Vernichtete Summe:** | 35 Milliarden Mark |
| **Geschädigte:** | Verschiedene Mobilfunk-Anbieter |
| **Grund:** | Falsche Einschätzung der Lage |

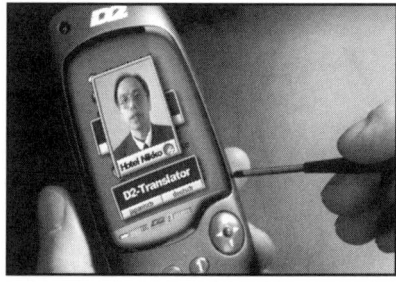

UMTS-Handys bieten fantastische Möglichkeiten. Ob sich damit genug Geld verdienen lässt, um die über 16 Milliarden Mark teuren UMTS-Lizenzen abzuzahlen, ist jedoch fraglich.

Spätestens seit der Italiener Guglielmo Marconi 1896 die drahtlose Kommunikation erfunden hat, gelten Funkfrequenzen als ein von der Natur bereitgestellter Rohstoff, der nur in begrenzter Menge vorhanden ist. Um einen wilden Frequenzenklau zu verhindern, wachen daher in nahezu allen Ländern staatliche Behörden darüber, dass niemand auf einer Wellenlänge funkt, die ihm nicht von offizieller Seite aus zusteht. Im Sommer 2000 hatten die in Deutschland aktiven Telekommunikationsunternehmen die seltene Gelegenheit, neue Frequenz-

Claims abzustecken, denn die Regulierungsbehörde für Telekommunikation und Post (RegTP) vergab Lizenzen für zwölf Frequenzblöcke für den neuen Mobilfunk-Standard UMTS (Universal Mobile Telecommunications System). Die Gelegenheit für digitale Goldgräber schien günstig, denn UMTS bietet Möglichkeiten, die weit über die Funktionalitäten früherer Mobilfunknetze hinausgehen. Bis zu 200-mal höhere Übertragungsgeschwindigkeiten werden damit möglich, und so verspricht UMTS eine bestechende Sprachqualität und sogar Fernsehen und Videofilme per Handy.

Einen kleinen Haken hatte die Sache natürlich: Die RegTP wollte sich nicht zum Nulltarif von den begehrten Lizenzen trennen. Aus diesem Grund veranstaltete die Behörde eine Versteigerung, über die die zwölf Frequenzblöcke an die Meistbietenden veräußert werden sollten. Die Mindestabnahmemenge lag bei zwei Blöcken (einer allein reicht für den Aufbau eines Netzes nicht), mehr als drei pro Bieter waren nicht zugelassen. Von Anfang an war klar, dass die UMTS-Versteigerung, die in einer ehemaligen Kaserne in Mainz stattfand, nichts für zahlungsschwache Firmenkonten werden würde. Deshalb nahm nur die Creme de la Creme unter den in Deutschland aktiven Telekommunikationsunternehmen teil. Als sichere Bank werteten Experten dabei die Deutsche Telekom (vertreten durch die Tochter T-Mobil) und deren Hauptkonkurrenten D2-Mannesmann. Auch Viag-Interkom und das Konsortium E-Plus-Auditorium gehörten als gestandene Netzbetreiber zu den aussichtsreichen Lizenzanwärtern. Komplettiert wurde das Teilnehmerfeld durch Mobilcom, Debitel und dem spanisch-finnischen Konsortium Group 3G. Damit konkurrierten sieben Kontrahenten um maximal sechs Lizenzen, wodurch klar war, dass mindestens einer der Bieter leer ausgehen würde. Was folgte, war eine Versteigerung, wie sie die Welt noch nicht gesehen hatte.

Am 31. Juli, dem ersten Auktionstag, boten die Teilnehmer insgesamt 2,3 Milliarden Mark. Der Auktionsmodus sah vor, dass jeder Bieter das bisherige Höchstgebot um mindestens zehn Prozent übertreffen musste, um im Rennen zu bleiben. 40 Minuten Zeit blieben jeweils bis zum nächsten Angebot. Am 4. August fiel die 10-Milliarden-Marke, vier Tage später waren 20 Milliarden Mark erreicht. Am 10. August lag die gesamte gebotene Summe schon bei 45 Milliarden, ohne dass einer der Bieter ausstieg.

Am 11. August kam endlich Bewegung in die Auktion. Mit Debitel strich der erste UMTS-Anwärter die Segel – knapp 11 Milliarden für eine Lizenz waren dem Unternehmen zuviel. Für insgesamt 63 Milliarden Mark hätten die verbleibenden sechs Unternehmen die 12 Frequenzblöcke nun brüderlich unter sich aufteilen können. Einige der Bieter gaben sich mit zwei Blöcken jedoch nicht zufrieden und spekulierten auf einen dritten. Ein solcher macht zwar technisch Sinn, verbilligt den Netzaufbau jedoch nur um höchstens zwei Milliarden Mark. Trotz dieser nahe liegenden Rechnung stiegen die Gebote über die 70-Milliarden-Marke. Einige der Bieter wollten sich offensichtlich durch den Kauf eines dritten Blocks lästige Konkurrenz vom Halse schaffen. Mit steigenden Kosten gaben sich schließlich alle mit zwei Blöcken zufrieden, außer der Deutschen Telekom und D2-Mannesmann. Als jedoch die 90-Milliardengrenze fiel, wurde auch das Düsseldorfer Unternehmen bescheidener. Durch Summen mit der Endziffer 6 signalisierte D2-Mannesmann, dass es mit sechs Lizenznehmern einverstanden war. Doch die Telekom steigerte weiter. Erst bei 98,807 Milliarden Mark gab sich auch der Ex-Monopolist geschlagen. Das wirtschaftliche Desaster war nun perfekt: Hätten sich die Teilnehmer nach dem Debitel-Ausstieg mit je zwei Blöcken zufrieden gegeben, wären sie mit etwa 63 Milliarden davon gekommen. So zahlten sie jedoch über 35 Milliarden mehr für genau das gleiche Ergebnis. Der Glaube, dass früher oder später einem der Mitbieter die Luft ausgehen würde, war laut dem *Spiegel* „eine der teuersten Fehleinschätzungen der Wirtschaftsgeschichte".

Nachdem RegTP-Chef Klaus-Dieter Scheurle den sechs Gewinnern ihre Lizenzurkunde überreicht hatte, konnten die Beteiligten nur schwer ihre Unzufriedenheit überspielen. Die meisten der Teilnehmer hatten sich während der Auktion das notwendige Geld durch Milliardenkredite auf dem freien Kapitalmarkt besorgt. Nun standen sie mit einem Berg

Schulden da, der die Unternehmensbilanzen über Jahre hinweg belasten wird.

Freuen konnte sich über die horrenden Preise nur einer: Finanzminister Hans Eichel. Dieser hatte lediglich mit 25 Milliarden Mark kalkuliert und konnte nun fast das Vierfache einstecken. Bereits während der Versteigerung begann daher ein Gezerre um den unerwarteten Geldsegen. Eichel bestand darauf, die gesamte Summe zur Tilgung von Staatsschulden zu verwenden. Damit hatte er zwar fast alle Experten auf seiner Seite, doch so mancher Politiker-Kollege hatte eine andere Nutzung im Sinn, wobei die Vorschläge von einer Nachbesserung der Steuerreform über eine Bafög-Erhöhung bis zu Steuersenkungen für Arbeitnehmer reichten. Doch Eichel bewies Rückgrat und blieb bei seiner Schuldentilgung.

# 4.

# Flops
# aus der Finanzwelt

# So glücklich wie ich gibt es keinen Menschen unter der Sonne

## Hans im Glück

| | |
|---|---|
| **Ort:** | Märchenland |
| **Zeit:** | unbekannt |
| **Vernichtete Summe:** | 70.000 Euro |
| **Geschädigter:** | Hans (Nachname unbekannt) |
| **Grund:** | Falsche Einschätzung der Lage |

**Fehlinvestitionen gibt es auch im Märchen: Hans im Glück verlor den Arbeitslohn von sieben Jahren an einem einzigen Tag.**

Für die Missmanager der Gegenwart dürfte es ein kleiner Trost sein, dass wirtschaftliche Flops weder ein neues Phänomen noch auf die industrialisierte Gesellschaft begrenzt sind. Genau das

Gegenteil ist der Fall, und so besteht selbst in der Welt der Märchen das Leben nicht nur aus märchenhaften Gewinnen. Vielmehr sind auch märchenhafte Verluste längst sprichwörtlich geworden. Das bekannteste Beispiel dafür finden wir bei den Brüdern Grimm im Märchen „Hans im Glück".

Die Geschichte ist hinlänglich bekannt: Hans – ein naiver aber zufriedener Mensch, über dessen Persönlichkeit wir leider wenig wissen – hatte seinem Herrn sieben Jahre lang stets zur vollsten Zufriedenheit gedient. Danach reichte er seine Kündigung ein und verlangte die Auszahlung seines Lohns (was nach sieben Jahren ohne Bezahlung ja durchaus verständlich ist).

Sein Meister und Arbeitgeber zeigte sich nicht kleinlich und bezahlte Hans in krisensicheren Naturalien: Er gab ihm ein Goldstück, das so groß war wie der Kopf eines Menschen. Nach heutigem Goldpreis ist so ein Goldstück etwa 70.000 Euro wert, was für Hans immerhin ein Jahreseinkommen von 10.000 Euro bedeutete. Zur damaligen Zeit dürfte er damit zu den Besserverdienenden gezählt haben.

Doch Hans hatte nun ein nahe liegendes Problem: Gold gehört nun einmal nicht zu den Leichtmetallen, und ein Goldstück in der Größe eines Kopfs wiegt daher gut und gerne 100 Kilogramm.

Da Hans es zu seiner Mutter nach Hause transportieren wollte, stand er vor einer logistischen Herausforderung, die sich vor der Erfindung von Paketdiensten nicht so ohne Weiteres lösen ließ. Immerhin schaffte er es, das Goldstück in sein Taschentuch gewickelt zu schultern (eine beachtliche Leistung, die ein extrem reißfestes Taschentuch voraussetzt). Das Transportieren des Edelmetalls empfand er jedoch verständlicherweise als so unangenehm, dass er sich bei erster Gelegenheit auf einen verhängnisvollen Tauschhandel einließ. Er schlug ein, als ihm ein entgegen kommender Reiter sein Pferd gegen das Goldstück anbot. Setzt man den Preis eines Pferds bei 5.000 Euro an, dann brachte Hans dieses Tauschgeschäft immerhin ein Minus von etwa 65.000 Euro ein.

Auch wenn sich Hans' Fortbewegung in der Folgezeit deutlich einfacher gestaltete, hatte er damit für einen klassischen wirtschaftlichen Flop gesorgt. Es war nicht sein letzter, auch wenn die Geldvernichtung fortan deutlich weniger drastische Ausmaße annahm. Das Pferd tauschte er nämlich gegen eine Kuh ein, die er wiederum für ein Schwein abgab. Der nächste Tausch brachte ihm eine Gans für das Schwein, und schließlich tauschte er diese noch gegen einen praktisch wertlosen Schleifstein ein. Als ihm dieser dann noch in einen Brunnen fiel, war der Totalverlust komplett: 70.000 Euro und damit den Lohn von sieben Jahren harter Arbeit hatte Hans innerhalb eines Tages vernichtet.

Doch wer nun glaubt, Hans sei nach dieser Serie von schlechten Verkäufen in Trübsal versunken, täuscht sich. Ähnlich wie heute Wirtschaftsmanager selbst die größte Pleite schönreden, so sah auch er die Sache positiv. Das schwere Goldstück, der nutzlose Schleifstein und die widerborstigen Tiere hatten ihm ja schließlich nur Ärger bereitet und den war er nun endgültig los. Entsprechend optimistisch war sein Fazit: „So glücklich wie ich gibt es keinen Menschen unter der Sonne." Zwei wirkliche Gründe zur Freude hatte Hans trotz allem: Zum einen stand er trotz den vielen Fehlentscheidungen am Ende ohne einen Schuldenberg da. Zum anderen hatte Hans kein Gesetz übertreten. Beides ist bei den wirtschaftlichen Flops der Gegenwart keineswegs selbstverständlich.

# Ein Königreich
# für eine Tulpenzwiebel

## Tulipmania

| | |
|---|---|
| **Ort:** | Niederlande |
| **Zeit:** | 1637 |
| **Vernichtete Summe:** | unbekannt |
| **Geschädigte:** | Anleger |
| **Grund:** | Falsche Einschätzung der Lage |

Explosionsartige Kursanstiege gefolgt von implosionsartigen Kursverlusten sind keine Erfindung des 20. Jahrhunderts. Vielmehr gibt es derartige Vorgänge schon, seitdem Menschen mit Wertgegenständen aller Art spekulieren. Förderlich für Kursanstiege ist dabei seit jeher die Erwartung, dass einem bestimmten Spekulationsobjekt die Zukunft gehört und dass deshalb sein Wert steigen wird. Zu Beginn des 21. Jahrhunderts sind es vor allem das Internet und die Biotechnologie, die für Fantasien bei den Anlegern sorgen. 400 Jahre zuvor beflügelte eine andere Neuheit die Erwartungen der Spekulanten: Tulpen. So kam es,

dass der erste Börsencrash der Geschichte auf dem niederländischen Markt für Tulpenzwiebeln stattfand. Neben dem aus heutiger Sicht kuriosen Spekulationsobjekt fällt beim Tulpen-Crash aus dem Jahre 1637 vor allem eines auf: die zahlreichen Parallelen zur Krise am Neuen Markt im Jahr 2001. Es gibt eben auch in der Wirtschaftsgeschichte nichts Neues unter der Sonne.

Doch warum ausgerechnet Tulpen? Die heute weit verbreitete Blumensorte war bis Mitte des 16. Jahrhunderts in Europa unbekannt, wogegen Tulpen damals in der Türkei gezüchtet wurden. Der Name der Blume kommt vermutlich vom türkischen „dulban" (Turban). Irgendwann im 16. Jahrhundert gelangten Tulpen über osteuropäische Handelswege erstmals nach Wien und verbreiteten sich von dort weiter nach Deutschland, Frankreich, Großbritannien und in die Niederlande. Doch die Zeiten, in denen man Tulpensträuße im Blumenladen kaufen kann, waren noch weit entfernt. Zunächst blieben Tulpen nämlich seltene Luxusgegenstände, die sich nur Reiche leisten konnten. Da in den Niederlanden zu Anfang des 17. Jahrhunderts die ersten Börsen der Wirtschaftsgeschichte entstanden waren, dauerte es nicht lange, bis die Börsianer auch Tulpen (und vor allem Tulpenzwiebeln) als Handelsware entdeckten. 1636 wurden erstmals Handelsplätze für Tulpenzwiebeln an den Börsen in Amsterdam, Rotterdam, Leiden und in anderen niederländischen Städten eingerichtet. Schon damals begriffen die Börsenbetreiber also, dass es sich lohnt, für besonders wachstumsträchtige Märkte ein eigenes Segment einzurichten. Aus dem gleichen Grund entstanden vier Jahrhunderte später Technologiebörsen wie die Nasdaq und der Neue Markt.

Erste Preissteigerungen an den Tulpenbörsen lösten nun einen regelrechten Boom aus. Viele Niederländer erstanden auf einmal Tulpenzwiebeln, ohne sie zur Tulpenzucht verwenden zu wollen. Stattdessen hofften sie auf einen Weiterverkauf nach gestiegenem Preis. Und die Preise stiegen tatsächlich. 1636 wechselte beispielsweise eine einzige Tulpenzwiebel für eine Kutsche inklusive Pferden den Besitzer. Ein Bauer bezahlte vier Ochsen, acht Schweine, zwölf Schafe, mehrere Tonnen Lebensmittel und diverse Gebrauchsgegenstände für eine einzige Zwiebel. Natürlich hatten sich die Niederländer inzwischen in ein Volk der Tulpenexperten verwandelt. Jedes Kind kannte die besonders teure Edelsorte „Semper Augustus", die vergleichsweise billige „Gelbe Krone" und die ebenfalls wertvolle „Vizekönig".

Spätestens Anfang 1637 waren die bisher schon teuren Tulpenzwiebeln ein ganzes Vermögen wert. Einige Händler waren inzwischen dazu übergegangen, Tulpenzwiebeln zu verkaufen, die sie noch gar nicht besaßen – der Terminhandel war geboren. Andere begingen den gleichen Fehler wie viele Anleger 400 Jahre später: Sie verschuldeten sich und verpfändeten ihr Hab und Gut, um Tulpenzwiebeln zu kaufen. Niemand wollte sich die Gelegenheit zum schnellen Reichtum entgehen lassen.

Doch im Februar 1637 kippte die Stimmung. Den Anfang machten Gerüchte von einer geplanten Regulierung des Tulpenmarkts. Die ersten vorsichtigen Anleger verkauften ihre Tulpenzwiebeln und sorgten so für einen Kursrückgang. Aus dem Schneeball wurde eine Lawine: Tausende Niederländer sahen nun auf einmal ihr Vermögen schwinden und verkauften ebenfalls. An den Tulpenbörsen in den Niederlanden sanken die Preise nun von Stunde zu Stunde, unter den Anlegern brach Panik aus. Innerhalb von einigen Wochen waren Tulpenzwiebeln nahezu wertlos. Auch was nun kam, erinnert an das frühe 21. Jahrhundert. Während die Tulpen-Anleger, die rechtzeitig verkauft hatten, den großen Reibach gemacht hatten, waren andere ruiniert. So mancher, der sich verschuldet hatte, endete am Bettelstab. Insbesondere gehörten auch die Tulpenzüchter zu den großen Verlierern, da sie nun auf ihrer Ware sitzen blieben. Viele Geschädigte versuchten nun, vor Gericht ihr Geld zurückzuerhalten, doch meist vergebens. Noch Jahre nach dem Crash waren die Folgen in Form einer wirtschaftlichen Rezession zu spüren.

Wie grotesk dieser erste große Börsenabsturz der Wirtschaftsgeschichte war, zeigt ein besonderes Beispiel von Geldvernichtung, das sich kurz vor dem Höhepunkt der Tulipmania ereignete. Ein Matrose überbrachte einem Geschäftsmann die Nachricht, dass eine Schiffsladung eingetroffen sei. Dieser gab dem Matrosen ein Trinkgeld in Form eines schmackhaften Fisches. Irrtümlicherweise hielt der Seemann eine Tulpenzwiebel der Sorte Semper Augustus, die auf dem Tisch neben dem Fisch lag, für einen Teil der Mahlzeit und verspeiste sie. Der Verlust lag nach heutigen Maßstäben bei etwa 30.000 Euro.

# Ich kann die Bewegung eines Körpers messen, aber nicht die menschliche Dummheit

## Der Südsee-Börsencrash

| | |
|---|---|
| **Ort:** | Großbritannien |
| **Zeit:** | 1720 |
| **Vernichtete Summe:** | unbekannt |
| **Geschädigte:** | Anleger |
| **Grund:** | Falsche Einschätzung der Lage |

**N**eben der niederländischen Tulipmania gibt es noch weitere skurrile Börsencrashs, die sich lange vor dem 20. Jahrhundert zugetragen haben. Das bekannteste Beispiel dafür ereignete sich im Jahr 1720 und ging unter dem Namen „South Sea Bubble" in die Wirtschaftsgeschichte ein. Erstaunlich ist auch an diesem frühen Wirtschaftsflop, welche Parallelen es dabei zum Börsenabsturz am Neuen Markt im Jahr 2000 gab. In 280 Jahren hat sich in vielerlei Hinsicht offenbar wenig geändert.

Ort des Geschehens war der damals weltweit bedeutendste Finanzplatz London. Dort hatten sich bereits im frühen 18. Jahrhundert florierende Wertpapierbörsen entwickelt, an denen Aktien gehandelt wurden. Wie fast jeder Börsenboom, so lebte auch die South Sea Bubble von der Faszination eines neuen Geschäftsfelds, das in der Fantasie der Anleger märchenhafte Gewinne versprach. Anfang des 18. Jahrhunderts war das natürlich weder das Internet noch die Biotechnologie, sondern vielmehr die Südsee. Dem Handel mit exotischen Kostbarkeiten, Rohstoffen und Sklaven aus fernen Ländern schien die Zukunft zu gehören – eine echte Boom-Branche eben. So gesehen ist es kein Wunder, dass die 1711 gegründete „South Sea Trading Company" in den Folgejahren zum Börsenstar mutierte. Wichtigster Initiator des Unternehmens war ein gewisser Graf Robert Harley, der später in dem Schreiber John Blunt seinen wichtigsten Mitarbeiter fand. Am Aufstieg der South Sea Trading Company hatte zudem die britische Regierung ihren Anteil: Diese verlieh dem Unternehmen das Monopol im Handel mit großen Teilen Südamerikas inklusive noch nicht entdeckter Gebiete. Dass Spanien diese Regionen ebenfalls für sich beanspruchte und Großbritannien zu erheblichen Zugeständnissen zwang, störte offenbar niemanden.

Den ersten großen Erfolg landete die South Sea Trading Company jedoch nicht mit irgendwelchen Waren aus der Südsee, sondern erneut mit der britischen Regierung. Die South Sea Trading Company übernahm Staatsschulden in der Höhe von 9 Millionen Pfund bei einer Verzinsung von 6 Prozent jährlich und erhielt dafür das Recht, zusätzliche Aktien auszugeben (heute würde man das Kapitalerhöhung nennen). Später übernahm die South Sea Trading Company auch noch die restlichen Staatsschulden im Tausch gegen Aktien. Inzwischen war in London längst das Südseefieber ausgebrochen. Die Anleger sahen in der Monopolstellung der South Sea Trading Company im scheinbar boomenden Südseemarkt offenbar eine Lizenz zum Gelddrucken. Der Kurs einer Aktie des Unternehmens mit dem Nennwert von 100 Pfund lag Anfang 1720 noch bei 120 Pfund. Innerhalb eines halben Jahres schoss der Kurs jedoch raketenartig nach oben und erreichte im Juli fantastische 950 Pfund. Danach bröckelte der Kurs zwar leicht, konnte jedoch erst einmal ein hohes Niveau halten.

Die enormen Kurssteigerungen der South Sea Trading Company blieben nicht ohne Folgen. Andere Firmengründer witterten ihre Chance und warfen Aktien neuer Unternehmen auf den Markt, die oft ebenfalls reißenden Absatz fanden. Wie 280 Jahre später, so fragte sich auch damals so mancher Skeptiker, womit denn die eine oder andere Firma überhaupt ihr Geld verdienen wollte. Die Spanne der Geschäftsfelder reichte dabei von Südsee-affinen Bereichen wie einer Lohnausfall-Versicherung für Matrosen bis zu völlig neuartigen Ideen wie der Entwicklung eines Motors. Auch der Import von Walnussbäumen und eine Technologie zur Verarbeitung von Quecksilber lockte die Anleger. Zu einer gewissen Berühmtheit brachte es in diesem Zusammenhang ein Unternehmen, das sein Geschäftsfeld geheim hielt. Die Anleger mussten also die Katze im Sack kaufen. Da die Börsenregeln damals noch längst nicht so streng wie heute waren, fand auch so manches Unternehmen den Weg an die Börse, das nur auf dem Papier existierte.

Die britische Regierung reagierte auf den um sich greifenden Schwindel mit einem Gesetz, das im Nachhinein als „Bubble Act" bezeichnet wurde. Der Bubble Act, der im Juni 1720 in Kraft trat, verbot börsennotierten Unternehmen, sich außerhalb ihres ursprünglichen Geschäftsfelds zu betätigen. Obwohl die South Sea Trading Company, die bis dahin noch kein einziges Pfund über den Südseehandel verdient hatte, selbst durch den Bubble Act in Bedrängnis geriet, nutzte das Unternehmen das neue Gesetz als Waffe gegen die unliebsame Konkurrenz. Zwei Unternehmen wurden von der South Sea Trading Company angezeigt und mussten im August einen Teil ihrer Aktivitäten einstellen. Spätestens jetzt verloren zahlreiche Anleger ihr Vertrauen und verkauften ihre Papiere. Die Folgen waren katastrophal: Der Aktienkurs der South Sea Trading Company stürzte nach dem 18. August von über 800 Pfund innerhalb eines guten Monats auf unter 200 Pfund. Im Dezember war fast das Ausgangsniveau erreicht.

Die Folge des Südsee-Börsencrashs war – wie in vielen vergleichbaren Fällen – eine Rezession. Der Handel und die Produktion in London ging spürbar zurück, nachdem so mancher britische Bürger seine Existenz verloren hatte. Die leitenden Mitarbeiter der South Sea Trading Company wurden von der britischen Regierung für das Desaster verantwortlich gemacht und gerichtlich verfolgt. Einige von ihnen landeten im Gefängnis, ein Kollege beging Selbstmord, ein weiterer floh ins Ausland. John Blunt, inzwischen zu Sir John Blunt geadelt, konnte sich als Kronzeuge vor dem Schlimmsten retten, nachdem er andere denunziert hatte. Er entging jedoch nur knapp einem Mordanschlag und musste sein Vermögen an Südsee-Geschädigte abtreten. Die South Sea Trading Company existierte dank Unterstützung durch die Regierung weiter, doch nennenswerte Gewinne machte das Unternehmen nie. Den passendsten Kommentar zum Südsee-Börsencrash lieferte zweifellos der berühmte Physiker Isaac Newton, der selbst 20.000 Pfund verlor: „Ich kann die Bewegung eines Körpers messen, aber nicht die menschliche Dummheit."

# Fünf Cent pro Hektar

## Der Verkauf von Alaska

| Ort: | Russland |
|------|----------|
| Zeit: | 1867 |
| Vernichtete Summe: | unbekannt |
| Geschädigter: | Zar Alexander II |
| Grund: | Falsche Einschätzung der Lage |

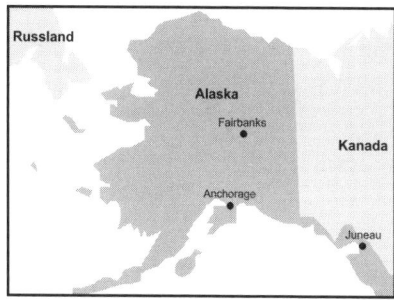

**Russland verkaufte Alaska für ganze 7,3 Millionen Dollar an die USA – ein Trinkgeld verglichen mit dem heutigen Wert.**

Der erfolgreichste Geschäftsmann aller Zeiten war Amerikaner. Er hieß jedoch weder Bill Gates noch Henry Ford, sondern William Seward. Seward gelang 1867 ein Deal, der bisher einzigartig ist in der Wirtschaftsgeschichte: Er kaufte für die Summe von 7,2 Millionen Dollar eine Ware, die später Hunderte von Milliarden wert wurde. Von so einer Geldvermehrung kann selbst ein Bill Gates nur träumen. Für Sewards Geschäftspartner wurde der Verkauf dagegen zu einem wirtschaftlichen Flop sondergleichen.

William Henry Seward war bereits 66 Jahre alt, als er seine große Tat vollbrachte. Der 1801 geborene Vater von vier Kindern hatte sich nach seinem Studium im Staat

New York für die Politik als Betätigungsfeld entschieden. Mit Erfolg: 1839 wurde er Gouverneur des Staats New York, 1850 ging er als Senator in die US-Hauptstadt Washington. 1860 wollte er Präsidentschaftskandidat der Republikaner werden, unterlag dabei jedoch knapp dem späteren Präsidenten Abraham Lincoln. Unter Lincoln und dessen Nachfolger Johnson arbeitete Seward als Staatssekretär. Sewards politisches Steckenpferd war die Vergrößerung des Einflussbereichs der USA. Großen Erfolg hatte er mit seiner Expansionspolitik jedoch zunächst nicht: Seward versuchte den Aufbau von Marine-Stützpunkten in der Karibik sowie den Kauf der Jungfrauen-Inseln in die Wege zu leiten, wurde dabei jedoch vom Kongress gestoppt.

1867 erhielt Seward eine neue Chance für seine Expansionspläne. Der russische Zar Alexander II bot über seinen Premierminister Stoeckl der US-Regierung das Territorium von Alaska zum Kauf an. Alaska liegt zwar auf dem amerikanischen Kontinent, war jedoch bereits im 18. Jahrhundert von Russland in Besitz genommen worden. An Versuchen, aus der Landmasse im nördlichen Pazifik wirtschaftlichen Nutzen zu ziehen, hatten es die Russen nicht fehlen lassen. Sie versuchten es beispielsweise mit Pelzhandel und Fischfang. Viel kam dabei jedoch nicht heraus, zumal der Weg in die Hauptstadt Sankt Petersburg fast um die halbe Welt führte. Nachdem dann noch der Krim-Krieg Löcher in die Kasse des Zaren gerissen hatte, erschien diesem der Verkauf von Alaska als willkommene Einnahmequelle. Dabei gab es für Alexander II einen interessanten Nebenaspekt: Im 19. Jahrhundert empfanden die Russen die Weltmacht England als wichtigsten Rivalen (die Engländer waren auch ihre Gegner im Krim-Krieg), während man den damals international noch unbedeutenden Vereinigten Staaten freundlich gesinnt war. Dass die Briten zur damaligen Zeit über Kanada ihre Fühler in das von Alexander II schlecht zu kontrollierende Alaska ausstreckten, passte diesem daher überhaupt nicht. Ein Verkauf Alaskas an die geografisch deutlich näher liegende USA war somit auch als Ohrfeige für die ungeliebten Briten gedacht.

Expansions-Fan Seward war für den Alaska-Deal natürlich schnell zu begeistern. Da er es trotz einiger Schwierigkeiten dieses Mal schaffte,

Kongress und Senat von seinen Plänen zu überzeugen, wurde der Kauf schließlich genehmigt. Natürlich ging es nicht ohne Verhandlungen ab. Stoeckl forderte 7 Millionen US-Dollar für Alaska und wollte verschiedene Einschränkungen im Kaufvertrag stehen haben. Seward bot 200.000 US-Dollar zusätzlich für den Verzicht auf alle Einschränkungen. Stoeckl willigte ein, und so wechselt ein ganzer Subkontinent für ganze 7,2 Millionen US-Dollar den Besitzer – das waren gerade einmal fünf Cent pro Hektar. Am 18. Oktober 1867 wehte zum ersten Mal die US-Flagge auf dem Gebiet von Alaska.

Der amerikanischen Öffentlichkeit war dieses Geschäft allerdings schlecht zu verkaufen. Da niemand so richtig wusste, wofür Seward Alaska eigentlich erstanden hatte, musste sich dieser erst einmal erhebliche Beschimpfungen gefallen lassen. Die Presse bezeichnete Alaska in den Jahren nach dem Kauf des Öfteren als „Seward's Folly" (Sewards Dummheit) und als „Seward's Icebox" (Sewards Kühltruhe). Wäre dieses Buch um 1870 erschienen, dann wäre der Kauf von Alaska vermutlich ebenfalls aufgeführt worden, allerdings mit den USA als Leidtragendem. Doch das Blatt wendete sich noch bevor Seward 1872 starb. Ein Jahr zuvor wurden in der Nähe der Stadt Sitka Goldvorkommen entdeckt, die einen ersten Beitrag zur Amortisierung des Kaufpreises lieferten. Doch das war erst der Anfang: 25 Jahre später pilgerten Goldsucher zu Zehntausenden in die inzwischen legendäre Klondike-Region, um dort ihr Glück zu machen. Nach und nach stellte sich heraus, dass Alaska noch viel mehr an Bodenschätzen zu bieten hatte: Kupfer, Platin, Chrom, Quecksilber und nicht zuletzt natürlich Unmengen an Erdöl fanden sich unter den meist schneebedeckten Weiten. Spätestens im Kalten Krieg erkannten die USA dann auch die strategische Bedeutung der gekauften Landmasse, während man in Moskau einen Vorposten direkt vor der Nase des kapitalistischen Klassenfeinds zu schätzen gewusst hätte. Wie viele hundert Milliarden Euro Alaska letztendlich wert gewesen wäre, lässt sich nur erahnen – die tatsächlich bezahlten 7,2 Millionen Dollar wirken im Vergleich dazu jedenfalls wie Spielgeld.

# Der größte Betriebs- unfall in der Geschichte des Kapitalismus

## Der Schwarze Freitag

| Ort: | New York |
|---|---|
| Zeit: | 1929 |
| Vernichtete Summe: | unbekannt |
| Geschädigter: | Aktionäre |
| Grund: | Falsche Einschätzung der Lage |

**Der Schwarze Freitag wurde zu einem nationalen Trauma für die USA.**

**W**ären die in diesem Buch be- schriebenen wirtschaft- lichen Flops nach ihrer Größe und Bedeutung geordnet, dann müsste der Absturz der amerikanischen Börsen im Jahr 1929 an erster Stel- le stehen. Denn kein anderes Er- eignis der Wirtschaftsgeschichte verursachte einen ähnlich großen Schaden wie die katastrophalen Kurseinbrüche an der Wall Street in den Tagen vor und nach dem berühmten Schwarzen Freitag. Die nachfolgende Weltwirtschaftskrise sorgte nicht nur weltweit für Fir- menpleiten, Arbeitslosigkeit und Verelendung, sondern ebnete nicht zuletzt auch Adolf Hitler und dem

Zweiten Weltkrieg den Weg. Aus wirtschaftsgeschichtlicher Perspektive betrachtet ist der Schwarze Freitag vor allem auch zu einem Prototyp der Börsenabstürze geworden. Die Ereignisse im Herbst 1929 und vor allem in den Jahren zuvor ähneln in vielerlei Hinsicht der Tulipmania, dem Südsee-Börsencrash und dem Niedergang des Neuen Markts, nur dass sie deutlich spektakulärer und folgenreicher abliefen. Nicht zuletzt kann man den Crash am Schwarzen Freitag zudem als Musterbeispiel für einen wirtschaftlichen Flop betrachten, der aus einer falschen Einschätzung der Lage entstanden ist. Mit etwas mehr Besonnenheit hätte sicherlich vieles verhindert werden können.

Wie allen anderen bekannten Börsenabstürzen, so ging auch dem Crash am Schwarzen Freitag eine Zeit des Kurswachstums voraus. Diese Entwicklung nahm 1924 ihren Anfang, als die Aktienkurse in den USA zu einem mehrjährigen Steigflug ansetzten, der lediglich von einem kleinen Rückschlag 1926 kurz unterbrochen wurde. Zwar waren diese verblüffenden Kurssteigerungen nicht unmittelbar mit einem zukunftsträchtigen Geschäftsfeld – wie etwa 70 Jahre später dem Internet – verbunden. Dennoch trug die Situation amerikanischer Technologiefirmen ganz erheblich zum Boom in den „Roaring Twenties" bei. Die Autoindustrie in den USA entwickelte sich in den 20er Jahren genauso prächtig wie der Wohnungsbau und die Elektroindustrie. Neue Technologien wie das Telefon sorgten für eine steigende Nachfrage, neue Fertigungsmethoden sorgten für Einsparungen. Da die Löhne und Preise in dieser Zeit weitgehend konstant blieben, konnten sich zahlreiche Unternehmen über steigende Gewinne freuen. Dass von dieser Entwicklung fast ausschließlich die Wohlhabenden profitierten, tat der Entwicklung an der Börse keinen Abbruch. So stieg der Dow Jones Industrial zwischen 1924 und 1929 um 430 Prozent. Allein im Jahr 1928 kletterte beispielsweise die Aktie des Flugzeugbauers Wright Aeronautics von 69 auf 290 Dollar.

Spätestens 1928, so sieht es der amerikanische Nationalökonom John Kenneth Galbraith, erreichten die Aktienkurse in den USA ein Niveau, das mit der tatsächlichen wirtschaftlichen Lage der Unternehmen nicht mehr zu erklären waren. Dass die Börsenwerte dennoch weiterhin kräftig zulegten, lag nun nur noch an der ungebremsten Euphorie der Anleger. „Die Preise wurden von der Erwartung getrieben, dass sie steigen würden, wobei die Erwartung aus den bisherigen Steigerungen herrührte", fasst Galbraith den Teufelskreis zusammen. Längst versuchten sich auch weniger betuchte Privatleute in der Aktienspekulation. Handwerker, Fabrikarbeiter und Bauern plünderten ihre Sparkonten und kauften sich Aktien. Wie Jahrzehnte später beim Aufstieg des Neuen Markts, so wurde die Börse nun zu einem beliebten Gesprächsthema. Statt über Football und Baseball unterhielt man sich in der Kneipe oder am Arbeitsplatz nun auf einmal auch über die Kurschancen von General Motors. Auch ein anderes typisches Boom-Phänomen erlebte in dieser Zeit seine Blüte: Menschen, denen das Geld für Aktienkäufe fehlte, nahmen Kredite auf. Viele Banken gewährten Kredite in Höhe von 90 Prozent der Kaufsumme, wenn der Kreditnehmer die restlichen zehn Prozent selbst beisteuerte. Dafür verlangten sie jedoch Zinsen, die mit 7 bis 12 Prozent pro Jahr für die damalige Zeit ausgesprochen hoch ausfielen.

Erstaunlich ist aus heutiger Sicht nicht nur, mit welcher Naivität so mancher Anleger Ende der 20er Jahre in den USA zu Werke ging. Auch und gerade die vermeintlichen Experten ließen sich von den steigenden Kursen blenden. So rannte beispielsweise der angesehene Wirtschaftswissenschaftler Irving Fisher von der Universität Yale ins offene Messer, als er noch im Herbst 1929 verkündete: „Die Aktienkurse haben offensichtlich ein dauerhaft hohes Niveau erreicht." Andere Koryphäen der Wirtschaftswissenschaften sahen die Lage kaum anders. Joseph Stagg Lawrence, ein Ökonom an der Universität Princeton, gehörte dazu. Die Millionen, die mit Erfolg an der Börse spekulierten, seien sich „einig, dass die Aktien momentan nicht überbewertet sind", lautete seine Ansicht.

Die positive Einschätzung der Beteiligten war so festgefahren, dass eine andere Meinung einem Wirtschaftsexperten die Karriere kosten konnte. Im Frühjahr 1929 musste das Federal Reserve Board sogar einige Prügel einstecken, als es zur Beruhigung der Lage die Zinsen senkte. In der Tat behielten die Gegner dieser Entscheidung zunächst Recht:

Nach einer kurzen Beruhigung stürmten die Aktienkurse im Verlauf des Sommers erst recht nach oben. Doch es gab auch Skeptiker. Insbesondere gehörte dazu Joseph Kennedy, der Vater des späteren US-Präsidenten. Kennedy, der sich in den 20er Jahren ein Vermögen erspekuliert hatte, fand im Gegensatz zu Millionen anderen rechtzeitig den Ausstieg. Nachdem ihn ein Taxifahrer nach einem Börsentipp gefragt hatte, wurde ihm klar, dass angesichts einer solchen Dienstmädchen-Hausse demnächst ein Crash drohte.

Dieser Crash kam dann tatsächlich. Nachdem der Dow Jones Industrial am 3. September 1929 mit 381,17 Punkten sein Allzeithoch erreicht hatte, sorgten leichte Kursrückgänge für erste Irritationen. Am Donnerstag, dem 24. Oktober 1929, nahm dann das Desaster seinen Anfang: Nach einem normalen Börsenstart war ein weiterer leichter Rückgang zu verspüren, da einige Anleger kalte Füße bekommen hatten. Diese Entwicklung verunsicherte zahlreiche weitere Aktienbesitzer, die nun ebenfalls verkauften. So wurde aus einem Schneeball eine Lawine. Noch am gleichen Tag schmolzen die Kurse dahin wie Eis in der Sonne. In ihrer Hilflosigkeit strömten zahlreiche Menschen, die einen großen Teil ihres Vermögens verloren hatten, zur Börse in die Wall Street, wo die Polizei nur mit Mühe Tumulte verhindern konnte. Die Börsenmakler kamen mit dem Bearbeiten der Aufträge kaum noch nach. Doch das war erst der Anfang. Der folgende 25. Oktober, der als Schwarzer Freitag in die Geschichte einging, brachte weitere Kurseinstürze mit sich, während sich unter den Anlegern Panik breit machte. Bei genauerer Betrachtung ist die Bezeichnung „Schwarzer Freitag" allerdings unglücklich gewählt, denn der Absturz dauerte fast eine Woche. Seinen Höhepunkt erreichte das Desaster am darauf folgenden Dienstag, an dem in New York mehr Aktien gehandelt wurden als jemals zuvor. Der Einsturz wurde nicht zuletzt dadurch angeheizt, dass viele US-Bürger für ihre Aktien-Kredite Aktien als Pfand hinterlegt hatten. Nachdem deren Wert nun gesunken war, verlangten die Banken neue Sicherheiten. Vielen Kreditnehmern blieb nichts anderes übrig, als dazu ihre Aktien zu verkaufen, was einen weiteren Verfall der Preise verursachte. Mitte November waren die Aktien amerikanischer Unternehmen im Schnitt nur noch die Hälfte wert. Die Entwicklung ging danach in die gleiche Richtung weiter, wenn auch etwas langsamer: Erst im Juli 1932 erreichten die Aktienkurse ihre Talsohle bei nur noch 11 Prozent ihres ursprünglichen Werts.

Die Folgen des Börsenabsturzes trafen die amerikanische Wirtschaft bis ins Mark. Wer Aktien auf Pump gekauft hatte, konnte nun oftmals seine Raten nicht mehr bezahlen und stand vor dem Ruin. Unternehmen, die noch Monate zuvor gute Geschäfte gemacht hatten, mussten nun zusehen, wie einerseits ihre in Aktien angelegten Guthaben dezimiert wurden und wie andererseits die zerstörte Kaufkraft den Absatz sinken ließ. Da von dem Kursverfall auch Banken betroffen waren, wurden 9 Millionen Dollar Sparguthaben vernichtet. Der amerikanische Industrielle Anthony Snyder war nur einer von vielen, die nach dem Börsenabsturz Selbstmord begingen.

Die Folgen, die „der größte Betriebsunfall in der Geschichte des Kapitalismus" (Günter Ogger) nach sich zog, sind bekannt. Die gesamte USA verfiel anschließend in eine tiefe Depression, die auch in viele andere Länder der Erde überschwappte. Diese erreichte Mitte 1932 ihren Tiefpunkt. Nur wenige Monate später kam in Deutschland Adolf Hitler an die Macht. Der kurz nach dem historischen Tiefpunkt der Weltwirtschaft unvermeidliche Aufwärtstrend hat zweifellos erheblich zur Festigung der Macht Hitlers beigetragen.

# Odium der Fehlschläge

## Die Pleiten der Creditanstalt und der Danat-Bank

| | |
|---|---|
| **Ort:** | Wien, Berlin |
| **Zeit:** | 1931 |
| **Vernichtete Summe:** | Mehrere hundert Millionen Reichsmark |
| **Geschädigter:** | Creditanstalt, Danat-Bank |
| **Grund:** | Selbstüberschätzung, Pech |

Die Weltwirtschaftskrise, die dem Schwarzen Freitag von 1929 folgte, ist im deutschsprachigen Raum untrennbar mit einer Bankenkrise verbunden, in deren Verlauf zunächst die österreichische Creditanstalt und anschließend die deutsche Danat-Bank zusammenbrachen. Die beiden Vorfälle gelten bis heute als die größten Bankenpleiten in der Geschichte des jeweiligen Landes.

Obwohl die Weltwirtschaftskrise Anfang 1931 bereits in vollem Gange war, rechnete zu diesem Zeitpunkt kaum jemand mit einer verheerenden Bankenkrise in Europa. Im Gegenteil: Die Banken im deutschsprachigen Raum hatten das Krisenjahr 1930 deutlich besser überstanden als die rezessions-geplagte Industrie. Im Frühjahr 1931 deutete sogar vieles auf eine Besserung der Wirtschaftslage hin: Niedrige Zinsen und ein vorsichtiger Optimismus bei den Unternehmern ließen einen Aufwärtstrend erahnen, der von Arbeitslosenzahlen untermauert wurde, die sich nicht ganz so schlecht wie erwartet entwickelten. Doch der Schein trog. Längst mussten sich die Banken in Deutschland und Österreich mit einem erheblichen Rückgang ihrer Einlagen herumschlagen. Grund dafür waren unter anderem amerikanische Banken, die große Summen an deutsche Kreditinstitute verliehen hatten, die sie nun aufgrund der angespannten wirtschaftlichen Lage in ihrer Heimat zurückzogen. Da diese Kredite oft eine kürzere Laufzeit hatten als die von den deutschen und österreichischen Banken vergebenen, ging deren Liquidität zurück. Gleichzeitig fand auch eine Kapitalflucht deutscher und österreichischer Anleger ins Ausland statt, während die Industriebeteiligungen der Banken in der Krise deutlich an Wert verloren. Dass die Öffentlichkeit auf diese Misere nicht aufmerksam wurde, lag nicht zuletzt daran, dass viele Banken ihre wahren Verhältnisse verschleierten.

Von der verhängnisvollen Entwicklung im Bankenbereich war natürlich auch die österreichische Creditanstalt betroffen. Das traditionsreiche Kreditinstitut war 1855 von dem jüdischen Bankier Anselm Rothschild gegründet worden. Das Bankhaus mit Sitz in Wien engagierte sich besonders in der Industriefinanzierung und wuchs damit zur größten Bank in Mittel- und Osteuropa. Im denkwürdigen Jahr 1931 beherrschte das Unternehmen einen großen Teil der österreichischen Industrie und zeichnete für zwei Drittel der Bilanzsumme aller österreichischen Banken verantwortlich. Die Rothschild-Familie hielt zu dieser Zeit 30 Prozent des Unternehmens, Bankpräsident war Louis Rothschild. Die 1931 immer dramatischer werdende Verknappung der Liquidität vieler Banken machte der Creditanstalt zwar zu schaffen. Den Schlüssel zur Pleite lieferte jedoch ein Fehler, den die Creditanstalt bereits 1929 begangen hatte, als das Unternehmen auf Drängen des Staats die bankrotte Österreichische Bodencreditanstalt übernahm. Am 8. Mai musste die Creditanstalt die Regierung und die Nationalbank Österreichs über ihre bevorstehende Pleite informieren. Zunächst wurden die Verluste auf 140 Millionen Schilling geschätzt, später wurden 600 Millionen daraus. „Verluste solchen Ausmaßes hat man nicht für möglich gehalten", schrieb Gustav Stolper, Herausgeber des „Deutschen Volkswirt" über das Desaster. Als die Probleme öffentlich wurden, setzte ein Sturm auf die Filialen der Creditanstalt ein. Die Nationalbank startete nun eine Rettungsaktion, doch ihr fehlten die finanziellen Mittel, um die Krise allein zu bewältigen. Regierungschef Ender versuchte zunächst, Frankreich als Kreditgeber zu gewinnen, doch dieses forderte einen Verzicht auf eine zu dieser Zeit geplante Zollunion zwischen Österreich und Deutschland. Ender lehnte diese Forderung ab und trat zurück. Erst dessen Nachfolger Buresch konnte die Bank of England zur Vergabe eines Kredits überreden. Zusammen mit dem Privatvermögen von Rothschild gelang nun die Rettung der Creditanstalt, die 1935 schließlich mit dem Wiener Bankverein fusionierte.

Die Bankenkrise in Österreich hätte für Deutschland zwar eine Warnung sein können, doch offenbar nahm man die Sache zu leicht. Die Reichsbank verkündete sogar, ein Vorfall wie der Zusammenbruch der Creditanstalt könne sich in Deutschland nicht wiederholen. Dieser Optimismus war nach heutigem Kenntnisstand nicht gespielt, sondern eher darauf zurückzuführen, dass auch die deutschen Banken ihre wahre Lage geschickt verschleierten. Dabei litten auch sie erheblich unter dem Rückzug von US-Krediten und der zu dieser Zeit herrschenden Kapitalflucht. Als am 14. September 1930 die NSDAP unter Adolf Hitler bei der Reichstagswahl erhebliche Zugewinne verbuchen konnte, verstärkte die zusätzliche Verunsicherung den herrschenden Trend noch. Gleiches galt für den Zusammenbruch der Creditanstalt im Mai 1931, der natürlich auch in Deutschland für Aufruhr sorgte. Zwischen dem Sommer 1930 und dem Juni 1931 schrumpfte durch diese Vorfälle die Geldmenge um 17 Prozent. Hinzu kam in dieser Phase noch eine schwere Krise mit den Reparationszahlungen, die Deutschland als Verlierer des Ersten Weltkriegs leisten musste. Nachdem klar wurde, dass die Reichsbank die Rate für den 15. Juni 1931 nicht aufbringen konnte, wurden die längst in der Krise steckenden deutschen Banken zu Vergabe von Krediten an die Reichsbank gezwungen.

Zu den Finanzinstituten, die durch diese Entwicklung besonders betroffen wurden, gehörte die Darmstädter und Nationalbank (Danat-Bank), die 1922 aus der Bank für Handel und Industrie sowie der Nationalbank für Deutschland entstanden war. Das Unternehmen mit Sitz in Berlin war für risikoreiche Geschäftsstrategien bekannt und hatte nicht nur erhebliche Kredite im Ausland aufgenommen, sondern war auch in besonderem Maße bei der Finanzierung von Gemeinden aktiv. Letztere wurden von der Weltwirtschaftskrise besonders gebeutelt, was der Danat-Bank natürlich zusätzlich schadete. Am 5. Juni berichtete die kommunistische Zeitung *Welt am Abend* über Liquiditätsprobleme der Danat-Bank. Obwohl die *Welt am Abend* kaum zu den angesehenen Wirtschaftsblättern gehörte, führte dieser Artikel zu einem erheblichen Vertrauensverlust. Allein im Juni 1931 verlor die Danat-Bank über 40% ihrer Einlagen, was 848 Millionen Reichsmark ausmachte.

Für den Tropfen, der das Danat-Fass zum Überlaufen brachte, sorgte schließlich der Bremer Nordwolle-Konzern, dessen Hausbank die Danat war. Am 17. Juni veröffentlichte die Nordwolle Bilanzen, die 44 Millionen Reichsmark Verlust offenbarten. Bereits zwei Wochen später wurden daraus 200 Millionen, was die Pleite des Unternehmens besiegelte. Damit sank auch das bereits ramponierte Vertrauen in die Danat-Bank bei den Einlegern fast auf den Nullpunkt. Am 5. und 6. Juni folgten weitere negative Presseberichte über die Danat-Bank, wodurch diese schließlich in die Zahlungsunfähigkeit stürzte. Nachdem die Danat-Bank von staatlicher Seite keine Hilfe erhielt, bat deren Chef Jakob Goldschmidt die Deutsche Bank um Unterstützung, doch diese hatte längst selbst Sorgen genug. Am 13. Juli musste die Danat schließlich die Schalter schließen.

Geschockte Danat-Kunden standen nun vor geschlossenen Türen und forderten ihr Geld zurück – vergeblich. Noch am gleichen Tag mussten sich auch alle anderen Banken in Berlin eines Ansturms von Kunden erwehren, die in Panik ihr Erspartes abhoben. Um den Ansturm zu bremsen, erklärte die Regierung den 14. und 15. Juli zu Bankfeiertagen. Danach gab es nur einen eingeschränkten Geschäftsverkehr, der lediglich die Auszahlung von Löhnen, Gehältern und Pensionen sowie Gelder für Steuern erlaubte. Erst im August gab es wieder einen normalen Bankverkehr. Trotz dieser Maßnahmen brachen noch weitere Banken – darunter die Dresdner Bank – zusammen.

Für die Danat-Bank war nach dem 13. Juli die Zeit der Selbstständigkeit vorbei. Um die Lage zu entschärfen, sprang die Reichsregierung per Notverordnung für die Danat-Bank ein und verpflichtete die noch gesunden Banken zur Gründung einer Haftungsgemeinschaft, aus der die Akzept- und Garantiebank AG hervorging. Deren Kredite halfen der Danat-Bank aus der tiefsten Krise. Im März 1932 fusionierte die Regierung die Danat-Bank schließlich mit der ebenfalls Pleite gegangenen Dresdner Bank. Reichskanzler Brüning räumte dabei unter den Mitarbeitern der Unternehmensleitung kräftig auf: „Die Persönlichkeiten, die mit dem Odium der Fehlschläge belastet sind, müssten so weit eliminiert werden, wie es mit Rücksicht auf die Kontinuität der technischen Gesamtführung irgendwie möglich ist."

# Internationaler Opferstock

## Bernard Cornfeld und die IOS-Pleite

| Ort: | Schweiz |
|------|---------|
| Zeit: | 1970 bis 1973 |
| Vernichtete Summe: | über 1 Milliarde Dollar |
| Geschädigte: | IOS-Kunden, IOS-Aktionäre |
| Grund: | Missmanagement, kriminelle Machenschaften |

Der größte Anlageskandal der Wirtschaftsgeschichte ist untrennbar mit einem Namen verbunden: Bernard („Bernie") Cornfeld. Der 1927 geborene Cornfeld, seines Zeichens US-Amerikaner rumänischer Abstammung, arbeitete in den 50er Jahren als Verkäufer für eine US-Fondsgesellschaft, bevor er 1956 in Paris selbst eine Anlage-Firma gründete. Diese trug den inzwischen legendären Namen Investors Overseas Services (IOS). IOS betrieb von Cornfeld selbst ins Leben gerufene Investmentfonds, deren Anteile dank des Verkaufstalents des smarten Amerikaners zahlreiche Abnehmer fanden. Cornfeld hatte nun Blut geleckt und wollte mehr.

In den folgenden Jahren gelang es Cornfeld, seine IOS zu einer der ersten Adressen in der Finanzbranche zu machen. Erfolgsfaktor waren dabei weniger die Qualität seiner Produkte als vielmehr seine aggressive Vertriebsstrategie. Cornfeld baute sich ein ganzes Heer von Verkäufern auf, die speziell geschult auf die potenzielle Kundschaft losgelassen wurden. Mit großartigen Rendite-Versprechungen und einem unerschütterlichen Optimismus köderten die immer zahlreicher werdenden IOS-Verkäufer fortan ihre Opfer. Meist begannen sie im eigenen Bekanntenkreis, viele Verträge wurden schließlich im Wohnzimmer des Kunden unterschrieben. Zwar häuften sich mit der Zeit Beschwerden über allzu aufdringliche

IOS-Vertreter, dem Erfolg des Unternehmens tat dies jedoch genauso wenig Abbruch wie Vorwürfe, hinter der Sache stecke nicht mehr als ein Schneeballsystem. 1968 bestand Cornfelds Finanzimperium bereits aus 200 Gesellschaften, darunter auch mehrere Banken und Versicherungen. 16 Investmentfonds verwaltete die IOS in der Zwischenzeit. Längst war Cornfelds Anlage-Imperium zu einem internationalen Unternehmen gewachsen, dessen Verkäufertruppen unter anderem in Frankreich, den USA, Griechenland und Großbritannien ihr Unwesen trieben.

Bereits 1963 stand Deutschland auf Cornfelds Liste. Im Land des Wirtschaftswunders war zu diesem Zeitpunkt durchaus Geld vorhanden, auf das die IOS-Verkäufer Jagd machen konnten. Auch die Gesetzeslage gestaltete sich in Deutschland günstiger als in den meisten anderen Ländern. Das Problem war nur, dass die in finanziellen Dingen konservativen Deutschen nur schwer von der Geldanlage durch Investment-Fonds zu überzeugen waren. Cornfeld versuchte dieses Problem durch eine für die damalige Zeit ungewöhnliche Idee zu lösen: Er spannte einen Prominenten für die Vermarktung seiner Geschäfte ein. Natürlich kam dabei nur eine prominente Persönlichkeit in Frage, die ein hohes Maß an Seriosität ausstrahlte. Diese fand Cornfeld 1967 im damaligen FDP-Bundesvorsitzenden Erich Mende. Der Ex-Vizekanzler und Ex-Minister Mende ging zum Entsetzen seiner Parteikollegen mit der umstrittenen Investment-Firma eine ungewöhnliche Symbiose ein: Mende wurde für 400.000 Mark jährlich Verwaltungsratsvorsitzender und rührte dafür kräftig die IOS-Werbetrommel. Den FDP-Vorsitz gab Mende anschließend zwar auf Druck von Parteifreunden ab, von der teilweise recht harschen Kritik an seiner Tätigkeit ließ sich der FDP-Mann jedoch ansonsten nicht beirren.

Mendes Vortragsreisen verfehlten ihre Wirkung nicht. IOS-Anteile gingen in Deutschland auf einmal weg wie warme Semmeln, zumal Cornfeld auch in Deutschland ein Verkäufer-Bataillon erster Güte losmarschieren ließ. Insbesondere gelang es der IOS dabei, auch den Mittelstand und den kleinen Mann auf der Straße anzusprechen. Nicht wenige plünderten ihre Sparbücher oder verpfändeten gar ihren Besitz für IOS-

Anteile. Zunächst mit Erfolg: Wer bereits 1963 eingestiegen war, konnte innerhalb von fünf Jahren seinen Einsatz verdoppeln. 1969 sorgte IOS noch einmal (und damit allerdings zum letzten Mal) für positive Schlagzeilen. Anlass dafür war der Börsengang des Unternehmens, der zunächst ausgesprochen erfolgreich verlief. Der Kurs der IOS-Aktie verdreifachte sich innerhalb von Tagen und öffnete IOS-Fans damit eine weitere lukrative Möglichkeit zur Geldanlage. Inzwischen war die IOS zur größten Investment-Gesellschaft der Welt angewachsen.

Doch bereits im Jahr des Börsengangs kündigte sich Unheil an. Cornfelds Playboy-Eskapaden waren zu diesem Zeitpunkt schon des Öfteren durch die Presse gegangen. „In seinem Savoyer Schloss residierte er wie ein indischer Maharadscha", berichtete *Der Spiegel* über den neureichen Unternehmer-Star. Cornfeld hielt sich einen beeindruckenden Hofstaat, feierte rauschende Partys und war ständig von gutaussehenden Frauen umgeben. Noch mehr als sein ausschweifendes Privatleben schadete sein Führungsstil dem Unternehmen. Cornfeld, der sich um so lästige Aufgaben wie Controlling nie gekümmert hatte, musste sich eine „verwirrende Hemdsärmeligkeit" (*Sunday Times*) nachsagen lassen, die ihm auch intern erhebliche Kritik einbrachte. 1969 ließ sich Firmengründer Cornfeld dazu überreden, sich aus dem Tagesgeschäft zurückzuziehen. Seinen Job übernahm nun der bisherige Vize Edward Cowett.

Cowett hatte an seiner neuen Aufgabe wenig Freude. Zunächst sorgte nur die schlechte Börsenstimmung für einen Rückgang des IOS-Aktienkurses. Als jedoch bekannt wurde, dass Cornfeld den Anlegern zu optimistische Zahlen vorgegaukelt und selbst ein größeres Aktienpaket verkauft hatte, ging der Kurs nach und nach um zwei Drittel zurück. Cowett erhielt daraufhin den Laufpass, auch Cornfeld musste seine nach wie vor einflussreiche Position räumen. Obwohl der IOS-Ruf damit erst einmal kräftig ramponiert war und zahlreiche Aktionäre erhebliche Geldsummen verloren hatten, konnten die Kunden des Unternehmens noch ruhig schlafen, denn die IOS-Fonds hatten noch keinen Schaden genommen. Wer das Warnsignal zum Ausstieg nutzte, konnte das IOS-Abenteuer bis 1970 sogar mit Gewinn abschließen.

Ein professionelles Management hätte es in dieser Situation vermutlich geschafft, den Karren wieder aus dem Dreck zu ziehen. Doch genau das fehlte IOS von nun an. Zunächst übergab man bei der IOS für kurze Zeit dem Texaner John King das Ruder, dann schlug die große Stunde des Robert Vesco. Der weitgehend unbekannte Unternehmer schaffte es 1970 quasi über Nacht, die IOS-Leitung davon zu überzeugen, dass er der richtige Mann für die Sanierung des Unternehmens sei. Als Eintrittskarte genügte ihm ein Kredit über 5 Millionen Dollar, den er der IOS anbot. Der IOS-Verkäufertruppe, die inzwischen einen erheblichen Personalschwund spürte, wurde Vesco als „eines der größten Finanzgenies des 20. Jahrhunderts" angepriesen. Doch Vesco dachte überhaupt nicht daran, der IOS wieder auf die Beine zu helfen. Stattdessen beutete er das Unternehmen nach allen Regeln der Kunst aus und leitete eine Million nach der anderen in dunkle Kanäle. Als sich Vesco schließlich nach Costa Rica absetzte, waren offiziell 250 Millionen Dollar verschwunden – inoffizielle Schätzungen gehen von bis zu einer Milliarde aus. Bis heute ist nicht geklärt, ob Vesco auf eigene Rechnung handelte oder Hintermänner – etwa bei der Mafia – hatte.

Nach Vescos Abschied blieb von der IOS nur noch ein Trümmerhaufen übrig. Die Aktien des „internationalen Opferstocks" (*Handelsblatt*) waren nur noch Cent-Beträge wert, während hinter den ebenfalls gefallenen Fonds meist kein Vermögen mehr stand. Nachdem die IOS 1973 zahlungsunfähig wurde, mussten zahlreiche Fonds-Sparer einen Totalverlust hinnehmen. Auch in Deutschland war das Jammern groß. So mancher IOS-Verkäufer traute sich nicht mehr, seinen Kunden – oft Verwandte und Freunde – unter die Augen zu treten.

Wie so oft, kamen auch beim IOS-Skandal die Hauptakteure glimpflich davon. Cornfeld, dem nur persönliche Bereicherung bei der Aktienausgabe vorgeworfen werden konnte, wurde nach elfmonatiger Untersuchungshaft in der Schweiz sogar freigesprochen. Er starb 1995 in London an Lungenentzündung. Vesco hielt sich nach seiner Flucht in verschiedenen mittelamerikanischen Ländern auf und entging so der US-Justiz, die fieberhaft nach ihm suchte. Ab Mitte der 80er Jahre lebte er in Kuba, wo er Fidel Castro beim Schmuggeln von Maschinen für die Zuckerindustrie behilflich gewesen sein soll. 1996 machte er noch einmal Schlagzeilen: Ein kubanisches Gericht verurteilte ihn zu 13 Jahren Haft. Allerdings nicht wegen des IOS-Skandals, sondern weil er in Kuba illegal Medikamente hergestellt und vertrieben hatte.

# Geldanlegen darf kein Glücksspiel sein

## Die Pleite der Herstatt-Bank

| Ort: | Köln |
|---|---|
| Zeit: | 1974 |
| Vernichtete Summe: | 1,6 Milliarden Mark |
| Geschädigte: | Herstatt-Bank und ihre Kunden |
| Grund: | Missmanagement, kriminelle Machenschaften |

Im Juli 1974 erschien ein Kunde in einer Geschäftsstelle einer Frankfurter Bank und hob sein gesamtes Vermögen in Höhe von 60.000 Mark ab. Er zählte das Geld und zahlte es sofort wieder auf sein Konto ein. Der Sinn der Aktion: Der Mann wollte überprüfen, ob sein Erspartes tatsächlich noch vorhanden war.

Man war vorsichtig geworden, im Sommer 1974, wenn es um Banken ging. Am 26. Juni war nämlich die in Köln ansässige Herstatt-Bank zusammengebrochen und hatte damit für den größten Bankenkrach in Deutschland seit der Weltwirtschaftskrise gesorgt. Dabei war die Herstatt-Bank (Werbespruch: „Geldanlegen darf kein Glücksspiel sein") alles andere als ein Noname. Bankier Iwan Herstatt hatte das von seinen Vorfahren aufgebaute Bankhaus 1956 wiedereröffnet und zur Nummer zwei unter Deutschlands Privatbanken gemacht. Herstatt, eine rheinische Frohnatur, die regelmäßig zu Karnevalszeiten zu Hochform auflief, hatte seinen Erfolg dabei nicht zuletzt Versicherungsmogul Hans Gerling zu verdanken, der mit 81,4 Prozent an der Herstatt-Bank beteiligt war. So konnte sich das Kölner Original Herstatt über namhafte Kunden freuen: Neben TV-Moderator Werner Höfer („Der internationale Frühschoppen") und Schriftsteller Günter Wallraff vertrauten auch die Stadt Köln und zahlreiche Unternehmen der Herstatt-Bank einen Teil ihres Vermögens an. Offensichtlich gehörte auch Hilfe von ganz oben zu den Erfolgsfaktoren, schließlich nutzte selbst die Diözese von Köln unter Erzbischof Höffner die Dienste des Hauses Herstatt.

Der wirtschaftliche Flop, der der Herstatt-Bank schließlich das Genick brechen sollte, nahm Anfang der 70er Jahre seinen Lauf. Einige Mitarbeiter des Geldhauses – allen voran Devisenhändler Daniel („Dany") Dattel – fanden zu dieser Zeit Gefallen an so genannten Devisen-Termingeschäften. Dabei geht es darum, Gelder in einer ausländischen Währung zu einem festen Preis zu kaufen oder zu verkaufen, wobei die Bezahlung erst zu einem festgelegten späteren Zeitpunkt erfolgt. Hat der Anleger Glück, dann kann er durch eine Änderung des Wechselkurses am Ende besonders günstig eintauschen und macht so Gewinn. Hat der Anleger dagegen Pech, dann entwickelt sich der Kurs in einer Art und Weise, die ihm Verlust beschert. Dany Dattel hatte zunächst Glück: Er spekulierte auf einen nach der Ölkrise steigenden Dollar und behielt recht. Die satten Gewinne, die sein Arbeitgeber nun einstreichen konnte, machten Dattel zum Star innerhalb der Herstatt-Bank. Der Erfolg machte Dattel und Kollegen jedoch auch leichtsinnig, und so brach innerhalb der Herstatt-Bank nun das Spekulationsfieber vollends aus. Wie sich später herausstellte, wirtschafteten dabei einige Angestellte auch kräftig in die eigene Tasche: Sie steckten große Summen in riskante Transaktionen, strichen Gewinne selbst ein und überließen Verluste der Bank. Als Dattel dann noch erneut auf einen steigenden Dollar setzte und damit Pech hatte, stand die Herstatt-Bank auf einmal tief in den Miesen. Doch zunächst einmal fiel das nicht auf. Mit einem dreisten Trick sorgte man bei der Herstatt-Bank dafür, dass die Finanzlöcher in der Bilanz scheinbar durch ein Vermögen entsprechender Größe gedeckt waren. Dieses Vermögen lag bei einer Schweizer Bank namens Econ. Doch die Sache hatte einen kleinen Schönheitsfehler: Eine Schweizer Bank dieses Namens existierte nicht und dementsprechend war auch das dort deponierte Vermögen nicht vorhanden.

Das Ende der illegalen Misswirtschaft nahte, als Mehrheitsaktionär Hans Gerling seinen Finanzvorstand Anton Weiler mit einer Prüfung der Herstatt-Finanzen beauftragte. Was Weiler vorfand, ließ ihm Hören und Sehen vergehen. Die Herstatt-Bank, so stellte sich heraus, war faktisch pleite und hatte nur bei einer kräftigen Finanzspritze noch eine Überlebenschance. Als nach zwei Wochen das Ausmaß der Katastrophe halbwegs zu überblicken war, schaltete Gerling Bundesbank-Präsident Karl Klasen ein. Doch mehrere Krisensitzungen – neben Bundeskanzler Helmut Schmidt waren auch Vertreter mehrerer Großbanken einbezogen worden – brachten kein Ergebnis. Anders als 25 Jahre später im Fall Holzmann fand sich bei Herstatt kein edler Spender, der das Unternehmen rettete. Auch Hans Gerling, der mit seinem Versicherungskonzern als Sicherheit einen Kredit für Herstatt hätte aufnehmen können, wollte das Risiko nicht eingehen.

So kam es, wie es kommen musste. Das Bundesaufsichtsamt für das Kreditwesen machte am 26. Juni 1974 die Herstatt-Türen dicht. Die Szenen, die sich daraufhin vor der Herstatt-Zentrale in Köln abspielten, erinnerten viele an die Pleite der Danat-Bank während der Weltwirtschaftskrise. Verärgerte und entsetzte Herstatt-Kunden versammelten sich vor dem Eingang und forderten lautstark ihr Erspartes zurück. „Halunken, Gauner, Betrüger" riefen sie. Die Polizei hatte alle Hände voll zu tun, Ausschreitungen zu verhindern. Doch die wutentbrannten Herstatt-Kunden hätten sich ihren Weg sparen können, denn die Herstatt-Bank blieb an diesem Tag geschlossen und öffnete auch danach nie wieder ihre Pforten. Als nach Stunden endlich ein mit einem Megafon bewaffneter Herstatt-Mitarbeiter auftauchte, konnte er den Belagerern nur berichten, was sie ohnehin schon wussten: Die Herstatt-Bank steckte nach gescheiterten Devisengeschäften in ernsthaften Schwierigkeiten.

Wie sich einige Monate nach der Schließung herausstellte, hatten die meisten Herstatt-Kunden Glück im Unglück. In einer spektakulären Gläubigerversammlung vereinbarten die Beteiligten einen Vergleich, der allen Kleinsparern (mit bis zu 20.000 Mark Guthaben) eine volle Entschädigung zukommen ließ. Großkunden erhielten lediglich zwischen

45 und 55 Prozent ihrer Einlagen zurück. Möglich gemacht hatte diese Einigung vor allem Hans Gerling, der 200 Millionen Mark aus seinem Privatvermögen beisteuerte. Dennoch verursachte der Niedergang der Herstatt-Bank in der deutschen Finanzwelt ein mittleres Erdbeben. Während die Mitglieder des Golfklubs Bensberg ihre verlorenen Mitgliedsbeiträge ein zweites Mal entrichten mussten, traf es den Restaurationskonzern Blatzheim deutlich härter. Das Unternehmen musste nach dem Verlust des Herstatt-Guthabens Konkurs anmelden. Auch zahlreiche andere Banken – mit Herstatt über Guthaben und Kredite verbunden – mussten die Vernichtung von zweistelligen Millionenbeträgen hinnehmen. Am meisten zu leiden hatten jedoch die damals 145 deutschen Privatbanken, obwohl die wenigsten davon etwas mit Herstatt zu tun hatten. Durch die Herstatt-Pleite fürchteten viele Anleger, auch andere private Banken könnte das Schicksal eines Zusammenbruchs ereilen. Aus diesem Grund hoben in den Monaten nach dem ominösen 26. Juni zahlreiche Privatbank-Kunden ihre Einlagen ab und vertrauten sie lieber den Großbanken an. Auch bei Kreditgeschäften bevorzugten nun viele Sparkasse und Deutsche Bank.

Teil zwei des Herstatt-Skandals fand vor Gericht statt. Schon in den Tagen nach der Herstatt-Schließung hatten sich die Beteiligten gegenseitig die Schuld in die Schuhe geschoben. Iwan Herstatt wollte von einer persönlichen Verantwortung nichts wissen und machte Dany Dattel für alles verantwortlich. Dieser fühlte sich als Prügelknabe: „Die Bank lebte von uns, und keiner fragte viel danach, woher die Gewinne kamen", gab er zu Protokoll. Zumindest was das nicht existierende Konto bei der nicht existierenden Econ-Bank anbelangte, nahm den Herstatt-Managern niemand ab, von nichts gewusst zu haben. Doch die Prozessführung gestaltete sich schwierig. Erst zwei Jahre nach der Schließung konnte die Kölner Staatsanwaltschaft Haftbefehl gegen Herstatt, Dattel und sechs andere Herstatt-Manager erlassen. Sowohl Herstatt als auch Dattel blieben jedoch nicht lange hinter Gittern. Beide ließen sich von Ärzten Haftunfähigkeit attestieren und sahen danach ihren Prozessen in Freiheit entgegen. Auch beim Prozess, der 1979 schließlich begann, spielte die

Gesundheit der beiden eine entscheidende Rolle: Herstatt erreichte wegen akuter Herzinfarktgefahr eine vorläufige Einstellung des Verfahrens, Dattel ließ sich wegen psychischer Probleme Prozessunfähigkeit bescheinigen. Gleichzeitig hatte sich auch Hans Gerlings Gesundheit rapide verschlechtert, seine Vorladungen als Zeuge vor Gericht beantwortete er regelmäßig mit ärztlichen Attesten. Trotz aller Verzögerungstaktik erwischte es Iwan Herstatt dann doch noch: Nachdem ein Urteil von 1984 vom Bundesgerichtshof wieder aufgehoben wurde, erging 1987 ein rechtskräftiges Urteil: zwei Jahre auf Bewährung.

# Kann es sein, dass Sie unter Realitätsverlust leiden?

## Der Niedergang der SMH-Bank

| | |
|---|---|
| **Ort:** | Frankfurt |
| **Zeit:** | 1983 |
| **Vernichtete Summe:** | 900 Millionen Mark |
| **Geschädigter:** | SMH-Bank, deutsche Kreditwirtschaft |
| **Grund:** | Missmanagement, kriminelle Machenschaften |

Am 1. November 1983 trafen sich bei der deutschen Bundesbank in Frankfurt knapp 30 Spitzenmanager deutscher Banken zu einer Krisensitzung der besonderen Art.

Anlass des Treffens, an dem auch Bundesbank-Chef Karl-Otto Pöhl teilnahm: Die Privatbank Schröder, Münchmeyer, Hengst & Co. (SMH-Bank) stand kurz vor der Pleite. Auf den ersten Blick hätten sich die leitenden Angestellten der Konkurrenz über die Probleme der SMH-Bank – immerhin die drittgrößte Privatbank Deutschlands – freuen können.

Doch in Wirklichkeit wäre eine Bankenpleite für die deutsche Kreditwirtschaft einer Katastrophe gleichgekommen. Der Kollaps der Herstatt-Bank mit dem folgenden Vertrauens- und Image-Verlust für die ganze Branche war 1983 noch in lebhafter Erinnerung, und jetzt drohte ein noch größeres Desaster. So ist es auch kein Wunder, dass die Teilnehmer an der Krisensitzung noch in der gleichen Nacht 779 Millionen Mark aufbrachten, um der SMH-Bank aus dem Gröbsten erst einmal herauszuhelfen. 479 Millionen Mark davon stammten von den anwesenden

Kreditinstituten, den Rest steuerte der Bundesverband Deutscher Banken bei.

Doch wie war es zu diesem Desaster gekommen? Schlüsselfigur des SMH-Skandals war SMH-Chef Ferdinand Graf von Galen persönlich. Der noble Graf, der zusammen mit seiner selbstbewussten Frau Anita zu den bedeutendsten Figuren des Frankfurter Geldadels gehörte, hatte sein Scheitern neben seiner Gutgläubigkeit vor allem einem Großkunden zu verdanken: Horst-Dieter Esch, Chef des Mainzer Baumaschinen-Konzerns IBH. Esch hatte in den zehn Jahren zuvor eine beispiellose Karriere hingelegt. Durch eine riskante Börsenspekulation war er zu etwa einer Million Mark gekommen, die er scheinbar gut anlegte. Mit seiner neu gegründeten Firma IBH übernahm er mehrere Baumaschinenfirmen, wobei er unter anderem auch die SMH-Bank als Kreditgeber nutzte. Von dieser übernahm Esch außerdem die Firma Wibau – ein weiterer Baumaschinenhersteller – wofür diese eine Beteiligung erhielt. Bereits zuvor war mit General Motors ein weiteres namhaftes Unternehmen als Anteilseigner eingestiegen. Durch die zahlreichen Übernahmen wuchs die IHB innerhalb weniger Jahre zu einem Konzern mit 10.000 Mitarbeitern.

Die SMH-Bank war in der Zwischenzeit zur Hausbank von IHB geworden. Doch das IHB-Management war mit dem schnellen Wachstum des Unternehmens überfordert, es drohten rote Zahlen. Doch nun machte von Galens SMH-Bank den entscheidenden Fehler: Anstatt einen möglichen Verlust der Kredite zu riskieren, schob von Galen ständig neue Millionen nach und warf damit dem schlechten Geld gutes hinterher. Seine Hoffnung, die neuen Finanzspritzen könnten der IHB nachhaltig zum Erfolg verhelfen, erfüllten sich nicht. Die SMH schrieb teilweise dreistellige Millionenverluste. Am Ende hatte von Galen der IHB nicht weniger als 900 Millionen Mark geliehen – das Achtfache des Eigenkapitals der Bank. Ein solches Vorgehen widersprach nicht nur in grotesker Weise der Vorsicht, die für eine Bank lebenswichtig sein kann, sondern war zudem illegal. Durch geschickte Verschleierungsaktionen war es von Galen jedoch gelungen, die viel zu hohen Kreditsummen gegenüber allen Kontrollgremien zu verheimlichen.

Als Esch im Herbst 1983 zusätzlich zu den bereits ausgezahlten 900 Millionen bei von Galen um einen weiteren Kredit bat, kam es zur Wende. Von Galen selbst hätte möglicherweise eingewilligt, doch Mitinhaber Hans-Hermann Münchmeyer zog nun die Notbremse. Angesichts der prekären Lage, in der sich IBH augenscheinlich befand, machte er sich wenig Hoffnung auf eine Rückzahlung der Kredite. Münchmeyer überredete von Galen daher, die Deutsche Bank und über diese den Bundesverband Deutscher Banken einzuweihen. Der Rest ist Wirtschaftsgeschichte: Der Bundesverband Deutscher Banken rief in Windeseile die besagte Krisensitzung ein und sicherte der SMH-Bank durch eine 779-Millionen-Mark-Spritze das Überleben.

Die Beinahe-Pleite der SMH-Bank hinterließ ihre Spuren. Von Galen und seine drei Mitgesellschafter wurden als Folge der Affäre gefeuert, später wurden sie zu Gefängnisstrafen verurteilt (teilweise auf Bewährung). Für die SMH-Bank bedeutete das Debakel das Ende der Unabhängigkeit: 1984 übernahm Lloyds 92 Prozent des Unternehmens mehrheitlich, seit 1998 besitzt die schweizerische UBS diesen Anteil. Am härtesten aber traf es Horst-Dieter Esch. Nachdem sein Unternehmen unmittelbar nach dem Rückzug der SMH-Bank am Ende war, wurde er zu einer Gefängnisstrafe verurteilt. Bereits nach Bekanntwerden des Desasters hatte ihn *Der Spiegel* gefragt: „Sie hingegen vermitteln den Eindruck, als wüssten Sie gar nicht, was das alles mit Ihnen zu tun hat. Kann es sein, dass Sie unter Realitätsverlust leiden?" Seine Antwort: „Ich glaube [...] nicht, dass wir eine große Bankenkrise ausgelöst haben."

# Es waren nur Zahlen auf einem Bildschirm

## Nick Leeson und die Barings-Bank

| | |
|---|---|
| Ort: | Singapur |
| Zeit: | 1995 |
| Vernichtete Summe: | 600 Millionen Pfund |
| Geschädigte: | Barings-Bank |
| Grund: | Kriminelle Machenschaften |

Nick Leeson ruinierte die alt-ehrwürdige Barings-Bank fast im Alleingang. Es wurde ihm nicht allzu schwer gemacht.

Im Februar 1995 sorgte die alt-ehrwürdige Londoner Barings-Bank, zu deren Kunden auch die Queen zählte, weltweit für Schlagzeilen, nachdem quasi über Nacht ein Finanzloch in Höhe von 600 Millionen Pfund entstanden war. Der Hauptschuldige wurde wenige Tage später in Frankfurt verhaftet: Nick Leeson, ein 28-jähriger Baring-Angestellter aus England, hatte die verschwundene Summe bei Wertpapier-Spekulationen in Singapur in den Sand gesetzt. Zweieinhalb Jahre lang hatte Leeson versucht, einen anfänglich kleinen Verlust durch immer waghalsigere Manöver wettzumachen, und war dabei immer tiefer in die roten

Zahlen gerutscht. Seine Vorgesetzten bemerkten den Schwindel erst, als die Barings-Bank Pleite war.

Nick Leesons Karriere begann vielversprechend, obwohl der Sohn eines Stuckateurs aus dem Londoner Vorort Watford alles andere als prädestiniert für eine Banker-Laufbahn war. Während seine Freunde Handwerker, Verkäufer oder Bauarbeiter wurden, verdingte sich Leeson nach seinem Schulabschluss beim Londoner Bankhaus Coutts & Company. Trotz wilder Wochenenden im Kreise seiner Clique arbeitete sich Leeson schnell nach oben. Während seine Eltern sich noch über die gute Bezahlung im ihnen fremden Bankgewerbe wunderten, wechselte Leeson zunächst zu Morgan Stanley und dann zur vornehmen Barings-Bank. Dort erhielt er 1992 die Chance, nach Singapur an die dortige Börse Simex (Singapore International Monetary Exchange) zu wechseln. Leeson nutzte die Gelegenheit und stieg in der asiatischen Metropole in den Handel mit Futures und Optionen ein.

Leeson feierte schnell erste Erfolge. Doch wie jedem anderen Börsenhändler, so unterliefen auch ihm Fehler, zumal er mit einigen unerfahrenen Mitarbeitern klarkommen musste. Normalerweise mussten fehlerhaft ausgeführte Aufträge auf ein spezielles Fehlerkonto der Barings-Bank gebucht werden, die die daraus resultierenden Verluste trug. Durch einen Zufall gab es bei Leesons Arbeitgeber noch ein zweites Verlustkonto (es hatte die Nummer 88888), das jedoch nach seiner Einrichtung nie genutzt worden war. An dieses vergessene Verlustkonto erinnerte sich Leeson, als eine seiner Angestellten wieder einmal einen Auftrag falsch ausgeführt hatte. Statt 20 Kontrakte zu kaufen, hatte sie diese verkauft und damit 20.000 Pfund in den Sand gesetzt. Anstatt den Verlust seinen Vorgesetzten zu beichten und die verlorene Summe auf das offizielle Fehlerkonto zu nehmen, buchte Leeson den Betrag auf das ominöse Konto 88888. Niemand bemerkte diesen Schwindel, und so behielt er erst einmal seine weiße Weste.

Da die Sache so gut funktioniert hatte, verbuchte Leeson bis zum Ende des Jahres 30 weitere Fehler auf dem falschen Fehlerkonto. Bis zum Sommer 1993 häufte sich so ein Fehlbetrag von sechs Millionen Pfund auf Konto 88888 an. Doch Leeson hatte zunächst Glück: Durch verschiedene Ausreden gelang es ihm, von der Londoner Zentrale größere Geldbeträge loszueisen, die er sofort in waghalsige Spekulationen steckte. Nachdem diese erfolgreich waren, konnte er die Miesen auf dem falschen Fehlerkonto decken und anschließend erst einmal aufatmen. Abgesehen von seinen illegalen Machenschaften hatte Leeson durchaus Grund zur Freude: Von der Barings-Bank kassierte er ein Gehalt von etwa 200.000 Pfund im Jahr, dazu stattliche Erfolgsprämien. Zusammen mit seiner Frau gönnte er sich dafür einigen Luxus. Er residierte in einer noblen Penthouse-Wohnung in bester Lage und gab auf seiner Luxusjacht so manche rauschende Party. Wie wohl jeder Börsenhändler, so stumpfte auch Leeson angesichts der astronomischen Geldbeträge schnell ab. „Es waren nur Zahlen auf einem Bildschirm, mit richtigem Geld hatten sie nichts zu tun", berichtet er später in seinem Buch *High Speed Money*.

Doch Leeson konnte das Spiel mit dem Feuer nicht lassen. Als er erneut Geld verlor, buchte er es wieder auf Konto 88888. Der Fehlbetrag ging schnell in die Millionen, ohne dass irgendjemand bei Barings Verdacht schöpfte. Als sich erstmals ein Londoner Mitarbeiter im Singapurer Büro umsah, sorgte Leeson dafür, dass dieser das dortige Nachtleben kennen lernte. Nach einer durchzechten Nacht in Singapurs Amüsierbetrieben, so schloss Leeson völlig richtig, ließ es selbst der akribischste Kontrolleur etwas ruhiger angehen. So blieb Barings erst einmal verborgen, dass sich auf Konto 88888 Anfang 1994 bereits 50 Millionen Pfund Verluste ansammelten. Leeson galt bei Barings längst als aufgehender Stern am Finanzhimmel und wurde Mitarbeitern als Vorbild dargestellt. So überstand er auch eine weitere Prüfung und schaffte es immer wieder, Schwindel erregende Beträge für neue Spekulationen aus London zu erhalten.

Doch Leesons Versuch, die immer größeren Verluste durch noch größere neue Einsätze zu kompensieren, schlug fehl. Als sein Minus auf 150 Millionen Pfund angestiegen war, drohte neues Unheil: Ein Erdbeben im japanischen Kobe wirbelte die Finanzmärkte in Asien durcheinander und sorgte für sinkende Kurse. Leeson, der dadurch auf einen Schlag weitere 50 Millionen verlor, deckte sich im großen Stil mit Papieren ein, die nach dem Erdbeben an Wert verloren hatten. Doch seine Hoffung auf steigende Kurse trog, wodurch er weitere 50 Millionen vernichtete. Inzwischen wurde endlich auch die Londoner Zentrale angesichts des gigantischen Geldbedarfs misstrauisch und verlangte eine Erklärung für einen bestimmten Fehlbetrag. Leeson konnte nun nur noch durch gefälschte Briefe den Einsturz seines Lügengebäudes verhindern. Noch einmal gelang es ihm, fast 100 Millionen Pfund für Spekulationen zu erhalten. Doch Leeson hatte Pech und erhöhte seine Verluste auf über 400 Millionen.

Jetzt erst gab Leeson auf. Zusammen mit seiner Frau flüchtete er nach Malaysia, um sich von dort nach Großbritannien durchzuschlagen. Ihm war klar, dass in seiner Heimat die Polizei auf ihn warten würde, doch er wollte auf jeden Fall eine Verhaftung in Singapur verhindern. In Malaysia bemerkten die beiden, dass der Schwindel aufgeflogen war und Leeson die Titelseiten der internationalen Presse zierte. Da es keinen Direktflug nach London gab, musste es Leeson über die Brunei, Bangkok, Abu Dhabi und Frankfurt versuchen. Zunächst ging alles gut, doch in Frankfurt war die Flucht zuende und Leeson wurde verhaftet. Tief im Schlamassel steckte längst auch die Barings-Bank, die nun unter Zwangsverwaltung gestellt wurde. Nachdem die Bank of England sich weigerte, öffentliche Mittel zur Rettung des traditionsreichen Finanzinstituts zur Verfügung zu stellen, musste Barings Konkurs anmelden.

Leeson standen einige bewegte Jahre bevor. Von Deutschland aus wurde er nach Singapur ausgeliefert, wo ihn ein kurzer Prozess erwartete. Da er alles gestand, war die Verhandlung bereits am ersten Tag beendet. Leeson wurde zu sechs Jahren und sechs Monaten Haft verurteilt, die er im berüchtigten Changi-Gefängnis in Singapur absitzen musste. Als einer der wenigen Übeltäter, die in diesem Buch beschrieben werden, erhielt Leeson damit eine empfindliche Strafe. Während seiner Haft erkrankte er 1998 an Darmkrebs und musste operiert werden, im Juli 1999 wurde er vorzeitig entlassen. Obwohl ihn seine Frau zwischenzeitlich verlassen hatte und trotz immenser Schulden konnte sich Leeson von nun an wieder den angenehmen Dingen des Lebens widmen. Seine Gläubiger erkannten, dass von Leeson nur etwas zu holen war, wenn nicht seine gesamten Einnahmen gepfändet wurden. Deshalb einigten sie sich mit Leeson darauf, dass dieser nur 40 Prozent seines Einkommens zur Schuldentilgung abtreten musste. So konnte sich der inzwischen weltweit bekannte Brite weiterhin ein Leben ohne finanzielle Sorgen leisten, zumal er seine Geschichte geschickt vermarktete. Leeson hielt gut besuchte Vorträge, engagierte sich für die Krebshilfe und unterstützte auch sonst karitative Organisationen. Zudem machte er Werbung für eine schwedische Bank und deren seriöse Beratung. Sein Werbespruch: „Es ist leichter als man denkt, alles über Nacht zu verlieren. Ich muss es wissen."

# Das finanzielle Perpetuum mobile

## Die Pleite der Vera/Pevos-Pensionskassen

| Ort: | Olten (Schweiz) |
|---|---|
| Zeit: | 1996 |
| Vernichtete Summe: | 200 Millionen Franken |
| Geschädigte: | Vera-Stiftungen, Pevos-Stiftungen, Sicherheitsfonds |
| Grund: | Missmanagement |

Die Schweiz genießt zwar als internationaler Finanzplatz einen erstklassigen Ruf. Dass sich Geld in Form eines finanziellen Perpetuum mobile von selbst vermehrt, übersteigt jedoch auch im Land der Eidgenossen den Bereich des Möglichen. Fast zwei Jahrzehnte lang schien es allerdings eine Ausnahme zu geben: Die Vera- und Pevos-Stiftungen des Unternehmers Albert Heer, die zahlreichen schweizerischen Unternehmen als Pensionskassen dienten, brachten eine Geldvermehrung in Gang, die den Gesetzen des Marktes scheinbar widersprach. Leider ging dieses Kunststück nur so lange gut, bis die vermeintliche Gelddruckmaschine irgendwann ins Stocken geriet und unter Vernichtung von 200 Millionen Franken in sich zusammenbrach. Einer der größten Flops der Schweizer Wirtschaftsgeschichte und der größte schweizerische Pensionskassen-Skandal waren perfekt.

Um den Hintergrund der Ereignisse zu verstehen, sollte man zunächst einen Blick auf das Schweizer Sozialsystem werfen. 1985 wurde in der Schweiz die so genannte Pensionskassenpflicht eingeführt. Seitdem sind dort Arbeitgeber und Arbeitnehmer verpflichtet, einen Teil des Einkommens an eine Pensionskasse abzugeben, die mit den eingesammelten Geldern später einen Beitrag zur Altersversorgung leistet. Als Folge dieses Gesetzes sind heute mehrere Tausend schweizerische Pensionskassen aktiv, die sich – mit mehr oder weniger großem Erfolg – bemühen, das von ihnen verwaltete Vermögen zu mehren, um den Beitragszahlern eine hohe Rückerstattung zu ermöglichen. Durch waghalsige Transaktionen und millionenschwere Anlageflops ist dabei schon so manche Pensionskasse ins Gerede gekommen. Für das mit Abstand größte Debakel sorgten bisher jedoch zweifellos Vera und Pevos.

Albert Heer, Bauunternehmer aus dem schweizerischen Olten, hatte die beiden Stiftungen Vera und Pevos bereits in den 60er und 70er Jahren als Vorsorgegesellschaften gegründet. Als 1985 die Pensionskassenpflicht eingeführt wurde, teilte Heer die beiden Stiftungen in je eine Sammel- und eine Anlagestiftung auf. Ziel der beiden Sammelstiftungen war es, die Beiträge von Partnerunternehmen einzusammeln, die keine eigene Pensionskasse betrieben und dafür Vera bzw. Pevos als solche nutzten. Die beiden Anlagestiftungen hatten das Ziel, die Gelder ihrer Anteilseigner gewinnbringend in Wertpapiere und Immobilien anzulegen, wobei insbesondere auch Kredite an Unternehmen der Heer-Gruppe vergeben wurden. Die Sammelstiftungen und die zugehörigen Anlagestiftungen bildeten zwar jeweils eine Einheit, waren jedoch formell voneinander getrennt. Die Sammelstiftungen legten die eingesammelten Pensionskassenbeiträge auch nicht bei den zugehörigen Anlagestiftungen an, sondern vermittelten sie an die Lebensversicherungen Genfer Leben und Vita (später Zürich Leben). Dies erleichterte natürlich die Kundengewinnung beträchtlich, denn die beiden namhaften Versicherungen weckten deutlich mehr Vertrauen als die damals noch unbekannten Vera- und Pevos-Stiftungen. Etwa 200 schweizerische Unternehmen konnten Vera und Pevos auf diese Weise als Beitragszahler gewinnen.

Auf den ersten Blick unterschieden sich Vera und Pevos damit kaum von anderen Pensionskassen. Hinter den Kulissen sah die Sache dagegen etwas anders aus: Um das Geschäft anzukurbeln, nahmen die Sammelstiftungen bei den Versicherungen, mit denen sie zusammenarbeiteten, so genannte Policendarlehen auf. Sie erhielten also Kredite von den Versicherungen und verpfändeten dafür die eingezahlten Prämien. Diese Kredite, die bis zu 50 Prozent der Vorsorgegelder ausmachten, verwendeten die Sammelstiftungen, um Anteile an den Anlagestiftungen zu erwerben, die dadurch zusätzliche Mittel erhielten. Dies war jedoch nur der Anfang der scheinbaren Geldvermehrung: Mit den zusätzlichen Einnahmen stellten die Anlagestiftungen nämlich Unternehmen aus der Baubranche lukrative Aufträge in Aussicht, wenn diese im Gegenzug Vera oder Pevos als Pensionskasse nutzten. Neue Kunden bedeuteten dann wieder neue Policen-Darlehen und damit neues Geld. Damit dieser unter dem Motto „Aus der Region für die Region" beworbene Kreislauf auch wirklich funktionierte, investierten die Anlagestiftungen tatsächlich in Bauprojekte, wobei die Beiträge zahlenden Unternehmen teilweise großzügig mit Aufträgen versorgt wurden. Mit den Immobilien als Sicherheit besorgten sich die Anlagegesellschaften zudem weitere Kredite, die wiederum für neue Investitionen genutzt werden konnten. Scheinbar war den Vera/Pevos-Stiftungen der Aufbau eines finanziellen Perpetuum mobile gelungen, von dem alle Beteiligten – Versicherungen, Stiftungen, Beitragszahler und Banken – profitierten.

Doch die Sache hatte einen Haken: Die von den Anlagestiftungen gebauten Immobilien versorgten zwar zahlreiche kleinere Unternehmen mit Aufträgen, warfen jedoch keine Gewinne ab. Nach Ansicht vieler Beobachter gingen die Anlagestiftungen äußerst unprofessionell zu Werke. Sie verzichteten auf Marktanalysen sowie auf Wirtschaftlichkeitsrechnungen und mussten dafür Mieten und Verkaufspreise hinnehmen, welche die Kosten nicht deckten. Dass das Anlagekonzept von Vera und Pevos dennoch fast zwei Jahrzehnte lang funktionierte, lag daran, dass die Stiftungen Verluste durch das Anwerben neuer Beitragszahler ausglichen. Das scheinbare Perpetuum mobile war in Wirklichkeit also nichts anderes als ein altmodisches Schneeballsystem. „Spätestens 1985 waren Vera und Pevos überschuldet", berichtete Rechtsanwalt Christoph Degen, Mediensprecher der späteren Liquidatoren. „Interne Dokumente belegen, dass dem Management diese Situation auch bewusst war. Doch zunächst konnte man die haarsträubende Vera/Pevos-Investitionspolitik noch vertuschen." Als besonders verwerflich bezeichnete Degen die Tatsache, dass Vera und Pevos die Vorsorgegelder ausgerechnet für den risikoreichsten Teil der Baufinanzierung nutzten: Während die Banken ihre Kredite mit Hypotheken absicherten, wurden die Pensionsgelder ohne Sicherheit aufs Spiel gesetzt. So hatte sich sicherlich keiner der einzahlenden Arbeitnehmer die Verwendung seiner Prämien vorgestellt.

Anfang der 90er Jahre kam das vermeintliche Perpetuum mobile jedoch ins Stocken, wozu auch eine zu dieser Zeit in der Schweiz herrschende Immobilienkrise beitrug. Nachdem Vera und Pevos kaum noch Neukunden gewinnen konnten, fehlten den Anlagestiftungen auf einmal die Mittel, um den Anteilseignern ihre Zinsen zu zahlen. Dies bekamen auch die Sammelstiftungen zu spüren, die ihrerseits die Kreditraten an die Versicherungen nicht mehr aufbringen konnten. Das gesamte Vera/Pevos-Gebäude brach schließlich zusammen, als das Bundesamt für Sozialversicherung (BSV), das als Kontrollinstanz jahrelang nichts von den seltsamen Anlage-Praktiken bemerkt hatte, den Vera/Pevos-Stiftungen auf die Schliche kam und deren Zahlungsunfähigkeit feststellte. Im Januar 1996 ordnete das BSV die Liquidierung der Stiftungen an.

Der Schaden, den Vera und Pevos angerichtet haben, wurde inzwischen auf etwa 200 Millionen Franken geschätzt. Neben dem im Februar 2000 verstorbenen Albert Heer und den Stiftungsräten standen nun vor allem die beteiligten Versicherungen und die Wirtschaftsprüfungs-Gesellschaft Visura am Pranger. Die insgesamt 18 Gerichtsverfahren, die Visura und den Versicherungen jetzt drohten, hatten bei Redaktionsschluss dieses Buchs teilweise noch nicht einmal begonnen. Während auch das Schweizer Finanz-Departement für mögliche Verfehlungen des BSV Schadenersatzforderungen hinnehmen musste, drohte einigen Beteiligten eine Anklage wegen Untreue. Immerhin wurde durch die Pensionskassenpleite kein einziger Beitragszahler um seine Altersvorsorge gebracht: Ein speziell für solche Zwecke eingerichteter Sicherheitsfonds der Pensionskassen übernahm den Schaden – bisher über 73 Millionen Franken.

# Das passiert halt mal

## Die Pleite des Hedge-Fonds LTCM

| | |
|---|---|
| **Ort:** | USA |
| **Zeit:** | 1998 |
| **Vernichtete Summe:** | 4 Milliarden Dollar |
| **Geschädigte:** | Anleger |
| **Grund:** | Selbstüberschätzung |

**D**er *Focus* nannte sie das „Dream-Team der Wall Street". Unterstützt von zwei Wirtschafts-Nobelpreisträgern und einem ehemaligen Vize-Chef der US-Zentralbank leitete John Meriwether den Long Term Capital Management Fonds (LTCM). Der 1994 gegründete LTCM war natürlich nicht irgendein Anlagefonds, dem normal Sterbliche ihr Erspartes in der Hoffnung auf ordentliche Zinsen anvertrauen konnten. Vielmehr gehörte der LTCM zu den so genannten Hedge-Fonds und war damit in der „Königsdisziplin der Kapitalanlage" *(Handelsblatt)* aktiv. Hedge-Fonds verfolgen das Ziel, die Erträge von Börsenspekulationen durch die Einbeziehung von Krediten zu erhöhen. Dass da-

durch mit den Gewinn-Chancen auch die Risiken steigen, gehört zum Geschäft. Die Manager eines Hedge-Fonds investieren die Gelder der Anleger nicht direkt in irgendwelche Wertpapiere, sondern verwenden sie als Sicherheit für Kredite. Erst diese Kredite werden dann an der Börse angelegt. Das so erstandene Depot verpfänden die Fonds-Manager wiederum zur Aufnahme zusätzlicher Kredite, um damit die zum Wertpapierkauf zur Verfügung stehende Geldmenge weiter zu erhöhen. Der Kauf von Wertpapieren auf Pump ist eine Vorgehensweise, von der jedem Kleinanleger abgeraten wird. Bei Hedge-Fonds gehört sie dagegen zur Methode.

Der LTCM unterschied sich von

anderen Hedge-Fonds vor allem dadurch, dass er noch größere Risiken einging. Die 4,7 Milliarden Dollar, die Anleger bis Mitte 1998 in den Fonds eingezahlt hatten, verwendeten Meriwether und seine Mitarbeiter als Sicherheit für Kredite in Höhe von 125 Milliarden Dollar, die in Wertpapiere investiert wurden. Mit diesen Werten als Sicherheit führte der LTCM Transaktionen im Wert von rekordverdächtigen 1.250 Milliarden Dollar durch. Dies entsprach mehr als dem Doppelten des deutschen Bundeshaushalts. Nach außen hin wurden diese enormen Summen jedoch nicht bekannt, viele Experten gingen von einem Anlagebetrag in Höhe von etwa 90 Milliarden aus. Vielleicht wollten es die LTCM-Kunden auch gar nicht so genau wissen, denn in den ersten Jahren warf der Fonds eine ordentliche Rendite in Höhe von etwa 25 Prozent jährlich ab.

Doch dem hohen Ertrag stand auch ein hohes Risiko gegenüber. Und dieses sorgte im Sommer 1998 dafür, dass der LTCM einige Monate lang zu einer Geldvernichtungsmaschine ungekannten Ausmaßes mutierte. Schuld daran waren neben einem Zinseinbruch in den USA der Zusammenbruch des Finanzmarkts in Russland und die Asienkrise. Diese Vorgänge wirkten allesamt wie Gift auf die Geschäfte des LTCM, dessen Manager jeweils auf die entgegengesetzte Entwicklung gesetzt hatten. Allein im August 1998 schrumpfte so das Eigenkapitel des Fonds von 4,7 auf 2,3 Milliarden Dollar – innerhalb eines Monats hatten sich also 2,4 Milliarden Dollar in Luft aufgelöst. „Der August war ein schmerzhafter Monat für uns", ließ Meriwether lapidar seinen Anlegern verkünden. Als drei Wochen später dann nur noch 600 Millionen in der Kasse waren, drohte ein gigantische Pleite, von deren Folgen angesichts der gigantischen Summen zweifellos die gesamte Weltwirtschaft betroffen gewesen wäre. Um die Katastrophe zu verhindern, starteten 15 Groß- und Investment-Banken eine der größten und teuersten Rettungsaktionen der Wirtschaftsgeschichte: Unter der Vermittlung der Federal Reserve Bank stellten sie innerhalb von wenigen Tagen 3,65 Milliarden Dollar zur Verfügung. Zu den Rettern gehörte neben Goldmann-Sachs und Merrill Lynch auch die Deutsche Bank, obwohl diese nach eigenen Aussagen nicht im LTCM engagiert war.

Obwohl der Zusammenbruch des LTCM durch die internationale Hilfsaktion erst einmal verhindert war, versetzte die Krise des Hedge-Fonds die Weltwirtschaft in ein mittleres Erdeben. Die Schweizer Großbank UBS, die durch die LTCM-Krise eine Milliarde Franken verloren hatte, musste einen Rückgang des Aktienkurses um 40 Prozent hinnehmen. Andere Banken, wie ING und ABN Amro verloren ebenfalls an Wert. Immerhin erholte sich der LTCM wieder schnell und konnte dabei die 3,65 Milliarden Finanzhilfe nach und nach wieder zurückzahlen. Unter dem Strich kamen die Anleger somit trotz der zwischenzeitlichen Pleite auf eine jährliche Rendite von 18 Prozent. Einen echten Banker konnte die gesamte Affäre ohnehin nicht erschüttern. So zitierte *Die Welt* eine Stimme aus Bankenkreisen mit einem gelassenen Kommentar: „Das passiert halt mal."

# Das blau-grüne Desaster

## Die gescheiterte Deutsche-Dresdner-Fusion

| | |
|---|---|
| **Ort:** | Deutschland |
| **Zeit:** | 2000 |
| **Vernichtete Summe:** | Mehrere hundert Millionen Euro |
| **Geschädigte:** | Deutsche Bank, Dresdner Bank |
| **Grund:** | Falsche Einschätzung der Lage |

Aus der Traumhochzeit wurde nichts:
Die Deutsche Bank (links) und
die Dresdner Bank (rechts) ließen
die geplante Fusion platzen.

Eine Strategie, die nichts taugt, eine Ankündigung, der nichts folgt", schrieb *Der Spiegel* im April 2000 und fügte hinzu: „Selten haben sich Bankmanager so blamiert". Ziel des Spotts war das einige Tage zuvor bekannt gewordene Scheitern einer der größten Fusionen der deutschen Wirtschaftsgeschichte. Die Elefantenehe der Deutschen Bank und der Dresdner Bank war nach einer schmerzhaften Scheidung zu Ende gegangen, bevor überhaupt die Hochzeit stattgefunden hatte. Was nach dem „blau-grünen Desaster" *(Der Spiegel)* zurückblieb, war ein riesiger Image-Schaden für beide Seiten und ein mustergültiges Beispiel für einen wirtschaftlichen Flop, der auf eine falsche Einschätzung der Lage zurückzuführen ist.

130 Jahre lang hatten sich die Deutsche Bank und die etwa halb so große Dresdner Bank einen erbitterten Konkurrenzkampf geliefert. Diese Rivalität sollte ein Ende haben, als Anfang 2000 die ersten konkreten Schritte in Richtung einer Fusion unternommen wurden. Verkuppelt wurde das spätere Brautpaar vom Versicherungskonzern Allianz, der zu diesem Zeitpunkt an beiden Banken beteiligt war. Allianz-Chef Henning Schulte-Noelle konnte sowohl Rolf Breuer, Chef der Deutschen Bank, als auch Bernhard Walter, Vorstandsvorsitzender der Dresdner Bank, für das Vorhaben gewinnen. Breuer als Chef des größeren Fusionspartners dürfte die Idee einer erheblichen Vergrößerung des Konzerns ohnehin sympathisch gewesen sein. Walter, der oft als Zauderer gescholten wurde, konnte sich durch die mutige Fusion endlich einmal als Mann der Tat präsentieren, wobei ihm ganz nebenbei auch noch ein Platz in der Doppelspitze des zukünftigen Konzerns neben Breuer winkte.

Die Aussicht war ja auch verlockend: Durch die Fusion wäre eine mächtige Superbank mit einer Bilanzsumme von deutlich über 1.000 Milliarden Euro entstanden, die mit großem Abstand den deutschen Markt angeführt hätte. Einer der Hauptvorteile des Zusammenschlusses lag darin, dass die chronisch unrentablen Filialnetze der beiden Fusionspartner zusammengeführt und durch Schließung der weniger interessanten Standorte effektiver gemacht werden konnten. Nebenbei wollte natürlich auch die Allianz von dem Deal, den sie selbst eingefädelt hatte, profitieren: Für einen günstigen Preis waren für den Münchner Versicherungskonzern Anteile an der Privatkunden-Tochter Deutsche Bank 24 vorgesehen, über deren Filialnetz Versicherungen verkauft werden sollten. Außerdem sollte die Allianz die Versicherung Deutscher Herold und die Fonds-Gesellschaft DWS – gleichsam als Abfallprodukte der Fusion – übernehmen. Da alles so schön zu passen schien, waren sich die drei Parteien innerhalb einiger Wochen einig: Die Fusion der Dresdner und der Deutschen Bank sollte Realität werden. Auch Name und Logo waren der neuen Superbank waren schnell gefunden: Das vereinte Institut sollte „Deutsche Bank" heißen, dafür durfte die Dresdner Bank ihr grünes Band als Erkennungszeichen beisteuern.

Da in die geheimen Beratungen der Konzernchefs nur wenige Mitarbeiter eingeweiht werden konnten, konnten die meisten weiteren Details nicht vorab geklärt werden. Dieses Problem, das sich bei jeder Fusion stellt, sollte Breuer und Walter später besonders zu schaffen machen. Doch damit nicht genug: Erste Indiskretionen über die streng geheimen Verhandlungen zwangen die Beteiligten bereits im März 2000, ihre Karten auf den Tisch zu legen – viel zu früh, wie sich herausstellte. Am 7. März bestätigten die Deutsche und die Dresdner Bank die geplante Fusion und ließen damit die Bombe platzen. Zwei Tage später erläuterten Breuer und Walter ihre Pläne von einem „globalen Powerhaus" im Rahmen einer Pressekonferenz.

Die Öffentlichkeit und die Börsen reagierten längst nicht so euphorisch auf die Nachrichten aus Frankfurt, wie man es sich in den Chefetagen der beiden Bankhäuser vorgestellt hatte. Da Breuer und Walter die Streichung von 16.300 Stellen angekündigt hatten, regte sich vor allem bei den Mitarbeitern der beiden Banken Widerstand. Zu den Betroffenen gehörten in erster Linie Filialmitarbeiter, denn eine Ausdünnung des Filialnetzes gehörte schließlich zu den wichtigsten Gründen der Fusion. Mehr noch als bei der Deutschen Bank mussten Mitarbeiter der Dresdner Bank um ihren Job fürchten, denn in vielen Bereichen drohte eine Übermacht des Fusionspartners. Grund zur Freude hatte zu diesem Zeitpunkt nur die Allianz. Die Stärkung des Vertriebs durch den Zugang zu den Bank-24-Filialen sowie die Übernahme der DWS und dem Deutschen Herold sahen Analysten als erhebliche Vorteile. Zudem würde die Allianz als einzige der drei Beteiligten keine Fusionsprobleme zu verkraften haben. „Der Versicherungsriese ist der heimliche Sieger der Frankfurter Fusion", urteilte daher der *Focus*.

Während die Allianz also gelassen auf die Elefantenhochzeit warten konnte, plagten sich die beiden Banken mit Verhandlungen ab, in denen die zahlreichen Details der Fusion geregelt werden sollten. Zum besonderen Zankapfel wurde dabei die Investment-Bank und Dresdner-Bank-Tochter Kleinwort Benson, die der Deutschen Bank nicht so recht ins Konzept passte. Die Investment-Banker der Deutschen Bank, die immerhin etwa die Hälfte des Jahresgewinns erwirtschafteten, wollten auf die

Kollegen von Kleinwort Benson lieber verzichten. Eine Zerschlagung oder ein Verkauf kam dagegen für die Dresdner Bank nicht in Frage. Bei der Pressekonferenz am 9. März hatte Breuer Verkaufsgerüchte noch als „blanken Unsinn" bezeichnet. Nun aber wollte er sich nicht gegen die Mitarbeiter des lukrativsten Deutsche-Bank-Geschäftsfelds stellen.

Zu allem Überfluss wurde Mitte März dann auch noch bekannt, dass die Dresdner Bank alle Bankkunden mit weniger als 200.000 Mark Vermögen an die Deutsche Bank 24 abschieben wollte. Angesichts des für Banken wenig einträglichen Endkundengeschäfts war dies zwar eine nachvollziehbare Maßnahme. Dennoch fühlten sich zahlreiche Sparer nun zu Kunden zweiter Klasse degradiert. Dem ramponierten Ansehen der beiden Banken schadete dies zusätzlich, zumal die Boulevard-Presse die Vorlage dankbar nutzte. „Immer auf die Kleinen", wetterte die *Bild*-Zeitung.

Angesichts der immensen Probleme hatte der Fusionsbegeisterung bei den beiden Großbanken Anfang April bereits deutlich nachgelassen. Allianz-Chef Schulte-Noelle versuchte nun noch einmal zu retten, was kaum noch zu retten war: Unter seiner Federführung einigten sich die Beteiligten am 4. April, dass Kleinwort Benson in den neuen Bankkonzern integriert werden sollte. Doch bereits am Tag danach bekam man bei der Deutschen Bank kalte Füße und zog das Einverständnis zurück. Diesen Rückzieher wollte die Dresdner Bank wiederum nicht akzeptieren und brach umgehend die Fusionsverhandlungen ab. Gerade einmal vier Wochen nach Bekanntwerden war die Fusion damit gescheitert und alle Pläne nur noch Makulatur. Bernhard Walter reichte anlässlich des Desasters anschließend seinen Rücktritt ein, Breuer blieb dagegen im Amt.

Nach dem Schaden brauchten die Beteiligten für den Spott nun nicht mehr zu sorgen. „Ein solches Desaster hat es im deutschen Geldgewerbe noch nie gegeben", schrieb *Der Spiegel* und urteilte über Rolf Breuer: „Sein Traum ist geplatzt, seine Vision gescheitert. Nur in der Größe des Scheiterns hat er alle übertroffen." Immerhin blieb den Managern der drei Beteiligten ein Trost: Nachdem die Aktionäre die Fusion äußerst skeptisch beurteilt hatten, waren die Kurse beider Banken gesunken. Nach der Trennung stiegen die Kurse dagegen wieder deutlich an.

# 5.
# Flops aus der New Economy

# Politisch korrektes Cybermoney

## Die Pleite von Digicash

| Ort: | Amsterdam |
|---|---|
| Zeit: | 1998 |
| Vernichtete Summe: | 10 Millionen Dollar |
| Geschädigte: | Digicash, Investoren |
| Grund: | Selbstüberschätzung |

**K**aum eine Problemstellung in der New Economy ist so interessant und gleichzeitig so entscheidend wie die des Geldtransfers über das Internet. Wie, so lautet die schlichte Frage, kann der Kunde eines Online-Shops die erstandene Ware über das Internet hinweg bezahlen? An Antworten herrscht zunächst einmal kein Mangel, denn längst haben Finanz- und Internet-Experten zahlreiche Zahlungssysteme entwickelt, mit denen ein Bezahlen im weltweiten Datennetz auf sichere und zuverlässige Weise möglich ist. Dabei reicht das Spektrum von ausgeklügelten Methoden zur Nutzung von Kreditkarten im Internet bis zum so genannten Micropayment-System für Pfennig-Beträge. Doch ob die Idee nun von Branchenriesen wie IBM kam oder ob ambitionierte Start-ups ans Werk gingen – wirklich durchgesetzt hat sich bisher keines der zahlreichen Zahlungssysteme. Nach wie vor bezahlen weltweit die meisten Online-Shopper, indem sie ihre Kreditkartennummer eintippen. „Die Landschaft des elektronischen Bezahlens ist mit gefledderten Unternehmens-Leichen übersät, die erfolglos versucht haben, den Kreditkarten beim Online-Bezahlen Konkurrenz zu machen", beschrieb das Online-Magazin *Wired* die Lage. Zum Bedauern zahlreicher Internet-Freaks gehört seit 1998 auch die niederländisch-amerikanische Firma Digicash zu diesen Unternehmens-Leichen. Dabei überzeugte das von Digicash entwickelte Ecash-System durch eine ausgeklügelte Technik, die vollkommen anonyme Zahlungen ermöglichte. Doch das Lob von Verschlüsselungs-Experten und Datenschützern ersetzt nun einmal weder Umsätze noch eine ausreichende Kapitaldecke.

Gegründet wurde Digicash 1990 von dem US-Verschlüsselungs-Experten David Chaum. Dieser hatte bereits in den 80er Jahren erkannt, dass die Übertragung von Geld auf digitalem Weg in der Zukunft ein interessanter Markt werden würde. 1985 hatte Chaum sein erstes Patent in diesem Bereich erhalten, 15 weitere sollten folgen. Digicash, dessen Hauptsitz Chaum nach Amsterdam verlegte, feierte mit der Entwicklung eines Abrechnungssystems für Straßengebühren im Auftrag der niederländischen Regierung erste Erfolge. Als Mitte der 90er Jahre das Internet immer populärer wurde, erkannte Chaum – wie viele andere – den Bedarf für ein sicheres Zahlungssystem, das beim Einkaufen im Netz verwendet werden könnte. Die Art und Weise, wie Chaum sich die Übertragung einer Geldsumme über das Internet vorstellte, war besonders ambitioniert: Während die Konkurrenz versuchte, Schecks, Überweisungen oder Kreditkarten ins Netz zu integrieren, setzte Digicash auf einen digitalen Ersatz für Bargeld. Wie bei echtem Bargeld sollte es dabei für niemanden nachvollziehbar sein, welchen Weg das Geld nahm. Der gläserne Kunde im Internet sollte dank Digicash vermieden werden.

Um seinen Traum vom digitalen Bargeld zu verwirklichen, entwickelte Chaum auf Basis seiner Patente das Zahlungssystem Ecash. Dieses sieht digitale Geldscheine vor, die nur als Datei existieren und durch digitale Signaturen vor Fälschung geschützt sind. Durch einen von Chaum erfundenen speziellen Verschlüsselungs-Vorgang, dem so genannten „Blenden", sind die Seriennummern der digitalen Geldscheine für den Herausgeber nicht sichtbar. Im Gegensatz zu fast allen Konkurrenz-Produkten ist Ecash damit vollkommen anonym. Das Kopieren von digitalen Geldscheinen, das problemlos möglich ist, führt bei Ecash dank spezieller Online-Überprüfungen nicht zum Erfolg. Durch die ausgeklügelte Verwendung von Verschlüsselungs-Techniken gelang Chaum somit ein Zahlungssystem, das alle Experten begeisterte. Daten- und Verbraucherschützer hatte Ecash dank der Anonymität der Geldtransfers ohnehin von Anfang an auf seiner Seite. Auch die Medien berichteten ausführlich über Ecash und dessen genialen Erfinder David Chaum. „Geld zum Anfassen ... ist in der Online-Welt so überholt wie in der realen der Tauschhandel", schrieb der *Focus* euphorisch und fügte hinzu: „Im World Wide Web bezahlt man jetzt mit Cyberdollars."

Doch genauso wie fast alle anderen Zahlungssysteme für das Internet, so schaffte auch Ecash nie den Sprung vom viel bestaunten Kuriosum zum Gebrauchsgegenstand. Auch im neuen Jahrtausend zahlen die meisten Online-Shopper ihre Waren noch meist durch das Eintippen der Kreditkartennummer oder per Rechnung. Doch dass Digicash den Durchbruch nie schaffte, hatte auch hausgemachte Gründe. So entwickelte Digicash beispielsweise die notwendige Software selbst, anstatt das Ecash-Prinzip an einflussreiche Unternehmen der Finanzbranche zu lizenzieren. Mit den etwa 10 Millionen Dollar, die das Unternehmen als Risikokapital aufgebracht hatte, war Digicash zudem deutlich unterkapitalisiert und obendrein mit etwa 50 Mitarbeitern zu klein für die gestellten Aufgaben.

Vor diesem Hintergrund ist es kein Wunder, dass ein viel beachtetes Pilotprojekt in den Jahren 1994 und 1995 zum Höhepunkt der Digicash-Geschichte wurde. Das Unternehmen gab dabei Test-Geldscheine an 30.000 Pilotkunden aus, die damit bei Digicash-Partnern verschiedene Leistungen – etwa die Online-Version eines Zeitschriftartikels – einkaufen konnten. Als Ecash anschließend den Wirkbetrieb aufnahm, wurde die amerikanische Mark Twain Bank zum ersten Partner, der Ecash unterstützte. In Deutschland kündigte die Deutsche Bank einen Ecash-Modellversuch an, der ursprünglich 1996 beginnen sollte. Erste Online-Händler kündigten an, Ecash als Zahlungsmittel zu akzeptieren.

Doch der Ecash-Siegeszug, mit dem viele nun rechneten, fand nicht statt. Digicash hatte stattdessen mit einem typischen Henne-Ei-Problem zu kämpfen: Nur wenige Online-Shops akzeptierten das neue Zahlungssystem, und das meist nur als Alternative zur herkömmlichen Zahlungs-weise per Kreditkarte. So sahen sich nur wenige Internet-Nutzer zum Eintausch von Ecash-Geldscheinen veranlasst. Die geringe Kundenzahl sorgte wiederum dafür, dass sich auch die Nachfrage der Händler in Grenzen hielt. So dümpelte Ecash dahin, während das Interesse der Me-dien langsam nachließ. Auch die Deutsche Bank verschob ihren Modell-Versuch ständig und verabschiedete sich schließlich ganz von Ecash. Die Mark Twain Bank sprang ebenfalls ab. Im November 1998 musste Digi-cash Gläubigerschutz beantragen und damit seine Pleite erklären.

Zum Glück für viele Ecash-Sympathisanten überlebte das Zahlungs-system die Digicash-Pleite. Eine neugegründete Firma mit dem Namen Ecash Technologies übernahm Ecash inklusive aller Patente und versucht seitdem einen zweiten Anlauf. Das Lizenzieren der Patente gehört dabei zur Strategie des Unternehmens. Doch die Zeit arbeitet gegen Ecash Technologies: Bereits 2005 läuft das wichtigste Patent aus.

# Grundrechenarten außer Kraft gesetzt

## Die Krise am Neuen Markt

| Ort: | Deutschland |
|---|---|
| Zeit: | 2000 bis 2001 |
| Vernichtete Summe: | 160 Milliarden Euro |
| Geschädigte: | Anleger |
| Grund: | Falsche Einschätzung der Lage |

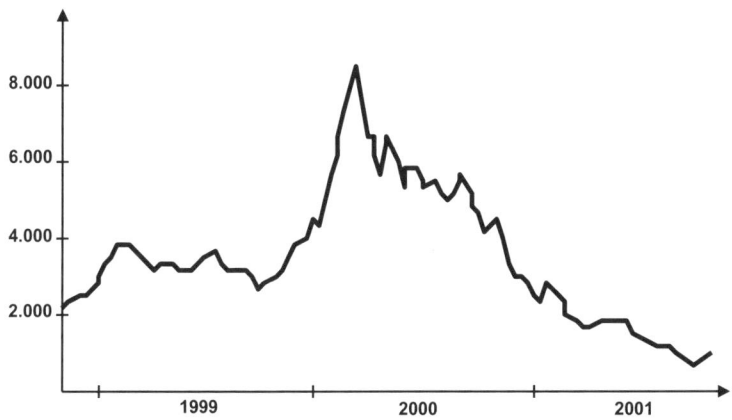

**Erst Top, dann Flop: Der Neue Markt machte zuerst alle Höhen, dann alle Tiefen durch.**

Als die Deutsche Börse AG 1997 mit dem „Neuen Markt" ein neues Segment eröffnete, begann in der deutschen Wirtschaftsgeschichte eine neue Ära. Unternehmen aus stark wachsenden Branchen sollten mit dem Neuen Markt einen Handelsplatz erhalten, allen voran natürlich solche Firmen, die rund um das boomende Internet ihr Geld verdienten. Die Idee war gut, aber nicht neu: In den Jahren zuvor waren in anderen Ländern ähnliche Börsen entstanden, von denen insbesondere die US-amerikanische Nasdaq weltweit die Anleger anzog.

Auch in Deutschland verfehlte die Idee, die Aktien junger Hightech-Unternehmen in einem eigenen Börsensegment zu versammeln, ihre Wirkung nicht. Vom ersten Tag an stürzten sich die Anleger wie die Geier auf die Papiere von Unternehmen, deren Geschäftsidee sie oft genug kaum verstanden. Wozu auch? Die Euphorie, die sich um den Neuen Markt entwickelt hatte, trieb die Nachfrage – und damit die Kurse – ganz von alleine nach oben. Wer etwa im Juli 1998 zu den Glücklichen gehörte, die beim Börsengang der Jenaer Intershop AG zum Zuge kamen, konnte über Nacht 160 Prozent Gewinn einstreichen. Knapp zwei Jahre später erreichte die Intershop-Aktie gar einen Höchststand von 135,40 Euro, was fast dem 40-fachen des Emissionskurses entsprach. Wer interessierte sich da schon für solche Nebensächlichkeiten wie das Betriebsergebnis des Unternehmens, das für das Jahr 2000 immerhin 40,7 Millionen Euro Verluste auswies? Auch die Tatsache, dass der Wert von Intershop (gemessen am Wert der Aktien) bis auf über 22 Milliarden anstieg und damit so manchen deutschen Großkonzern überflügelte, wurde von den meisten Anlegern ignoriert. Am Neuen Markt schienen die Grundrechenarten außer Kraft gesetzt. Bei einer solchen wunderbaren Geldvermehrung war es kein Wunder, dass es Dutzende von – meist kleinen – Unternehmen kaum mehr erwarten konnten, am Neuen Markt mitzumischen. Bis zum Redaktionsschluss dieses Buchs wagten über 340 Firmen den Schritt dort hin.

Skeptiker, die der Entwicklung am Neuen Markt nicht trauten, gab es von Anfang an. Fast drei Jahre lang wurden sie jedoch immer wieder eines Besseren belehrt. Selbst nach einem kleinen Rückschlag 1999 ging es mit dem NEMAX All Share, dem Index aller Aktien des Neuen Markts, noch einmal steil bergauf. Im Frühjahr 2000 kam es dann jedoch schließlich, wie es kommen musste: Der NEMAX All Share erreichte am

10. März mit 8560 Punkten seinen Höhepunkt und kannte von da an nur noch eine Richtung – nach unten. Noch im gleichen Jahr durchbrach der Index die 3000er-Linie und stürzte weiter. Mehrere Skandale, in die am Neuen Markt notierte Firmen verwickelt waren, drückten noch zusätzlich auf die Stimmung.

Im Herbst 2001 hatte der NEMAX All Share einen Stand von nur noch knapp 900 Punkten erreicht. Innerhalb von 15 Monaten hatten die Anleger am Neuen Markt damit einen Verlust von über 160 Milliarden Euro einstecken müssen. Die Folgen blieben nicht aus: Zahlreiche Anleger drehten dem Neuen Markt den Rücken und wandten sich wieder konservativen Geldanlagen zu. Währenddessen sahen sich die Manager von EM.TV, Gigabell, Intershop und Infomatec mit Klagen konfrontiert, die enttäuschte Anleger eingereicht hatten. Umdenken mussten nun auch alle anderen Unternehmen am Neuen Markt. Spätestens seit dem Sommer 2000 reichte das Wort „Internet" nicht mehr, um den Aktienkurs explodieren zu lassen. Stattdessen achteten Anleger auf einmal wieder auf bis dato nebensächliche Aspekte wie das Geschäftsmodell und die Finanzdaten eines Unternehmens. Besonders in Mode kamen dabei Unternehmen, die Gewinn machten, während kostspielige Expansionspläne kaum noch honoriert wurden. Hochkonjunktur hatten nun natürlich vor allem die, die es schon immer gewusst hatten: Die Börse ist nun mal keine Einbahnstraße und auch am Neuen Markt sind – welche Erkenntnis – die Grundrechenarten nicht außer Kraft gesetzt. So manchem Anleger muss es dagegen wie ein schlechter Witz vorgekommen sein, dass mehrere deutsche Banken Anfang 2001 Rekordgewinne für das zurückliegende Jahr vermeldeten. Dadurch bestätigte sich eine alte Börsenweisheit: An der Börse ist das Geld niemals weg – es hat nur ein anderer.

# Vom Himmel hoch, da komm ich her

## Der Kurssturz von EM.TV

| | |
|---|---|
| **Ort:** | Deutschland |
| **Zeit:** | 2000 |
| **Vernichtete Summe:** | 13 Milliarden Euro |
| **Geschädigte:** | EM.TV-Aktionäre |
| **Grund:** | Selbstüberschätzung |

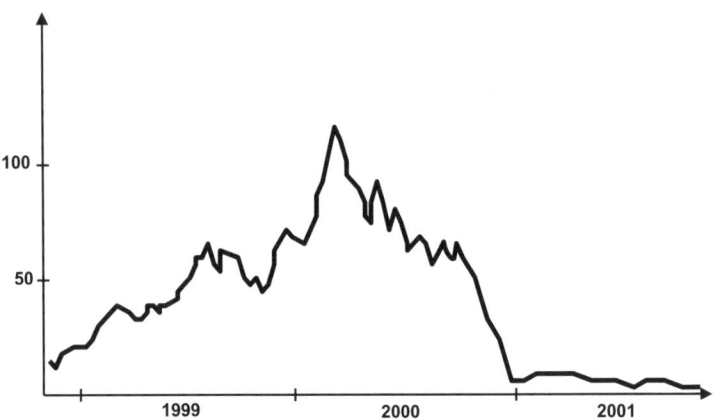

Die EM.TV-Aktie verdankte ihren Höhenflug mehr dem PR-Geschick des Firmenchefs Thomas Haffa als wirtschaftlichen Erfolgen. Doch die Anleger ließen sich nicht lange täuschen.

**D**as vielleicht beste Beispiel für den kreativen Umgang mit den Grundrechenarten am Neuen Markt lieferte im Jahr 2000 die Medienfirma EM.TV aus dem Münchner Vorort Unterföhring. Über 13 Milliarden Euro war das Unternehmen zu Spitzenzeiten wert, und das bei einem Umsatz von vergleichsweise bescheidenen 160 Millionen. Nicht nur der ehemalige RTL-Chef Helmut Thoma – einer der wenigen, die EM.TV schon früh öffentlich kritisierten – wunderte sich: „Entweder ist das ein Weltwunder oder die größte Seifenblase, die die Welt je gesehen hat." Inzwischen wissen wir, dass letzteres der Wahrheit näher kam.

Doch der Reihe nach. Große wirtschaftliche Erfolge sind seit Menschengedenken mit großen Unternehmerpersönlichkeiten verbunden. Im Falle von EM.TV war diese Persönlichkeit der ehemalige Auto- und Schreibmaschinenverkäufer Thomas Haffa. Das Handeln mit Filmrechten, das ihn später vorübergehend zum Milliardär machen sollte, lernte Haffa im Unternehmen des Medienmoguls Leo Kirch, wo er bis 1989 als leitender Angestellter tätig war. Danach versuchte er sein Glück in der Selbstständigkeit. Mit seiner Entertainment Merchandising GmbH (später in EM.TV umbenannt) handelte Haffa in den Folgejahren mit Senderechten für Kinderserien wie „Biene Maja" und „Alfred J. Kwak". Das Unternehmen kam jedoch mit seinen Umsätzen nicht über die 20-Millionen-Mark-Grenze hinaus und schrieb obendrein noch rote Zahlen. Da Haffa nun so langsam das Geld ausging, versuchte er, eine 50-Prozent-Beteiligung an EM.TV für 20 Millionen Mark an Bertelsmann zu verkaufen. Doch der Gütersloher Medienkonzern winkte bei einem derart hohen Preis ab.

Der gescheiterte Bertelsmann-Deal musste Haffa jedoch nicht lange grämen, denn 1997 entstand in Deutschland eine Geldgenerierungsmaschine namens „Neuer Markt", die EM.TV wie gerufen kam. Haffas Biene-Maja-Geschäft haftete zwar der Mangel an, weder mit dem Internet noch mit Biotechnologie etwas zu tun zu haben. Doch da Deutschlands Banken zu dieser Zeit nahezu alles an das neugegründete Börsensegment brachten, was auch nur entfernt nach Wachstum aussah, fiel es Haffa nicht schwer, sein Unternehmen am Neuen Markt zu platzieren. Ab Oktober 1997 wurden dort ein Viertel der EM.TV-Aktien gehandelt. Der Börsengang wurde ein Erfolg: 20 Millionen Mark spülte das Going Public in die EM.TV-Kassen. Damit erhielt Haffa für 25 Prozent des Unternehmens etwa die Summe, die Bertelsmann für 50 Prozent nicht zahlen wollte. Noch wunderte sich kaum jemand über diesen Umstand.

Haffa, die „größte PR-Kanone des Neuen Markts" (*Manager Magazin*), verstand es in den folgenden zweieinhalb Jahren geschickt, den Star-Unternehmer zu spielen. Er umgarnte seine Investoren mit Einladungen zum Snow-Board-Weltcup und anderen Events, versprach ein märchenhaftes Wachstum und versorgte die Anleger zunächst auch tatsächlich mit immer neuen Erfolgsmeldungen. Sein Ziehvater Kirch unterstützte ihn, indem er ihm ein dickes Filmpaket verkaufte, um es später in Teilen wieder zurückzukaufen. Dadurch wurde künstlich Umsatz generiert. Dass sich Haffa währenddessen eine Luxusjacht, einen Learjet, eine Finca auf Mallorca und andern Luxus gönnte, wollte niemand dem Self-Made-Man verdenken. Dass Haffa auch das EM.TV-Geld mit vollen Händen ausgab, störte ebenfalls niemanden, denn schließlich konnte das angestrebte Wachstum ja nur so gelingen. So erwarb EM.TV für 130 Millionen Mark eine Beteiligung an Bernd Eichingers Filmfirma Constantin, für 800 Millionen beteiligte sich das Unternehmen mit 45 Prozent an der Tele München des Kirch-Konkurrenten Herbert Kloiber (was Kirch natürlich vor den Kopf stieß). Dann wagte sich EM.TV in die USA: Für 680 Millionen US-Dollar übernahm das Unternehmen die defizitäre Jim Henson Company mit den Rechten an der berühmten „Muppet Show". Höhepunkt war schließlich eine Beteiligung an der Formel-1-Verwertungsgesellschaft SLEC von Bernie Ecclestone. 1,4 Milliarden Dollar zuzüglich eines EM.TV-Aktienpakets blätterte Haffa dafür auf den Tisch.

Währenddessen jagte die EM.TV-Aktie von einem Höchststand zum nächsten. Wer sich beim Börsengang mit den Papieren des Haffa-Unternehmens eingedeckt hatte, konnte seinen Einsatz bis zum März 2000 auf das 300-fache vermehren. Mit Kapitalerhöhungen und Wandelanleihen, bei denen die Anleger ordentlich zugriffen, beschaffte sich EM.TV zusätzliches Kapital für die immer mehr strapazierte Kriegskasse. Dass dem Unternehmen 1999 für einen dürftigen Quartalsbericht die „Goldene Zitrone" der Deutschen Schutzvereinigung für Wertpapierbesitz (DSW) verliehen wurde, registrierte man in Unterföhring dabei eher als Schönheitsfehler.

Anfang 2000 bekam jedoch auch EM.TV die Krise des Neuen Markts zu spüren. Die Aktie hatte schon einiges an Wert verloren, als die Aktionäre im Sommer die erste Hiobsbotschaft vernahmen: Finanzchef Florian Haffa – Bruder des Firmenbosses und außerdem Mitbesitzer von EM.TV – musste verkünden, dass die Bilanz für das erste Halbjahr falsch war und neu berechnet werden musste. Umsätze und Gewinne sahen nun auf einmal deutlich bescheidener aus. Thomas Haffa musste spätestens jetzt einsehen, dass sein Bruder als Finanz-Vorstand überfordert war, weshalb er sich von ihm trennte und durch Rolf Rickmeyer ersetzte. Im Dezember kam es dann knüppeldick: Jetzt verkündete Rickmeyer, dass EM.TV statt der erwarteten Gewinne von 250 Millionen Euro nun nur noch ein Zehntel davon erlösen würde. Finanzexperten rechneten sogar nach, dass bei weniger kreativer Bilanzführung ein Verlust von 50 Millionen Euro zu verbuchen war. Als nun noch Gerüchte über Liquiditäts-Probleme aufkamen, musste Haffa froh sein, dass sein Ziehvater Kirch 25 Prozent des Unternehmens übernahm und damit dringend benötigtes Geld in die Kassen spülte. „Faktisch wird EM.TV künftig von Kirch dominiert", kommentierte *Der Spiegel* den Machtverlust Haffas.

Während der Bilanzfehler und weitere schlechte Nachrichten bekannt wurden, stürzte der Kurs der EM.TV-Aktie im freien Fall nach unten. Nachdem das Papier Anfang 2000 noch 115,50 Euro wert war, blieben im Sommer 2001 gerade einmal 2 Euro übrig. „Vom Himmel hoch da komm ich her", feixte nun Ex-RTL-Chef Thoma, der mit seiner Einschätzung recht behalten hatte. Der Wert des Unternehmens war in der Zwischenzeit von 13 Milliarden Euro auf weniger als 250 Millionen gesunken. Ein zweistelliger Milliardenbetrag hatte sich damit in Luft aufgelöst. Einen leichten Aufwärtstrend verspürte die EM.TV-Aktie erst wieder Ende Juli 2001. Der Grund: Thomas Haffa hatte endlich seinen Rücktritt angekündigt.

# Der Global Player von morgen

## Die Pleite von Gigabell

| Ort: | Frankfurt |
|---|---|
| Zeit: | 2000 |
| Vernichtete Summe: | Mehrere zehn Millionen Euro |
| Geschädigte: | Gigabell-Aktionäre |
| Grund: | Selbstüberschätzung |

Es gibt Geschichten, die sind einfach besser, als es sich irgendein Schriftsteller ausdenken könnte. Zum Beispiel die Karriere des ehemaligen Schlagersängers Rudolf Zawrel: Unter dem Künstlernamen Daniel David versuchte sich dieser als Sänger, Komponist und Produzent – zum Schlagerstar wurde er nicht damit. Anfang der 90er Jahre probierte es David als Unternehmer, wobei er seinen Künstlernamen beibehielt. Doch auch zum Börsenstar brachte er es nicht. Berühmt wurde Daniel David schließlich trotzdem, und zwar als erster Pleitier am Neuen Markt.

Nachdem David seine Schlagerkarriere aufgegeben hatte, agierte er zunächst erfolglos als Handy-, später als Fax-Händler. Richtig durchstarten konnte David jedoch erst, nachdem er das Internet für sich entdeckt hatte. 1995 gründete er die Internet Pop Frankfurt (IPF), die 1999 in Gigabell umbenannt wurde. Die IPF verdiente ihr Geld zunächst als Internet-Provider, später kamen Telefon und E-Commerce als Geschäftsfelder dazu. Wie für viele andere, so kam auch für Davids Gigabell der Boom des Neuen Markts Ende der 90er Jahre gerade recht. Das Unternehmen präsentierte den Anlegern eine plausible Story: Durch die gleichzeitige Betätigung als Internet-Provider und als Telefongesellschaft wollte Gigabell Synergien nutzen und sich dadurch im Wettbewerb behaupten. Gleichzeitig gehörten auch Internet-Inhalte zum Angebot des Unternehmens, wodurch Gigabell auf einem breiten Fundament stand. Dabei setzten sich David und seine Kollegen ehrgeizige Ziele: Von dreistelligen Umsatzsteigerungen und schwarzen Zahlen bereits im Jahr 2000 war die Rede.

Für den Börsengang hatte sich Gigabell den 11. August 1999 ausgesucht, also den Tag der Sonnenfinsternis. Vielleicht stand das Unterfangen deshalb unter einem schlechten Stern, jedenfalls sank der Aktienkurs bereits am Ausgabetag auf 33 Euro und damit unter den Emissionskurs. Das hatte es am Neuen Markt bis dahin nicht gegeben. Doch am Neuen Markt kletterten Internet-Werte zu dieser Zeit wie von allein in die Höhe, und so musste sich auch Daniel David um den Kurs seiner Aktien keine Sorgen machen. Bis auf 132 Euro stieg das Papier. David versorgte die Fantasie der Anleger derweil mit scheinbaren Erfolgsmeldungen: Gigabell expandierte in Spanien, Österreich, den USA und Großbritannien, wobei es eine ganze Reihe kleinerer Unternehmen aufkaufte. Doch die teure Einkaufstour schlug sich nicht im erwarteten Maß in den Umsätzen nieder. Bereits im Frühjahr 2000 sahen zahlreiche Experten in Gigabell eines der Sorgenkinder des Neuen Markts. Als die Wachstumsbörse nach dem 10. März 2000 immer weiter in den Keller stürzte, traf es Gigabell besonders hart. Da nützten auch Berichte der Zeitschrift *Der Aktionär* nichts, die in dem Frankfurter Unternehmen im April noch einen „Global Player von morgen" sah. Herausgeber Bernd Förtsch geriet vielmehr in den Verdacht, die Gigabell Aktie aus privatem Interesse puschen zu wollen. Von schwarzen Zahlen im Jahr 2000 redete David zu diesem Zeitpunkt schon lange nicht mehr. Stattdessen musste er für das erste Halbjahr einen Verlust von 24 Millionen Mark vermelden, und das bei einem Umsatz von nur 22,5 Millionen.

Im September 2000, also gerade einmal 13 Monate nach dem Börsengang, war das gesamte Börsengeld schließlich aufgebraucht. Gigabell musste ein Insolvenzverfahren beantragen, das im November eröffnet wurde. Damit hatte das Unternehmen für eine vielbeachtete Premiere gesorgt: Zum ersten Mal musste ein Unternehmen des Neuen Markts seine Pleite eingestehen. Es sollte nicht die letzte bleiben. Eine Übernahme von Gigabell, die das Unternehmen hätte retten können, kam trotz zahlreicher Gespräche nicht zustande. Bereits im Oktober hatte David seinen Rücktritt erklärt, wegen Konkursverschleppung und Insiderhandel ermittelte die Staatsanwaltschaft gegen ihn. Auch die Gigabell-Aktie fristete nach der Pleite ein trostloses Dasein: Nachdem sie über 99 Prozent ihres Werts verloren hatte, wurde sie im Februar 2001 vom Neuen Markt verbannt. Gigabell hatte für das dritte Quartal 2000 keinen Quartalsbericht mehr eingereicht.

Mit der Pleite von Gigabell verlor der Neue Markt, der jahrelang von einem Allzeithoch zum nächsten geklettert war, seine Unschuld. Mit Teamwork, Teldafax, Infomatec und anderen kamen noch weitere Neue-Markt-Unternehmen ins Straucheln, die teilweise erheblich mehr Schaden anrichteten. Doch zwei Besonderheiten sorgten dafür, dass Gigabell bis heute einen höheren Symbolwert hat: Zum einen war das Unternehmen das erste, das Pleite ging. Zum anderen war der Firmenchef ein ehemaliger Schlagersänger.

# Zusammenschluss mehrerer Fußkranker

## Die Insolvenz der Teamwork AG

| Ort: | Paderborn |
|---|---|
| Zeit: | 2000 |
| Vernichtete Summe: | 200 Millionen Euro |
| Geschädigte: | Teamwork-Aktionäre |
| Grund: | Selbstüberschätzung |

Die Gigabell-Pleite ist noch nicht richtig verdaut, schon brauen sich neue Gewitterwolken über dem Neuen Markt zusammen", schrieb im November 2000 die *Süddeutsche Zeitung*. Der Grund für diese Meldung: Mit der Paderborner Teamwork AG hatte kurz zuvor zum zweiten Mal am Neuen Markt ein Unternehmen seine Pleite eingestanden und einen Insolvenzantrag gestellt. Mit Teamwork hatte es erneut ein Unternehmen aus der Computer-Branche erwischt, das im Zuge des Internet-Hypes erfolgreich an die Börse gestartet war. Zwischen Börsengang und Insolvenz lagen gerade einmal 16 Monate.

Teamwork galt zunächst in vielerlei Hinsicht als ein typisches Neuer-Markt-Unternehmen. Die 1993 von Heinz Ikenmeyer gegründete IT-Firma agierte zunächst mit durchwachsenem Erfolg als Unternehmensberatung und Softwareschmiede im Umfeld diverser IBM-Produkte. Im Juli 1999 – also etwa fünf Wochen vor Gigabell – ging Teamwork an den Neuen Markt, wobei der Ausgabepreis von 19 Euro für eine Marktkapitalisierung von gut 70 Millionen Euro sorgte. Das ist für ein Unternehmen, das im Jahr zuvor gerade einmal 9 Millionen Euro Umsatz bei einem geringen Gewinn erwirtschaftet hatte, ein stolzes Ergebnis, doch der Neue Markt machte zu dieser Zeit vieles möglich.

Mit dem Börsengeld ging Teamwork erst einmal auf Einkaufstour. Da entsprechende Akquisitionen zu diesem Zeitpunkt jedoch recht teuer waren, musste sich Ikenmeyer mit insgesamt sechs kleineren Unternehmen zufrieden geben, die obendrein nicht gerade zu den Perlen der Branche gehörten. Neben der britischen Infosys fanden so auch die französische Business Data Base und die polnische Inchrosoft ihren Weg in die Teamwork-Familie. Die mit diesen Zukäufen verbundenen Umsatzsteigerungen verfehlten ihre Wirkung zunächst einmal nicht: Die Teamwork-Aktie stieg zwar nicht so stark wie manch anderes Neuer-Markt-Papier, doch die Anleger konnten sich im Frühjahr 2000 über einen Kurs von 55 Euro freuen. Das Paderborner Unternehmen war zu diesem Zeitpunkt 200 Millionen Euro wert, nachdem es im Jahr 1999 knapp 15 Millionen Euro Umsatz gemacht hatte.

Doch genauso wie der Neue Markt insgesamt, so erlebte auch Teamwork nach dem Mai 2000 einen kräftigen Kurseinbruch. Im Juli musste das Unternehmen dann auch noch sein Umsatzziel nach unten korrigieren: Statt wie geplant 38 Millionen Euro wurden jetzt nur noch knapp 32 Millionen erwartet, bei einem Verlust von gut 4 Millionen Euro. Doch selbst diese Hiobsbotschaft, die kräftig auf den ohnehin schon ramponierten Kurs drückte, war in Wirklichkeit noch viel zu optimistisch. Im November blieb Teamwork daher nichts anderes übrig, als die Zahlen erneut nach unten zu korrigieren: Von 24,6 Millionen Euro Jahresumsatz und einem 11,3-Millionen-Verlust war jetzt die Rede. Diese tiefroten Zahlen konnte das Unternehmen nicht mehr verkraften, zumal das Börsengeld längst aufgebraucht war. Die Prügel, die Teamwork nun einstecken musste, ließen nicht lange auf sich warten: „Teamwork hat sich quasi halb totgekauft", kritisierte der *Platow-Brief* die Akquisitionspolitik von Ikenmeyer. Der *Focus* hieb in dieselbe Kerbe: „Aus einem Zusammenschluss mehrerer Fußkranker" entstehe noch kein Renner.

Immerhin vermied Teamwork-Chef Ikenmeyer den Fehler vieler anderen Pleitiers und verzichtete auf illegale Vertuschungsmaßnahmen.

Stattdessen reichte er im November 2000 einen Insolvenzantrag ein. Insgesamt kam Teamwork im Jahr 2000 auf einen Umsatz von knapp 15 Millionen Euro. Das Ende von Teamwork war mit der Insolvenz jedoch noch nicht besiegelt – ein Beweis dafür, dass sich eine seriöse Unternehmenspolitik in Zeiten der Zahlungsunfähigkeit lohnt. Ikenmeyer blieb auch nach Beginn des am 1. Januar 2001 eröffneten Insolvenzverfahrens Vorstandsvorsitzender und machte sich zusammen mit einem Insolvenzverwalter an eine Neuordnung des Unternehmens. Teamwork trennte sich von zahlreichen Mitarbeitern und verkaufte seine Beteiligungen. Ob das Paderborner Unternehmen die tiefe Krise überstehen würde, war bei Redaktionsschluss des Buchs noch nicht abzusehen. Für die Aktionäre war die Pleite dagegen längst perfekt: Nach dem einstigen Höchststand von 54 Euro dümpelte das Papier nun im niedrigen einstelligen Bereich dahin.

# Neue Maßstäbe des Schreckens

## Die Insolvenz der Infomatec

| Ort: | Augsburg |
|---|---|
| Zeit: | 2000 |
| Vernichtete Summe: | 1,5 Milliarden Euro |
| Geschädigte: | Infomatec-Aktionäre |
| Grund: | Selbstüberschätzung |

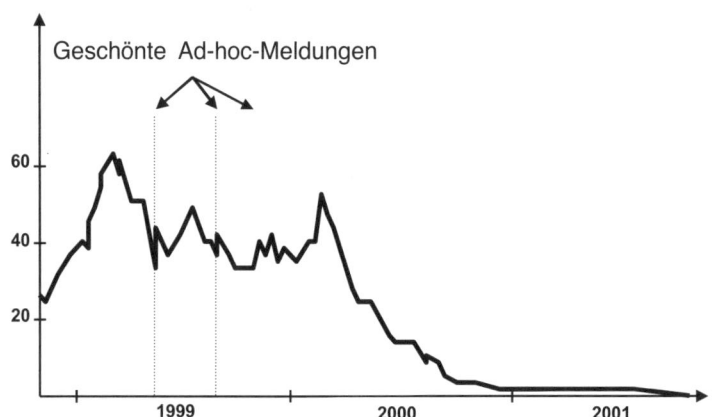

**Erfreuliche Ad-hoc-Meldungen halfen dem Kurs der Infomatec immer wieder auf die Sprünge – bis sich herausstellte, dass sie nicht der Wahrheit entsprachen.**

„Diese Mitteilung erinnert an eine Bankrotterklärung", zitierte die *Die Welt* im August 2000 den Analysten Joachim Michler. Grund für dieses vernichtende Urteil war eine Ad-hoc-Mitteilung der Augsburger Firma Infomatec, die für einen neuen Tiefpunkt in der Geschichte des Neuen Markts gesorgt hatte. Die Ad-hoc-Mitteilung hatte es gleich doppelt in sich: Zum einen musste Infomatec seine bisherige Umsatzprognose von 90 bis 100 Millionen Euro drastisch auf 50,1 Millionen Euro kürzen. Zum anderen musste das Augsburger Unternehmen erhebliche Übertreibungen in seinen bisherigen Ad-hoc-Mitteilungen eingestehen. Gleich drei Großaufträge, über die Infomatec ad-hoc informiert hatte, existierten in der gemeldeten Form nicht. Während daraufhin die Staatsanwaltschaft ermittelte und geprellte Anleger vor Gericht zogen, geriet es fast zur Nebensache, dass Infomatec in die Insolvenz rutschte.

Der Aufstieg der Infomatec, der dem unrühmlichen Ende vorausging, ist in vielerlei Hinsicht typisch für den Neuen Markt. Das 1988 von Gerhard Harlos und Alexander Häfele gegründete Unternehmen machte seine Umsätze hauptsächlich mit Software und diversen EDV-Dienstleistungen für Firmenkunden. Das Internet spielte dabei zunächst nur eine Nebenrolle. Als Ende der 90er Jahre der Neue Markt eine erfolgreiche Emission nach der anderen hervor brachte, strebten auch Harlos und Häfele an die Börse. Dazu musste natürlich die passende Story her: Die beiden Infomatec-Chefs propagierten zu diesem Zweck vor allem die Internet-Geschäfte des Unternehmens, mit denen sie ein schnelles Wachstum erreichen wollten. Zu den Internet-Aktivitäten von Infomatec zählte nun auch der Verkauf so genannter Set-Top-Boxen, mit denen sich ein normaler Fernseher zum Internet-Surfen nutzen lässt. Die Strategie hatte zunächst Erfolg: Im Juli 1998 brachte die WestLB Infomatec bei einem Ausgabepreis von 53 Mark an den Neuen Markt. Ein wesentlicher Grund für die stolze Bewertung war dabei das Gutachten der Münchner Wirtschaftsprüfungsgesellschaft HHP, die den Wert von fünf Infomatec-Töchtern auf nicht weniger als 200 Millionen Mark taxierte. Bereits vor dem Börsengang lag eine weitere Bewertung vor, die lediglich auf 18 Millionen kam, doch das störte offenbar niemanden.

Nach dem Börsengang ging es bei Infomatec weiter bergauf. Nach verhaltenem Start kletterte die Aktie fast auf das Zehnfache des Ausgabewerts und konnte sich dadurch als zweiterfolgreichste Neuemission des

Jahres etablieren. Im Mai 1999 betrug die Marktkapitalisierung stolze 1,5 Milliarden Euro. Doch schon bald musste auch Infomatec erfahren, dass die Börse keine Einbahnstraße ist: Bereits im ersten Halbjahr 1999 fiel die Aktie auf etwa die Hälfte ihres Allzeithochs zurück. Am 20. Mai war der Abwärtstrend jedoch erst einmal gestoppt, als Infomatec per Ad-hoc-Meldung den „größten Deal der Firmengeschichte" verkündete. Von einem 55-Millionen-Mark-Auftrag der Firma Mobilcom für 100.000 Set-Top-Boxen war die Rede. Kein Wunder, dass der Infomatec-Kurs sofort wieder anzog. Dieser Anstieg erwies sich zwar als Strohfeuer, doch Infomatec legte nach: Am 13. September verkündete das Unternehmen ad-hoc, den nächsten 55-Millionen-Auftrag an Land gezogen zu haben. Kunde war dieses Mal das Pforzheimer Unternehmen Global Well.Com. Der dritte Paukenschlag kam am 16. November, als es in einer Ad-hoc-Mitteilung hieß, eine französische Firma habe einen 50-Millionen-Auftrag erteilt. Der Kurs stieg wieder.

Doch im August 2000 war die Infomatec-Herrlichkeit zu Ende. Das Unternehmen musste angesichts der enttäuschenden Umsatzzahlen zugeben, dass der scheinbar so große Mobilcom-Deal nur 14.000 – und nicht etwa 100.000 – Boxen vorgesehen hatte. Die georderten Boxen überstanden außerdem nicht einmal die Testphase. Auch die beiden anderen Ad-hoc-Erfolgsmeldungen entpuppten sich nun als nichts weiter als heiße Luft. Als dann noch bekannt wurde, dass Harlos und Häfele kurz vor Veröffentlichung dieser Schreckensmeldungen kräftig eigene Aktien verkauft hatten, war die Katastrophe perfekt. Infomatec rutschte nun geradewegs in die Pleite, während die einstmals hoch gehandelten Aktien zu Penny-Stocks mutierten. Nachdem der Umsatz im Jahr 2000 gerade einmal 21,6 Millionen betrug – bei einem Jahresfehlbetrag von über 100 Millionen – musste das Unternehmen im Mai 2001 einen Insolvenzantrag stellen. Harlos und Häfele, die zwischenzeitlich ihren Rücktritt eingereicht hatten, hatten indessen längst andere Sorgen: Wegen des Verdachts auf Insiderhandel und Kursmanipulation wanderten die beiden für einige Monate in Untersuchungshaft, bevor sie gegen Kaution freigelassen wurden. Auch die WestLB und HHP gerieten nun ins Visier der Ermittler.

In der Zwischenzeit gingen geschädigte Infomatec-Anleger vor Gericht. Mit einem ersten Erfolg: Im September 2001 verurteilte ein Augsburger Gericht Harlos und Häfele in erster Instanz zur Zahlung von über 90.000 Mark an einen Kleinanleger, der sich angesichts der positiven Nachrichtenlage mit Infomatec-Aktien eingedeckt hatte. Ein vergleichbares Urteil hatte es in der deutschen Rechtssprechung bis dahin nicht gegeben. Während die juristische Aufarbeitung noch in vollem Gange war, zog *Die Welt* schon einmal ein Fazit: Infomatec habe, so hieß es in einem Artikel, „neue Maßstäbe des Schreckens gesetzt".

# Viel von wenig ist immer noch wenig

## Das Ende von Webvan

| | |
|---|---|
| **Ort:** | Foster City (Kalifornien) |
| **Zeit:** | 2001 |
| **Vernichtete Summe:** | 1 Milliarde US-Dollar |
| **Geschädigte:** | Verschiedene Investoren |
| **Grund:** | Selbstüberschätzung |

Allen unseren treuen Kunden sind wir dankbar für ihre Unterstützung und ihre Ermutigungen. Es war uns ein Vergnügen, Sie zu bedienen." Diese lapidaren Worte zierten nach dem 9. Juli 2001 die Web-Seite des US-Unternehmens Webvan. Das vielleicht ambitionierteste Unternehmen der New Economy hatte an diesem Tage die virtuellen Tore für immer geschlossen. Eine Milliarde US-Dollar waren in den fünf Jahren zuvor in den virtuellen Weiten des Cyberspace versickert.

Dabei war Webvan weit mehr als eine Garagenfirma, von denen in den Jahren des E-Commerce-Booms so viele kamen und gingen.

Den Anstoß zum Aufbau des Dotcom-Giganten gab 1996 auch nicht etwa ein Student ohne Management-Erfahrung, sondern kein Geringerer als der erfolgreiche Geschäftsmann Louis Borders, Gründer der gleichnamigen US-Buchhandelskette. Seine Geschäftsidee: Der Handel mit Produkten für den Endverbraucher über das Internet. Die Auslieferung sollte über eine firmeneigene Lieferwagenflotte organisiert werden, unterstützt von ebenfalls firmeneigenen Hightech-Lagerhallen und kleineren Zwischenlagern. Borders hatte offenbar keine größeren Probleme, Investoren für sein Projekt zu finden. Mehrere

Risikokapital-Gesellschaften stellten ihm zusammen 400 Millionen Dollar als Anschubfinanzierung zur Verfügung. Nachdem Borders anfangs an alle möglichen Produkte als Handelsware gedacht hatte, beschränkte er sich auf Wunsch der Geldgeber auf Lebensmittel.

Tatsächlich gehörten schon bald die Lieferwagen der Firma Webvan in mehreren US-Ballungszentren zum Straßenbild. Was Kunden über die Webvan-Webseite bestellten, lieferten diese innerhalb von Stunden aus. Zeitraubende Einkäufe, Parkplatzsuche und Schlange stehen sollten fortan der Vergangenheit angehören, so sahen es die Webvan-Manager. Vom Hundefutter bis zur Cola-Dose konnten sich viele Amerikaner von nun an die Ware ins Haus transportieren lassen. Neben der einleuchtenden Geschäftsidee setzte Webvan auf bekannte Namen: George Shaheen, ehemaliger Chef von Andersen Consulting übernahm die Geschäftsführung, auch im Aufsichtsrat tummelten sich bekannte Größen der E-Commerce-Branche. Als Webvan 1999 an die Börse ging, konnten sich die Aktionäre schnell über eine Verdoppelung des Kurses freuen. Das Unternehmen mit Sitz im kalifornischen Foster City schien den Spagat zwischen New Economy und Old Economy in perfekter Weise zu beherrschen.

Doch Shaheen und seine zuletzt 2.000 Mitarbeiter hatten die Rechnung ohne den Wirt gemacht. Denn schon bald zeigte sich, dass die Kosten für Lagerhallen, Lieferwagen und sonstige Infrastrukturmaßnahmen explodierten, während sich die Kunden allzu sehr zurückhielten. Viele Verbraucher wollten ganz offensichtlich auf ihr Einkaufserlebnis in der Shopping-Mall nicht verzichten oder waren ganz einfach zu bequem, das neue Angebot auszuprobieren. Im ersten Quartal 2001 schrieb Webvan Verluste in Höhe von 217 Millionen US-Dollar, während nur 77,2 Millionen an Umsatz zu verbuchen war. Für die Lieferung von Lebensmitteln im Wert von 100 Dollar gab das Unternehmen durchschnittlich 143 Dollar aus. Da war es nur ein schwacher Trost, dass Webvan im Markt für den Online-Handel mit Lebensmitteln einen stolzen Anteil von 46 Prozent hielt – viel von wenig ist nun einmal immer noch wenig.

Anfang 2001 verließ erst Borders das Webvan-Schiff, dann kehrte auch Shaheen dem Unternehmen den Rücken. Für Webvan, das nie auch nur in die Nähe schwarzer Zahlen gelangt war, hatte der Überlebenskampf längst begonnen. Die Investoren, die insgesamt eine Milliarde US-Dollar in das Projekt gesteckt hatten, waren nicht mehr bereit, die Geldvernichtung weiterzutreiben. Im Sommer 2001 hatte ihre Geduld ein Ende, das Geschäft wurde am 9. Juli eingestellt. Anstatt Milliardengewinne zu ernten, mussten sich die Geldgeber nun mit dem Erlös aus dem Verkauf von Lagerhallen und Lieferwagen zufrieden geben. Noch am Tag der Geschäftsschließung verkündete ein Webvan-Sprecher: „Wir glauben, wir hatten ein brillantes Konzept. Wir waren nur unserer Zeit voraus."

# Der Monumentalverlust

## Der Milliardenverlust von JDS

| Ort: | Ottawa (Kanada) |
|------|-----------------|
| Zeit: | 2001 |
| Vernichtete Summe: | 50,6 Milliarden US-Dollar |
| Geschädigte: | JDS Uniphase |
| Grund: | Selbstüberschätzung |

„Die Hersteller von Glasfasertechnologie sind in einer beneidenswerten Lage", schrieb *Die Welt* im Mai 2000, als der Boom der New Economy seinen Höhepunkt erreichte. In der Tat leisten Glasfaserkabel einen wichtigen Beitrag, wenn es darum geht, die Übertragung von Daten schnell zu machen. Aus diesem Grund prophezeiten viele Experten dem Glasfaser-Marktführer JDS Uniphase mit Sitz in Ottawa eine glänzende Zukunft. Nicht zuletzt dank der Übernahme des Konkurrenten SDL musste JDS Uniphase kaum Mitbewerber fürchten.

Ein gutes Jahr später konnte von einer beneidenswerten Lage keine Rede mehr sein. Nach einem miserablen Geschäftsjahr, das am 30. Juni 2001 endete, musste JDS Uniphase den größten Jahresverlust der Wirtschaftsgeschichte bekannt geben: 50,6 Milliarden Dollar hatte das Unternehmen innerhalb von 12 Monaten vernichtet – nicht schlecht für ein Unternehmen, das gut zwei Milliarden Jahresumsatz verzeichnete.

Zusätzlich zu diesem „Monumentalverlust" (*Spiegel Online*) kündete JDS Uniphase dann noch den Abbau von 16.000 Arbeitsplätzen an, nachdem das Unternehmen ursprünglich 28.000 Arbeitnehmer beschäftigt hatte. Eine kleine Anekdote am Rande: Ein Computer-Hacker hatte sich die verhängnisvollen Zahlen bereits kurz vor der geplanten Veröffentlichung beschafft und durch diese

Aktion erst einmal dafür gesorgt, dass der Handel mit JDS-Aktien ausgesetzt wurde.

Neben dem enttäuschend verlaufenen Glasfaser-Geschäft sorgten vor allem massive Wertverluste von aufgekauften Unternehmen für das Desaster. Allein für den aufgekauften Konkurrenten SDL, der mit JDS-Aktien bezahlt worden war, musste das Unternehmen 38,7 Milliarden Dollar außerplanmäßig abschreiben – zweifellos einer der überteuertsten Einkäufe der Wirtschaftsgeschichte. Dass bei einer solchen Geldvernichtung auch der Aktienkurs von JDS Uniphase in Mitleidenschaft gezogen wurde, versteht sich von selbst. Doch der Rückgang von 9,50 auf 8,10 Dollar fiel deutlich moderater aus, als es angesichts der Milliarden-Vernichtung zu erwarten gewesen wäre. Offensichtlich war den Anlegern der massive Wertverlust der JDS-Akquisitionen bereits vor der Veröffentlichung der Zahlen bekannt gewesen. Zudem waren wirtschaftliche Desaster in der New Economy zu dieser Zeit längst keine Seltenheit mehr. „Multimilliarden-Verluste sind fast zur Regel geworden", schrieb das Internet-Portal *Siliconvalley.com*. Den eigentlichen Absturz hatte die JDS-Aktie bei der Bekanntgabe der Verluste ohnehin schon hinter sich: Im Frühjahr 2000 hatte der Kurs noch bei über 150 Dollar gelegen.

# Literatur

## Flops aus Medien, Werbung, Sport und Freizeit

**George Harrison und das Chiffons-Plagiat**
Tibor Kneif: *Sachlexikon Rockmusik*. Rowohlt, Reinbek 1978
Christian Graf: *Rockmusik Lexikon*. Taurus Press, Hamburg 1986

**Die falschen Hitler-Tagebücher**
Geoff Tibballs: *Business Blunders*. Robinson, London 1999
Guido Knopp: *100 Jahre, Die Bilder des Jahrhunderts*. Econ, München 1999
Torsten Krauel: Konrad Kujau, die Chiffre einer Ära. *Die Welt* 14.9.2000
Claudia Cornelsen: *Lila Kühe leben länger, PR-Gags, die Geschichte machten*. Ueberreuter
   Wirtschaftsverlag, Wien/Frankfurt 2001

**Der Misserfolg von Heaven's Gate**
Internet Movie Database: http//www.imdb.com

**Coca Cola und das New-Coke-Fiasko**
Geoff Tibballs: Business Blunders. Robinson, London 1999
Andreas Buchholz, Wolfram Wördemann: Der Wachstumscode für Siegermarken. Econ
   Ullstein List Verlag, München 2000
Stuart Crainer: Die 75 besten Managemententscheidungen aller Zeiten. Ueberreuter
   Wirtschaftsverlag, Wien/Frankfurt 2000

**Camel und die Kamel-Marionetten**
Cordula Nussbaum: Die Lachnummer. *Focus* 49/1997
Anonym: Reynolds Tobacco/ Verlust von Marktanteilen. *Handelsblatt* 03.03.1993
Susanne Viesser: *Slogans, Spots und Strategien; Die erfolgreichsten Werbeagenturen und
   ihre Kampagnen*. Wilhelm Heyne Verlag, München 1997

**Berlins gescheiterte Olympia-Bewerbung**
Anonym: Geschäftsführer der Olympia-GmbH entlassen. *Frankfurter Rundschau*
   11.07.1992
Harald Schumacher, Roland Stimpel: Olympische Spiele: Was für die Regionen bleibt.
   *Wirtschaftswoche* 30/1992
Anonym: Berliner Bewerbungsunterlagen gut bis ausreichend. *Süddeutsche Zeitung*
   22.01.1993
Marianne Heuwagen: Frau Schmitz soll Olympia gewinnen. *Süddeutsche Zeitung*
   27.01.1993
Anonym: Kohl macht Berlinern Mut. *Süddeutsche Zeitung* 29.01.1993
Anonym: Video-Festspiele bei den Olympia-Bewerbern. *Süddeutsche Zeitung* 18.02.1993
Anonym: Lizenz zum Schuldenmachen. *Der Spiegel* 16/1993
Roland Stimpel: Jubeln sach ick. *Wirtschaftswoche* 38/1993
Anonym: Alles verloren. *Der Spiegel* 39/1993

Anonym: Axel Nawrocki, 49, Chef der gescheiterten Olympia GmbH. *Der Spiegel* 40/1993

Günther Wettlaufer: Olympia in Berlin? Nichts als Hohn und Spott. *Berliner Morgenpost* 15.09.1998

### Die Auflösung des FC Gütersloh

Anonym: FC Güterloh reich beschenkt. *Die Welt* 27.12.1997

Anonym: Verlierer werden Sieger. *Süddeutsche Zeitung* 16.02.2000

Jens Kirschneck: Beerdigung dritter Klasse. *Süddeutsche Zeitung* 17.02.2000

Konrad Schneer: Der letzte macht das Licht aus. *Frankfurter Rundschau* 17.02.2000

Fanclub-Web-Seite: http://www.fcgfanatics.de

### Die defizitäre Expo 2000

Anonym: Die Expo 2000 macht ihren Machern große Sorgen. *Die Welt* 11.08.1998

Anonym: Expo 2000: Ende des US-Pavillions. *Die Welt* 23.10.1999

Jürgen Marks, Kayhan Özgenc: Geständnis der Expo-Lady. *Focus* 29/2000

Anonym: Besucherflut bringt Geldsegen. *Spiegel Online* 20.10.2000

Anonym: Breuels Torschluss-Panik. *Spiegel Online* 25.10.2000

Anonym: Lohnende Investition. *Spiegel Online* 29.10.2000

Anonym: Bund übernimmt doch zwei Drittel. *Spiegel Online* 29.11.2000

Anonym: Die teuerste Party der Welt. *Focus* 51/2000

### Der MDR und die Ecuador-Anleihen

Hans-Jürgen Jakobs, Andreas Wassermann: Das große Spiel. *Der Spiegel* 43/2000

Anonym: MDR verliert bei riskanter Geldspekulation Millionen. *Die Welt* 16.10.2000

Anonym: Drei Millionen Mark verzockt. *Spiegel Online* 16.10.2000

Anonym: Schlammschlacht im MDR. *Spiegel Online* 25.10.2000

### Die Mannesmann-Übernahme durch Vodafone

Dinah Deckstein, Klaus-Peter Kerbusk: Wer ist der Nächste? *Der Spiegel* 47/1999

Anonym: Mannesmann geht in die Offensive. *Die Welt* 30.11.1999

Anonym: „Wir haben den Krieg gewonnen". *Der Spiegel* 6/2000

Claudia Cornelsen: *Lila Kühe leben länger; PR-Gags, die Geschichte machten.* Ueberreuter Verlag, Frankfurt 2001

### Der Konkurs des Sportrechte-Vermarkters ISL

Anonym: Tennis-Vermarkter ISL hat Probleme: Sorge um das Turnier am Rothenbaum. *Die Welt* 23.03.2001

Michael Wulzinger: Easy Rider in Nadelstreifen. *Der Spiegel* 15/2001

Anonym: Milliarden schwerer Poker. *Die Welt* 12.04.2001

Rober Dunker: Das Ende von Größenwahn: ISL-Zerfall nicht aufzuhalten. *Die Welt* 14.04.2001

## Flops aus Industrie und Handel

### Der Niedergang der Neuen Heimat

Anonym: Gut getarnt im Dickicht der Firmen. *Der Spiegel* 6/1982

Anonym: „Da müssten längst die Staatsanwälte hin". *Der Spiegel* 7/1982

Anonym: „Herr, sie wissen nicht, was sie tun". *Der Spiegel* 39/1986

Anonym: Neue Heimat: „Das wird mächtig reinhauen". *Der Spiegel* 40/1986

Anonym: Böse Buben. *Der Spiegel* 46/1986

Fritz Lietsch, Bernhard Michalowski: *Die Bananenrepublik*. Wilhelm Heyne, München 1989

Georg Hafner, Edmund Jacoby: *Die Skandale der Republik*. Büchergilde Gutenberg, Frankfurt 1989

**Die Ausplünderung der Co op**

Klaus Göppert: Co op-Skandal: Manager im Zwielicht; Nun hat auch der gewerkschaftseigene Lebensmittelkonzern Co op AG seinen Skandal. *Wirtschaftswoche* 29/1985

Anonym: Co op – umgebaut und ausgehöhlt. *Der Spiegel* 42/1988

Dietmar Student: Co op Neue Affäre. *Wirtschaftswoche* 51/1988

Michael Schneider, Dietmar Student, Wolf-Rüdiger Ussler: Stunde der Banken. *Wirtschaftswoche* 9/1989

Anonym: Chronik eines Beinahe-Konkurses. *Wirtschaftswoche* 10/1989

Dietmar Student, Christoph Garding: Co op-Prozess: Todesstoß für die Gemeinwirtschaft? *Wirtschaftswoche* 8/1992

Anonym: Das perfekte Verbrechen. *Der Spiegel* 9/1994

Erwin K. Scheuch, Ute Scheuch: *Deutsche Pleiten*. Rowohlt, Berlin 2001

**Der Konkurs der Pan Am**

Christian Deysson: PANAM: Der Ausverkauf geht weiter; Ende eines Pioniers. *Wirtschaftswoche* 48/1990

Anonym: Geier ziehen Kreise über Pan Am. *Frankfurter Rundschau* 12.01.1991

Christian Deysson, Andreas Werb: PanAms Abschied aus Europa verschärft den Wettbewerb; Ruhmloses Finale. *Wirtschaftswoche* 35/1991

Anonym: Pan Am stürzt tiefer in die Verlustzone. *Frankfurter Rundschau* 23.11.1991

Anonym: Pan Am scheint endgültig abgeschmiert. *Frankfurter Rundschau* 12.01.1991

Anonym: Eine Tradition im Luftverkehr lebt wieder auf. *Frankfurter Rundschau* 12.08.1996

Anonym: Pan Am landet in der Pleite. *Frankfurter Rundschau* 28.02.1998

Deutsche Pan-Am-Web-Seite: http://www.pan-american.de

**Die Südmilch-Pleite**

Anonym: Abends ein kühles Bier. *Der Spiegel* 30/1993

Anonym: Ganz gemächlich. *Der Spiegel* 31/1993

Anonym: Tricks mit Know-how. *Der Spiegel* 44/1994

Martin Born: *Landliebe, Filz und Betrug – Die Südmilchpleite*. Campus Verlag, Frankfurt 1996

Anonym: Gehenkt und gebraten. *Der Spiegel* 18/1996

Anonym: Bewährungsstrafen für Südmilch-Manager. *Die Welt* 17.06.1997

**Die Krise der Metallgesellschaft**

Anonym: Kleinlaut und Klamm. *Der Spiegel* 50/1993

Christoph Garding: Goldener Schnitt. *Focus* 2/1994

Anonym: Am Rande des Ruins. *Der Spiegel* 2/1994

Anonym: Die Ölgeschäfte werden den Konzern noch lange beschäftigen/ Beteiligung an US-Energie-Firma beleuchtet das Missmanagement. *Handelsblatt* 17.01.1994

Anonym: Die Angst im Nacken. *Der Spiegel* 4/1994

Hubert Spegel: Sweetheart-Geschäfte. *Focus* 8/1994

Anonym: MG Corp. setzte an der Warenterminbörse auf steigende Ölpreise/ Neukirchen: So sind die Probleme bei den Ölgeschäften in den USA entstanden. *Handelsblatt* 25.02.1994

Anonym: Lockere Runden. *Der Spiegel* 8/1994

Anonym: Ironie und Gebrüll. *Der Spiegel* 9/1994

Hubert Spegel: Das Fass ohne Boden. *Focus* 9/1994

C. Garding, Karen Heemann, Hubert Spegel: Noch einige Leichen im Keller. *Focus* 44/1994

Karen Heemann: Neue Klagegesänge. *Focus* 12/1995

Anonym: Metallgesellschaft „großen Schaden zugefügt". *Der Spiegel* 13/1997

Kirsten Schwinn: Die Liquiditätskrise der Metallgesellschaft AG im Herbst 1993. http://www.krisennavigator.de 1998

**Jürgen Schneiders Baupleiten**

Anonym: Chuzpe und Toupet Schneider im Film: die Komödie „Peanuts". *Der Spiegel* 9/1996

Bölke, Bittner, Pölchau: Gemogelt und verloren. *Der Spiegel* 27/1996

Bölke, Bittner, Pölchau: Erfolg mit großem Blöff. *Der Spiegel* 28/1996

Gisela Friedrichsen: Des Schneiders neue Kleider. *Der Spiegel* 28/1997

Uli Baur, Christian Sturm, Uwe Wolff: „Das gibt Ärger". *Focus* 35/1997

Gisela Friedrichsen: „Auch Wunder gibt es manchmal". *Der Spiegel* 41/1997

**Der Balsam-Krimi**

Anonym: Neuer Fall Schneider? *Wirtschaftswoche* 24/1994

Anonym: Heiße Luft. *Der Spiegel* 24/1994

Andreas Henry, Markus Hennes: Noch schlimmer. *Wirtschaftswoche* 25/1994

Anonym: Doppelt Luft eingekauft. *Der Spiegel* 25/1994

Andreas Henry, Markus Hennes: Einlullen lassen. *Wirtschaftswoche* 26/1994

Andreas Henry: Mit Händen und Füßen. *Wirtschaftswoche* 28/1994

Anonym: Nur zum Abheften. *Der Spiegel* 38/1994

Anonym: Klares Zwinkern. *Der Spiegel* 39/1994

Anonym: „Wundersame Geldvermehrung". *Der Spiegel* 17/1996

Anonym: „Irgendwo steckt noch Geld". *Der Spiegel* 36/1999

**Der Untergang des Bremer Vulkan**

Anonym: Altlasten drücken. *Der Spiegel* 51/1993

Uwe Bahnsen: Der erloschene Vulkan. *Die Welt* 08.09.1999

Klaus Schuster: „Ich vertraue dem Gericht". *Der Spiegel* 45/2000

Lutz Ruminski: Ost-Engagement endete auf der Anklagebank. *Die Welt* 28.09.2000

**Die Pleite des Konsum-Konzerns**

Christian Kornherr: Ladenschluss. *Trend* 6/1995

Anonym: „Der Konsum war zu retten". *Trend* 3/1998

Alfred Worm: Konsum: Zerrieben von SPÖ und ÖGB. *News* 25.2.1999

Paul Yvon: Eine Pleite, ganz normal. *Profil* 44/1999

**Die Maculan-Pleite**

Udo Philipp: *Die Pleitemeister*. Ullstein, Berlin 1997

Karl Riffert: Big Mac in Trouble. *Trend* 12/1995

Alexander Maculan: *Mein Fall*. Verlagsgemeinschaft Ibera & Molden, Wien 1997

Wilhelm Rasinger: Was nicht in Alexander Maculans „Wirtschaftskrimi" zu finden ist. *Wirtschafts Blatt* 31.05.1997

**Die Beinahe-Pleite von Philipp Holzmann**

Hanna Gieskes: Philipp Holzmann ist nicht mehr zu retten. *Die Welt* 20.11.1999

Frank Gotta: Wundern über das Wunder. *Die Welt* 26.11.1999

Jürgen Dahlkamp, Wolfgang Reuter: Über den Löffel balbiert. *Der Spiegel* 47/1999

Hanna Gieskes: Bau-Mittelstand kritisiert Retter Schröder. *Die Welt* 26.11.1999

Anonym: „Holzmann hätte den Bach runtergehen müssen". *Die Welt* 26.11.1999

**Die Rover-Übernahme durch BMW**

Anonym: Blitzkrieg mit Risiko. Der *Spiegel* 6/1994

Dietmar Hawranek: Tag der Kapitulation. *Wirtschaftswoche* 12/2000

Franz W. Rother: Klasse in Masse. *Wirtschaftswoche* 1,2/2001

**Der Flowtex-Skandal**

Fritz Schwab, Christian Sturm: Luftbohrungen. *Focus* 7/2000

Andy Körner, Fritz Schwab: Wenn Banken zanken. *Focus* 8/2000

Heiko Martens, Christoph Pauly: Wundersame Vermehrung. *Der Spiegel* 7/2000

Klaus Göntzsche: Galopp: Entsetzen in Baden Baden. *Die Welt* 09.02.2000

Anonym: Flowtex-Affäre zieht weitere Kreise. *Die Welt* 15.02.2000

Wolf H. Goldschmitt: Flowtex-Prozess wirft nicht nur auf die Angeklagten ein schlechtes Licht. *Die Welt* 06.08.2000

Anonym: Flowtex-Gläubiger wollen von KPMG Schadenersatz fordern. *Die Welt* 20.02.2001

Anonym: Verhaftung in Amsterdam. *manager.magazin.de* 19.03.2001

Anonym: Anklage im Betrugsfall erhoben. *manager.magazin.de* 17.04.2001

Ulrich Willenberg: Schmider gesteht ohne Umschweife. *Schwarzwälder Bote* 28.09.2001

**Das Swissair-Desaster**

Dinah Deckstein, Jan Dirk Herbermann: Aktion Größenwahn. *Der Spiegel* 41/2001

Anonym: Schweizer retten nationale Airline. *Die Welt* 24.10.2001

# Flops aus Bau und Technik

**De Lesseps und der Panamakanal**

John Train: *Famous Financial Fiascos*. Fraser Publishing Company, Burlington 1995

**Die unrentable Concorde**

Peter Gillman: Supersonic Bust. *The Atlantic Monthly* 1/1977
Anonym: Mit dem Super-Jet in den Tod. *Focus* 51/2000
Dinah Deckstein: Schutzmatten im Tank. *Der Spiegel* 29/2001

**Der Rhein-Main-Donau-Kanal**

Anonym: Rhein-Main-Donau-Kanal übertrifft alle Prognosen. *Süddeutsche Zeitung* 25.03.1993
Peter Schmitt: Naturschützer stellen fest: Der Kanal ist ein einziger Flop. *Süddeutsche Zeitung* 27.09.1993
Anonym: Nicht alle haben Lust zum Feiern. *Süddeutsche Zeitung* 19.08.1997
Hans-Jürgen Kuntze: Gerade wie der Strich durchs Dollar-Zeichen. *Die Welt* 25.09.1997

**Der nicht gebaute Campanile**

Jutta Ochs: Manchmal fragt sich Frau Kraus, wer ihr Böses will. *Frankfurter Rundschau* 03.04.2000
Claus-Jürgen Göpfert: Visionen mit und ohne Campanile. *Frankfurter Rundschau* 01.11.2000
Claus-Jürgen Göpfert: Acht Millionen geboten für ein Ja zum Campanile. *Frankfurter Rundschau* 02.11.2000

**Der Flughafen-Flop von Denver**

Web-Seite zum Thema: http://www.csc.calpoly.edu/~dstearns/SchlohProject/problems.html

**Enercon und das gestohlene Windkraft-Know-how**

Christiane Schulzki-Haddouti: Hintertür für Spione. *Die Zeit* 17.09.1998
Sigrun Schubert: Kreative Kollegen. *DM* 7/1999
Udo Ulfkotte: *Marktplatz der Diebe.* C. Bertelsmann, München 1999

**Die Explosion der Ariane 5**

Anonym: Europa-Rakete nach dem Start explodiert. *Die Welt* 05.06.1996
Anonym: Die Lenkung der Ariane 5 war defekt. *Die Welt* 06.06.1996
Anonym: Als Lehrgeld verglüht. *Die Welt* 06.06.1996

**Die Iridium-Pleite**

Anonym: Wettlauf ins All. *Die Welt* 21.11.1995
Anonym: Fünf Satelliten für „Iridium" in der Umlaufbahn. *Die Welt* 07.05.1997
Anonym: Iridium löst Software-Problem. *Die Welt* 15.09.1998
Anonym: Investoren brauchen bei Iridium langen Atem. *Die Welt* 24.11.1998
Anonym: Erfolgreicher Neustart? *Spiegel Online* 21.07.1999
Jürgen Scriba: Telefon für Pinguine. *Der Spiegel* 34/1999
Anonym: Satellitentelefon-Dienst Iridium stellt Betrieb ein. *Die Welt* 20.03.2000
Anonym: Wie entsorgt man Satelliten. *Spiegel Online* 18.03.2000
Anonym: Rettet Iridium! *Spiegel Online* 27.03.2000
Hilmar Schmundt: Funkstille im Eis. *Der Spiegel* 13/2000
Joseph C. Anselmo: A second shot at life. *Washington Techway* 12.02.2001

Anatol Johansen: US-Militär sichert das Überleben der Satellitentelefone. *Die Welt*
06.03.2001

Iridium-Web-Seite: http://www.iridium.com

**Der teure Transrapid**

Anonym: „Das ist eine Illusion". *Der Spiegel* 50/1993

Anonym: Symbol mit vielen Macken. *Der Spiegel* 8/1994

Wolfgang Bittner: Flucht nach China. *Der Spiegel* 17/1999

Frank Seidlitz: Thyssen will den Transrapid in China bauen. *Die Welt* 08.06.2001

**Die ultrateuren UMTS-Lizenzen**

Lutz Frühbrodt: Milliarden-Poker um den Mobilfunk der Zukunft startet. *Die Welt*
29.07.2000

Frank Dohmen: Ökonomischer Wahnsinn. *Der Spiegel* 33/2000

Christian Reiermann, Michael Sauga: Das 100-Milliarden-Ding. *Der Spiegel* 34/2000

Anonym: Der UMTS-Poker ist vorbei: Eichel bekommt 98,8 Milliarden Mark. *Die Welt*
17.08.2000

# Flops aus der Finanzwelt

**Hans im Glück**

Hans im Glück. http://www.gutenberg.aol.de/grimm/maerchen/hansimgl.htm

**Tulipmania**

John Kenneth Galbraith: *A Short History of Financial Euphoria*. Penguin, New York 1990

John Train: *Famous Financial Fiascos*. Fraser Publishing Company, Burlington 1995

**Der Südsee-Börsencrash**

John Kenneth Galbraith: *A Short History of Financial Euphoria*. Penguin, New York 1990

John Train: *Famous Financial Fiascos*. Fraser Publishing Company, Burlington 1995

**Der Verkauf von Alaska**

Peter Dausend: Alaska: Früh gekauft, spät erobert. *Die Welt* 11.11.1998

**Der Schwarze Freitag**

Wilhelm Treue: *Deutschland in der Weltwirtschaftskrise in Augenzeugenberichten*. Karl
Rauch Verlag, Düsseldorf 1967

Fritz Blaich: *Der Schwarze Freitag*. dtv, München 1985

John Kenneth Galbraith: *A Short History of Financial Euphoria*. Penguin, New York 1990

Guido Knopp: *100 Jahre; Die Bilder des Jahrhunderts*. Econ, München 1999

Günter Ogger: *Der Börsenschwindel*. C. Bertelsmann, München 2001

**Die Pleiten der Creditanstalt und der Danat-Bank**

Wilhelm Treue: *Deutschland in der Weltwirtschaftskrise in Augenzeugenberichten*. Karl
Rauch Verlag, Düsseldorf 1967

Hermann Kellenbenz: *Deutsche Wirtschaftsgeschichte Band II*. C H Beck, München 1981

Fritz Blaich: *Der Schwarze Freitag*. dtv, München 1985

Harold James: *Deutschland in der Weltwirtschaftskrise 1924–1936*. Deutsche Verlags-An-
stalt, Stuttgart 1988

### Bernard Cornfeld und die IOS-Pleite

Fritz Lietsch, Bernhard Michalowski: *Die Bananenrepublik*. Wilhelm Heyne, München 1989

Anonym: Morsche Zähne. *Der Spiegel* 17/1970

Gerd Brüggemann: Vesco und die Millionen. *Die Welt* 28.08.1996

### Die Pleite der Herstatt-Bank

Georg Hafner, Edmund Jacoby: *Die Skandale der Republik*. Büchergilde Gutenberg, Frankfurt 1989

Anonym: Bankenkrach: „Die Bilder sind bedrückend". *Der Spiegel* 27/1974

Anonym: Einiges steckengeblieben. *Der Spiegel* 28/1974

Anonym: In die Hose gefahren. *Der Spiegel* 29/1974

Peter Brügge: „Es gibt ja noch das Postsparbuch". *Der Spiegel* 52/1974

### Der Niedergang der SMH-Bank

Anonym: „Wie die Rothschilds von Frankfurt". *Der Spiegel* 45/1983

Fritz Lietsch, Bernhard Michalowski: *Die Bananenrepublik*. Wilhelm Heyne, München 1989

Anonym: „Sonntag morgen war noch alles in Ordnung". *Der Spiegel* 46/1983

### Nick Leeson und die Barings-Bank

Anonym: Globale Spielhölle. *Der Spiegel* 10/1995

Nick Leeson: „Ich konnte das Geld riechen"; Die Bekenntnisse des Börsianers Nick Leeson, der die Barings-Bank ruinierte (I): Geheimkonto 88888. *Der Spiegel* 7/1996

Nick Leeson: „Ich konnte das Geld riechen"; Die Bekenntnisse des Börsianers Nick Leeson, der die Barings-Bank ruinierte (II): Die blinden Prüfer. *Der Spiegel* 8/1996

Nick Leeson: „Ich konnte das Geld riechen"; Die Bekenntnisse des Börsianers Nick Leeson, der die Barings-Bank ruinierte (III): Sturz eines Stars. *Der Spiegel* 9/1996

Nick Leeson: *High Speed Money*. Goldmann, München 1996

### Die Pleite der Vera/Pevos-Pensionskassen

Hanspeter Bürgin: Sorge um die Vorsorge. *Tages Anzeiger* 10.02.1996

Leo Hug: Das Elend mit den Pensionskassen. *Tages Anzeiger* 10.02.1996

Beat Balzli: Geldmaschine kaputt. *Facts* 16/1999

Arthur Rutishauser: „Wir sind uns keiner Schuld bewusst". *Sonntagszeitung* 21.05.2000

Vera/Pevos-Web-Seite des Vorsorgeforums: http://www.vorsorgeforum.ch/DE/Dossiers/Vera-Pevos/DOSS_VePe-MAIN.htm

### Die Pleite des Hedge-Fonds LTCM

Anonym: Bankenaktien fallen/ Hohe Finanzspritzen für US-Hedgefonds. *Handelsblatt* 24.09.1998

Anonym: Die Furcht vor einem Crash wächst. *Die Welt* 26.09.1998

Anonym: Hedge Fonds setzt Bankenaktien unter Druck. *Die Welt* 26.09.1998

Anonym: Hedge-Fonds riskierte 1,25 Billionen Dollar. *Die Welt* 28.09.1998

Dietmar Palan, Kai Peter Rath: Die Luft ist raus. *Focus* 09.10.1998

Anonym: Die Königsdisziplin der Kapitelanlage steht vor einer Mauer der Skepsis/ Hedge Fonds leiden unter der unklaren Rechtslage. *Handelsblatt* 10.03.1999

Anonym: Hedge-Fonds hat sich nach Schieflage wieder erholt/ LTCM zahlt 1,3 Milliarden Dollar an Investoren zurück. *Handelsblatt* 07.07.1999

**Die gescheiterte Deutsche-Dresdner-Fusion**

Andreas Körner, Anke Henrich, Uli Dönch: Klotzen statt Kleckern. *Focus* 11/2000

Anke Henrich, Uli Dönch: Scheidung vor der Hochzeit. *Focus* 15/2000

Jan Fleischhauer, Frank Hornig, Christph Pauly, Gabor Steingart: Das blau-grüne Desaster. *Der Spiegel* 15/2000

# Flops aus der New Economy

**Die Pleite von Digicash**

Sybille Engels: Wir akzeptieren E-Cash. *Focus* 3/1995

Klaus Schmeh: *Kryptografie und Public-Key-Infastrukturen im Internet.* Dpunkt Verlag, Heidelberg 2001

Declan McCullagh: Digging Those Digicash Blues. *WiredNews* 14.06.2001

**Die Krise am Neuen Markt**

Günter Ogger: *Der Börsenschwindel.* C. Bertelsmann, München 2001

Katja Gutowski et al.: Ausverkauf. *Wirtschaftswoche* 3/2001

**Der Kurssturz von EM.TV**

Hans-Jürgen Jakobs, Christph Pauly: „Vom Himmel hoch ...“. *Der Spiegel* 49/2000

Hans-Jürgen Jakobs, Armin Mahler: „Ja, wir haben Fehler gemacht“. *Der Spiegel* 50/2000

Klaus Boldt: Falsche Freunde. *Manager Magazin* 1/2001

Günter Ogger: *Der Börsenschwindel.* C. Bertelsmann, München 2001

**Die Pleite von Gigabell**

Anonym: Internet-Unternehmen setzt auf Telefonie. *Die Welt* 03.08.1999

Anonym: Erste Pleite am Neuen Markt. *Die Welt* 16.09.2000

Hermann Bott: Die Geld-Vernichter. *Der Spiegel* 39/2000

Holger Zschäpitz: Gigabell fliegt als erstes Unternehmen vom Neuen Markt. *Die Welt* 23.02.2001

Günter Ogger: *Der Börsenschwindel.* C. Bertelsmann, München 2001

**Die Insolvenz der Teamwork AG**

Anonym: Boden gefunden. *Wirtschaftswoche* 50/1999

Silvia Liebrich: „Eine Erfolgsgarantie gibt es nicht“. *Süddeutsche Zeitung* 04.11.2000

Anonym: Kurzes Börsenleben. *Focus* 45/2000

Anonym: Anleger trauen Teamwork Sanierung zu. *Handelsblatt* 05.03.2001

Anonym: Sanierung belastet Teamwork-Ergebnis. *Handelsblatt* 04.05.2001

Teamwork-Web-Seite: http://www.teamwork.de

**Die Insolvenz der Infomatec**

Anonym: Infomatec avanciert zur zweitbesten Neuemission. *Die Welt* 29.10.1998

Matthias Iken, Holger Zschäpitz: Infomatec-Katastrophe am Neuen Markt. *Die Welt* 31.08.2000

Anonym: Infomatec beantragt Insolvenzverfahren. *Heise online* 09.05.2001

Beat Balzli, Dinah Deckstein: Symbolischer Preis. *Der Spiegel* 29/2001

Gisela Friedrichsen: Nicht blind vor Gier. *Der Spiegel* 37/2001

Thorsten Duin: Hartes Urteil gegen Ad-hoc-Betrug. *Euro am Sonntag* 30.09.2001

**Das Ende von Webvan**

Hannelore Crolly: Lebensmittelhändler Webvan ist am Ende. *Die Welt* 11.07.2001

Michaela Schiessl: Rapides Artensterben. *Der Spiegel* 29/2001

**Der Milliardenverlust von JDS**

Wolfgang Harrer: JDS Uniphase: High-Tech für das Kabel. *Die Welt* 17.05.2000

Jennifer Files: JDS Uniphase posts $51 billion loss. *Siliconvalley.com* 26.07.2001

Anonym: JDS Uniphase macht 50,6 Milliarden Verlust. *Spiegel Online* 27.07.2001

# Index

# Bildnachweis

# Einfach genial – genial einfach

80 % aller Menschen sind überzeugt davon, dass man alles einfacher machen sollte. 40 % wissen, wie es gehen könnte. 20 % sind in der Lage, den Weg der Einfachheit zu gehen. Komplexität beherrscht das Wirtschaftsleben immer mehr. Unsicherheit und Stress auf den Führungsetagen nehmen dramatisch zu. Dabei gibt es viele gute Möglichkeiten, einfach zu sein oder etwas einfach zu machen. Radikal aufgeräumt wird in diesem Buch mit Scheinlösungen wie Wissensmanagement, dem Hang zur Perfektion und der Illusion vom Budgeting. Dagegen sind klare Ziele, Konzentration und Konsequenz, Umgang mit Angst und Risiko, die Methode Versuch und Irrtum und der Verzicht auf Überflüssiges der Schlüssel zum Erfolg, wie zahlreiche Beispiele von Unternehmen wie Aldi, Ikea und Southwest-Airlines beweisen!

176 Seiten

Format 14,5 x 21

Hardcover

ISBN 3-8323-0862-8

€ 12,90

**Dieter Brandes** war Geschäftsführer und Mitglied des Verwaltungsrates von Aldi Nord. Heute ist er selbstständiger Berater für Strategie und Organisation. Er ist Autor des Bestsellers *Konsequent einfach – Die Aldi Erfolgsstory* (Campus).

REDLINE WIRTSCHAFT
bei ueberreuter

# Big Brother is watching you

Nicht zuletzt aufgrund der Terroranschläge in den USA ist die Diskussion um nationale Sicherheitsmaßnahmen neu entbrannt. Unter dem Deckmantel der Terrorbekämpfung sollen nun staatliche Überwachungssysteme installiert werden, mit denen auch unbescholtene Bürger und Unternehmen kontrolliert werden! Telefonate können in Zukunft problemlos abgehört und Geldflüsse länderübergreifend verfolgt und abgeglichen werden. Das Internet soll ständig mit Scannern überwacht und der gesamte e-Mail-Verkehr nach Stichworten überprüft werden. Video-, Webkameras und auch Satelliten werden jeden Einzelnen von uns auf Schritt und Tritt verfolgen. Software im Hintergrund wird die Bilder analysieren und Persönlichkeitsprofile erstellen. Kein Unternehmen und kein Bürger wird sich dieser totalen Kontrolle entziehen können …

Gerald Reischl
## Unter Kontrolle
Die fatalen Folgen der staatlichen Überwachung für Wirtschaft und Gesellschaft

ca. 200 Seiten
Format 14,5 x 21
Hardcover
ISBN 3-8323-0885-7
ca. € 19,90

**Gerald Reischl** ist Journalist und seit 1992 Redakteur bei der Tageszeitung *Kurier*. Er ist Autor der Bücher Im *Visier der Datenjäger* und *Gefährliche Netze*.

## REDLINE WIRTSCHAFT
bei ueberreuter

# Wer mit wem, wann, wie lange und wie oft?

Wer kennt das nicht: langweilige Sitzungen, ergebnislose Besprechungen, endlose Konferenzen – wo viele reden und wenig herauskommt. Dieses Buch zeigt effiziente Wege, wie unnötige Sitzungen vermieden, konkrete Ergebnisse erzielt, alle Teilnehmer zum Mitdenken motiviert, Beschlüsse umgesetzt und Zeitkapazitäten für Besprechungen drastisch reduziert werden. Viele Arbeitstechniken, Checklisten, Tipps und Tricks bieten dem Leser ein breites Instrumentarium zur Optimierung von Meetings aller Art.

176 Seiten

Format 14,5 x 21

Hardcover

ISBN 3-8323-0087-3

€ 19,90

**Dr. Gerhard Scheibel** aus Wien arbeitete mehrere Jahre als Führungskraft in Non-profit- und Profit-Organisationen. Seit 1992 ist er selbstständiger Organisationsberater, Managementtrainer und Moderator.

REDLINE WIRTSCHAFT
bei ueberreuter